ମା' ପାଟି ଖୋଲ

ଓଡିଶା ସାହିତ୍ୟ ଏକାଡେମୀ ପୁରସ୍କୃତ କବି

ପୀତାମ୍ବର ତରାଇଙ୍କ ନିର୍ବାଚିତ ଦଳିତ କବିତା

ମା

ପା ଟି ଖୋ ଲ

BLACK EAGLE BOOKS
2021

BLACK EAGLE BOOKS

USA address:
7464 Wisdom Lane
Dublin, OH 43016

India address:
E/312, Trident Galaxy, Kalinga Nagar,
Bhubaneswar-751003, Odisha, India

E-mail: info@blackeaglebooks.org
Website: www.blackeaglebooks.org

First International Edition Published by
BLACK EAGLE BOOKS, 2021

MAA PATI KHOL
by **Pitambar Tarai**

Copyright © **Pitambar Tarai**

All rights reserved. No part of this publication may be reproduced, stored in a retrieval system, or transmitted, in any form or by any means, electronic, mechanical, photocopying, recording or otherwise without the prior permission of the publisher.

Cover art: **Balaram Parida**
Interior Design: Ezy's Publication

ISBN- 978-1-64560-151-7 (Paperback)

Printed in United States of America

ଉତ୍ସର୍ଗ

ପାଟି ଖୋଲିପାରୁ ନ ଥିବା ମା'ମାନଙ୍କୁ...

ସୂଚୀପତ୍ର

ମା', ପାଟି ଖୋଲ	୧୧
ନଈ	୧୪
ଛଣ ମଣିଷ	୧୬
ଆମର ଘର କହିଲେ	୧୮
ଗୋଟେ ବାଲିର ବାପା ଗଢ଼ନ୍ତ କି ସୁଦର୍ଶନ	୨୧
ମୋହିନୀ	୨୪
ଅସୁର ଅକାରଣ	୨୭
ଅଛବ	୩୦
ବିଜ୍ଞାପନ	୩୩
ଲଳିତା ଲବଙ୍ଗଲତା	୩୬
ଆଜି ସୁବ୍ରତ ସହିତ	୩୯
ସଁବାଳୁଆ	୪୨
କବି ହବାର ଅଛି ତ !	୪୪
ଡିଙ୍କିଆ ଚାରିଦେଶ	୪୭
ଟିପଚିହ୍ନ	୫୦
ବର୍ଷା ଜଣାଣ	୫୨
କଂପାନୀ	୫୫
ଗୁଲିଖଟି	୫୮
ଭଲଲୋକ ତ ଆପଣ !	୬୧
ଉପଦେଶ	୬୩
ମାଳିକା	୬୬
ନିଜକୁ ଗାଈ ମନେକରି	୬୯
ଭାଙ୍ଗି ପଡୁଛ କି ଚକ୍ରଧର !	୭୩
ଗୋଟେ ଗାଆଁର ଦୃଶ୍ୟ	୭୬

ଜୋତା	୭୯
ଗୋଟେ ବହିର ମୃତ୍ୟୁ	୮୨
କଟା ହାତର କବିତା	୮୫
ଆମେ ତିନି ଜଣ	୮୭
ନିରୁଦ୍ଦିଷ୍ଟ ପ୍ରଜାପତି	୮୯
ଦେଶ	୯୧
ଠୁଣ ମଣିଷର କାବ୍ୟପାଠ	୯୩
ଡୋୟୀର ପିଲା ବୋଲି ତ !	୯୫
ଦେବୀ ଗଡ଼ଣର ପଞ୍ଚଦିନ	୯୭
ପନ୍ଦରବର୍ଷ ତଳେ ବିକ୍ରି ହୋଇଥିବା ଝିଅ	୧୦୦
ଆଖି	୧୦୩
କାଲିକ ମୂଢ଼ ବୋଲି ତ !	୧୦୪
କ୍ଷଣିକେ ଭରପୂର ତ କ୍ଷଣିକେ ଛାରଖାର	୧୦୭
ନାରୀ : ନ'କହୁ ନ'କହୁ	୧୧୦
ଶୀତ ସକାଳର ସଂଗୀତ	୧୧୨
ଗୃହିଣୀ	୧୧୪
ଆଜି ରାତିରେ ସୁହାସିନୀ	୧୧୬
ଅହଲ୍ୟା	୧୧୯
ହୋ' ଦିଲୀପ ! ଆମର ନାହିଁ ଧାନଫୁଲ କାନଫୁଲ	୧୨୨
ବନ୍ଧକ ମଣିଷ	୧୨୫
ଦେହ	୧୨୭
ଗାଁ ବାହାରେ ମଣିଷ	୧୨୯
ଜଣେ ନାରୀର କଥା	୧୩୧
କନ୍ଧମାଳର ମରଣଗୀତ	୧୩୩
ନାରୀ	୧୩୭
ଏଥର ବି ଜିତା ପଟ ମୋର	୧୩୮
ଜଣେ ନାସ୍ତିକର ଦିନଲିପି	୧୪୧
ଜଣେ ଅଶଉଚ ଲୋକ	୧୪୪
ସେହି ସ୍ତ୍ରୀଲୋକ	୧୪୭
ଶୋକର ସୁନୟନା	୧୪୮
ଅପଯଶ	୧୫୧

ଥାଏ ତମ ସହ	୧୫୪
ଆମ ଭିତରୁ କେହି ତ	୧୫୬
ମାଟିଗୀତ	୧୫୮
ପ୍ରତିପକ୍ଷ	୧୭୦
ଶକୁନ୍ତଳା	୧୭୨
ଭୂଇଁଖଣ୍ଟେ	୧୭୪
ଜାଣିଥା' ଭାଇ	୧୭୭
ଧର୍ମ	୧୭୯
ଗୋରୁ	୧୭୧
ଦେବୀ-୧	୧୭୩
ଦେବୀ-୨	୧୭୫

ମା', ପାଟି ଖୋଲ

ସେହି ରାସ୍ତାରେ କେବେଠୁ ପଡ଼ିନାହିଁ ତୋର ପାଦ, କହତ !
ପଡ଼ିନାହିଁ ବୋଲି ମୋର ଯିବାପାଇଁ ତୋର ଏତେ ବାରଣ
କାହିଁକି ମା', ସତସତ କହ ।

ମୋର ଅଳି ଅର୍ଦ୍ଦଳିର ପ୍ରଶ୍ନ ଠାରୁ ଆଉ କେତେଦୂରେ
ଆମର ଅଛିକି ବିଶ୍ୱାସର ଆଉଏକ ବିଶ୍ୱ
ଯେଉଁଠାରେ ଥିବ ସୁନ୍ଦର ଘର, ବାରଣ୍ଡାରେ ପଡ଼ିଥିବ
ବାପାଙ୍କ ଚେୟାର, ନିରକ୍ଷର ଓ ନିରୀହ ଓଠରେ ତୋର ଥିବ
ପାଖୁଡ଼ା ମେଲୁଥିବା ଫୁଲପରି ନିରିମାୟା ହସ
ତୋର ପଣତ ଓ ପରିସର ଲାଗୁଥିବ ସାମ୍ୟର ଶ୍ରୀକ୍ଷେତ୍ର
ଇଏତ ଏକ ଥଳଅଥଳ ଆଶାର ନଦୀ, ଏଥିରେ କ'ଣ ନିର୍ଭୟର
ନଉକା ବାହିପାରନ୍ତି ଆମପରି ଧନହୀନ, ଜ୍ଞାନହୀନ, ମାନହୀନ
ଇତର ମଣିଷ, କହ ମା' କହ ।

ପ୍ରତି କାକରଟୋପା ପରି ଏତେ ଛଳଛଳ କାହିଁକି ତୋର ପ୍ରତିବିମ୍ବ
ଭାସିଯାଉଛୁ ବାରମ୍ବାର ଖଣ୍ଡେ ନିରୁତ୍ତର ଦୁଃଖର ମେଘ ହୋଇ
ଶ୍ରାବଣଭର୍ତ୍ତି ଆଖି ଆକାଶରେ ମୋର
ତୋର ଓଦାଓଦା ଅସହାୟ ଆଢ଼େଇ ଆଢ଼େଇ ଦେଖୁଛି ଅପଲକ
ସେହି ରାସ୍ତାର ଦୁଇକଢ଼େ ପ୍ରଜାପତି ମାନଙ୍କ ଭିଡ଼
ସେମାନଙ୍କ କୁନି କୁନି ପାଦ କେବେ ମନ୍ଦିର ଚୂଡ଼ା ଉପରେ ତ
କେବେ ଗଛଡାଳରେ ସ୍ଥିର, ଏହା କ'ଣ ଆମର ନୁହଁ, ମା' ସତକହ ।

ପ୍ରଜାପତି ଡେଣାମାନଙ୍କରେ ଏତେରଙ୍ଗ ଯିଏ ଭରିଛି
ସିଏ କ'ଣ ଆମର ପ୍ରିୟ ନୁହଁ, ଆମେ ତା'ର ପସନ୍ଦର ତ !
ମୋତେ ଜାଣିବାକୁ ଦିଅ, ଖୋଲିଦିଅ ଦୁଇପାଦରୁ ମୋର
ଷଡ଼ଯନ୍ତ୍ରର ଆଦିମ ଉଦ୍ଦେଶ୍ୟ, ପ୍ରଥାର ପ୍ରାଚୀନଫାଶ
ମଥା ଉପରୁ ଫିଙ୍ଗିଦିଅ ଘୃଣିତ ପରମ୍ପରାର ପାଳିତ ହତିଆର ।

ସେହି ରାସ୍ତା ନୁହଁଇ ଅରମା, କଣ୍ଟକିତ । ନୁହେଁ ବି-
ଅଗମ୍ୟ, ଅନାଦୃତ । ତେବେ କିଆଁ ଏତେ ପାଖ ହୋଇ ଆମ ପାଇଁ
ଅପରିଚିତ, ଅପହଞ୍ଚ, ରହିଛି ବାରଣ ।

ସେହି ରାସ୍ତାର କଢ଼େ କଢ଼େ ନାନା କିସମର ବର୍ଣ୍ଣାଢ୍ୟ ଗଛ
ଡାଳରେ ଛୋଟଛୋଟ ଚଢ଼େଇଙ୍କ ମେଳି ଓ ମେଳଣ
ପ୍ରତିଟି ବୃନ୍ତରେ ଫୁଟିଛି ଅସଂଖ୍ୟ ଫୁଲ
ସେହିଯାଏ ଯିବାକୁ ଚାହେଁ ମୋର ପ୍ରାଣ ଓ ନୟନ
ମୁଁ ଛୁଇଁବାକୁ ଚାହେଁ ପ୍ରତିଟି ଚିତ୍ର ଦୃଶ୍ୟ, ଚଇତ୍ରକାଳ
ମୁଁ ବି ଚାହେଁ ଫୁଲରେ ଫୁଲରେ ଭରିଯାଉ ଗୋଟେ ଦିନ
ସାରା ହୃଦୟର ଶୂନ୍ୟ ଅଂଚଳ, ହେଉ ମହକିତ
ତୋର ଜନ୍ମଦିନରେ ହେଉ ସେତକ ଉପହାର ।

ସପନରେ ଯେଉଁ ଆଞ୍ଜୁଳାରେ ଭରିଯାଏ ଅସରନ୍ତି ଫୁଲ
କେମିତି କହୁ ସାରାଦିନ ମଳ, ମଇଳା, ମଳାପଶୁ କୁଢ଼କୁଢ଼
ଉଠାଇବାପାଇଁ ମୋର ଦୁଇହାତ ।

ତୋର ଆଲୁରାକେଶ ଛୁଇଁ କେବେ ମୌସୁମୀ କେବେ ମଳୟ
ଭେଦିଯାଏ ଗାଁ ଭିତର ଚନ୍ଦ୍ରାୟନ, ସୂର୍ଯ୍ୟାଲୋକ, ସବର୍ଣ୍ଣ ସଂସାର
ତଥାପି କହୁ ପାଦତଳ ମାଟି, ମଥା ଉପର ଆକାଶ ଆମର ନୁହଁ
ତୋର କ'ଣ ଇଚ୍ଛା ହୁଏନାହିଁ ହାତରେ ଧରାଇ ବଂଶୀଖଣ୍ଡିକ
ମଥାର ଗହଳ କେଶ ଉପରେ ଖୋସି ମୟୁର ଚୂଳ
ମନ୍ଦିର ମୁଖଶାଳାରେ ଥିବା ନିର୍ବାକ ସିଂହର ପିଠି ଉପରେ
ବସିଯାଉ ତୋର ବାଳୁତପୁଅ, କହ ମା' କହ
ଇଚ୍ଛାର ଅଶ୍ୱମାନଙ୍କର ଅପମୃତ୍ୟୁ କେମିତି ସହିଯାଏ ତୋ ମାତୃପଣ ।

ସେ ରାସ୍ତା ଲାଗୁଛି ବ୍ରାହ୍ମଣର ପଇତାପରି ଧୋବ ଫରଫର ସୁଖସଂହିତାର
କ୍ଷତ୍ରୀୟଙ୍କ ଖଣ୍ଡା ପରି ଖୁବ୍ ଶକ୍ତ ଓ ଶାଣିତ
ବୈଶ୍ୟଙ୍କ ସଂପତ୍ତି ପରି ଲାଗୁଛି ଅଚଳାଚଳ, ଚିତ୍ରାଙ୍କିତ
ଅଥଚ ଆମପାଇଁ ଅଦୂର, ଅସହଜ, ହାଣମୁହଁପରି ଅତି ନିର୍ଦ୍ଦୟ
ଦୁର୍ଜଗର ଛୁଇଁଛି ଆଦିଗନ୍ତ । କାହିଁକି ମା', ସତ ସତ କହ ।

ସେହି ରାସ୍ତାରେ ଯିବାକୁ ଚାହିଁଲେ କାହିଁକି ଗଳାରେ ମୋର ଝୁଲାଇ ଦେଉ
ମାଟି କଳସ, ଅଣ୍ଟାରେ ଝାଡ଼ୁ ଏକ । କାହିଁକି କହୁ–
ଯେମିତି ଅପବିତ୍ର ହେବନାହିଁ ପ୍ରତି ପାହୁଣ୍ଡର ମାଟି ଘୋଷଣାନାମାର
ସତସତ କହ, କାହିଁକି ନଗ୍ର ବାହାରେ ଆମର ଏହି ହୀନଘର
ବିନା ସର୍ପ ଦଂଶନରେ କାହିଁକି ଛଟପଟ ଆମର ଏହି ବିବ୍ରତ ଜୀବନ ।

ବିଦ୍ରୋହ ଓ ବିଳାପ ମଝିରେ ଇଏ କି ଜୀବନ ଆମର
ଶୃଙ୍ଗାର ଓ ସଂଘର୍ଷ ମଝିରେ ଇଏ କି ଆକାର ଆମର
ସନ୍ନ୍ୟାସ ଓ ସନ୍ତ୍ରାସ ମଝିରେ ଇଏ କି ବଂଚିବା ଆମର
ଅସନା ଓ ବାସନା ମଝିରେ ଇଏ କି ଜୀବିକା ଆମର
ଚୁପ୍ ଓ ଚିତ୍କାର ମଝିରେ ଇଏ କି ମରଣ ଆମର, ପାଟି ଖୋଲ ମା'
ସତ ସତ କହ ।

■

ନଈ

ମୁଦି ପାଉଁଜ ନେଲା ତ ନେଉ, ବେକେ ପାଣିରୁ
ସଂଜ ସୁଦ୍ଧା ଫେରିବ ଅଥଚ ଫେରିଲାନି ବୋଉ।

ଖୋଜବାରି ଖୋଜିଲି, ବୋଉ ବଦଳରେ ପାଇଲି
ରକ୍ତକଇଁ, କାଦୁଅ କଣ୍ଢେଇ
ଥାଉ। ଆର କୂଳର ଆ' ଆ' ଆକୁଳ ଡାକ
ଗୋଧୂଳି ଗାଁର ଗୀତ ଛାଡ଼ିଆସିଲି କାଲି ପାଇଁ
ଇରେ ଇରେ, ଆଉ ଯିବି କଅଣ
ରାତିଅଧେ ଡେଇଁସାରିଛି ଫୁଲି, ଫଉଲି, ଫୁଲେଇ ନଈ।

ସକାଳ ଯାଏ କୋଉ ରହିଲା କି! ବାପାଙ୍କ ବାକ୍ସ
ଗୀତ ଗୋବିନ୍ଦ
କାନ୍ଥ, ସରୀସୃପଙ୍କ ସହବାସ
ଆମ ଦି'ପ୍ରାଣୀଙ୍କ ଅରେ ବିଶ୍ୱାସ, ଓରେ ହସ
ଇନାମତେ କିଛି ବି ନ'ଥିଲା, ଥିଲା ଖାଲି କାନ୍ଦକାନ୍ଦ
ଦୁଃଖ ଦୀର୍ଘଶ୍ୱାସର ପାଣି ପହଁରା
ଆଗପଛ ଭଉଁରୀ, ଭ୍ରମ, ବିପଦ ଖାଲି ବିପଦ।

ଏଇଥିଲାଗି ଯେଉଁମାନେ ଯିବାକଥା କେବେଠୁ
ମୁହଁମୋଡ଼ି ଚାଲି ଗଲେଣି
ବନ୍ଧ, ବନ୍ଧନଠୁ ବହୁଦୂର କେହି ଭୁବନେଶ୍ୱର
କେହି ବମ୍ବେ, ବାଙ୍ଗାଲୋର।

ମନ ମାରି ଅଛି ଦୁଃଖ ଆମ ତାଳଗଛ ଛାଇ ପରି
ଏପାରି ସେପାରି
ବର୍ଷା ଥାଉ କି ବୈଶାଖ ଥାଏ ନଈ ସହ
କେବେ କଳି କେବେ କୋଳାକୋଳି ।

ଯେତେଥର ଡେଇଁଛି ବନ୍ଧ କଅଣ ଭେଟିଛି ପଚାରିବ ତ !

ହାଡ଼ ପରି ଚାରିକଡି ହିଡ଼ ମଝିତକ ଛାତି ସାରଦ ବିଲ
ରକ୍ତ, ଝାଳରେ ଉଧେଇଥିବ ଧାନଗଛ
ସ୍ୱପ୍ନତକ ସଜେଇ ହୋଇଥିବ ସବୁଜ ପତର
କେଣ୍ଡାରେ ଓହଳିଥିବ କଲବଲ କଳିଜାକଡ଼
ଜଗିଥିବ ମେଘ, ଖରା, ପବନ ପରି ସାରାବର୍ଷ
ଠେକା, ଠିକଣାର ବିଶାଳ ବିଶ୍ୱାସ ।

କାହିଁ, କୋଉ ବୁଝିଲା କି ବନ୍ଧ ଏ ପାଖର
ଓଦା ଉଦାସ ଅଳି ଓ ଅଇନି
ଆରେ ଆରେ, ଇଏ ନଈ ନୁହଁ ନାଗୁଣୀ ।

ଇଏ କଅଣ, କାହାକୁ ପଚାରି ପୋତୁଛ ନଈ !

ରହ ରହ, ଟିକେ ଛୁଇଁଦିଏ ଶେଷଥର ପାଇଁ
ରହ ରହ, ମାଟିଘଟ ପାଇଁ ସାଇତି ରଖେ ଶିଶିଏ ପାଣି
ନାଇଁରେ ନାଇଁ, ସିଏ ନାଗୁଣୀ ନୁହଁ
ଆମ ଗାଁ ତଳ ଆଡ଼ ବାଇଆଣୀ ।

■

ଛଣ ମଣିଷ

କିଏ କୁଆଡ଼େ ଗଲ ହୋ, କାହାର ଦେଖା ମିଳୁନି ତ !

ଚୁବୁଚୁବୁ ପାଣି, କରାଣ୍ଡିମାଛ, ମାଘମାସ, ମୃଗ ଜଣାଣ
ସଣସଣ ଉତ୍ତରାପବନ
'ରାମ ଯେ ଲଇକ୍ଷଣ ବେନିଭାଇ ସ୍ତିରୀ ଶୋକର କାରଣ'
ଇଏ ରାଧୁ ମାହାଳିର ଧାନକଟା ଗୀତ
କେହି ଜଣେଇଲେ ନାହିଁ, ହେଇଟି ଯାଉଚି ଯିବ।

ସେମାନଙ୍କ କଥା ଛାଡ଼, ଜାମା ଯୋଡ଼ରେ ସଜେଇ ମୋତେ
ମାର୍ଫତରେ ଦେଲ ସାରଦ ଫସଲ
ଅଣଦେଖା କରିଛି କି ଆଜ୍ଞାଙ୍କ ଆଦେଶ
ଛୁଆଇଁ ଦେଲି କି ଶୁଆଶାରୀ ପାରାପଲ, କହୁନ
ଯେତିକି ବୁଣିଥିଲ ଏଥର ଜାଣି ଅଧିକ ନେଲ
ଅଥଚ ଗଲାବେଳେ ଭାବିଲନି ଇଏ ଥିବ ନା ସାଙ୍ଗରେ ଯିବ
ଧନ୍ୟ ଆପଣ !

ଏବେ ତ କ୍ଷେତ ଅକାରଣ। ଥାଉ, ଆଜି ଏତିକି।

ଆଜି ହେଉ କି କାଲି, କେଉଁ ସରୁଚି କି ଛିଡ଼ା ହେବାର
ନେଉନ ସେଉନ କଷ୍ଟ କଷଣ
ଯେମିତି ସୁଧମୂଳ ମିଶି ଗଡ଼ିଚାଲିଛି କୃଷିରଣ
ସେମିତି ଛିଡ଼ାହେବା ମୋର ଭାଗ୍ୟ ଗୋଟେ କଣ୍ଟାବଣ

ଏହା ସହିତ ଯୋଡ଼ି ହୋଇଚି ଆପଣଙ୍କ କପାଳ
କାଲୁବାଲୁ ଜୀବନଜଂଜାଳ, ଇଏ ସଂଯୋଗ ନା ଷଡ଼ଯନ୍ତ୍ର !

ଭାବିଥିଲି, ଏ ସନ ଅମଳ ଛୁଇଁଚି ଆଖି ହଳକ
ମଣ୍ଡାପିଠା ପୁର ପରି ଭରିଚି ଭଲ ଛାତି ଭିତର
ଶୁଝିଦେବ ହାତ ଉଧାରି କାଢ଼ିଆ କରଜ
ସଜାଡ଼ିଦେବ ଗଲାଥର ଝଡ଼ିରେ ନଇଁପଡ଼ିଥିବା ଘର ମଉଡ଼
ବଢ଼ିରେ ବଂକେଇ ଯାଇଥିବା ବିଲହିଡ଼, ମେରୁହାଡ଼
ତେଣିକି ସିଧାକରି ମୁଣ୍ଡ ପଦ ପରେ ପଦ ଗାଉଥିବ
କିସ ଘେନିଯିବୁ ଛୁଟିଲେ ଘଟରେ ବାଇମନ !

ଗୋଟେ ବର୍ଷ ସୁଧାରିଗଲେ ପାଳକ ଏତେ ସ୍ୱପ୍ନର ସଂଗୀତ
ଗାଉଥାଏ ହୃଦୟ ଜାଣିଲି ପ୍ରଥମଥର
ଜାଣିଲି କ୍ଷେତଖଳାରେ କାହିଁକି ଦିଶୁଥିଲ କାଙ୍ଗାଳରୁ କୁବେର
ଟାଟା, ମିତ୍ତଲ, ଲାଲୁ ଯାଦବ, ସୁଖରାମ ଓଗେରଠୁ ଏତେବଡ଼
ମୋତିମାଣିକର ମଣିମା ଆପଣ, ମଥାଏ ଗାମୁଛା ଠେକାର ବର୍ଣ୍ଣିଳପାହାଡ,
ଏତେ କି ସୁନ୍ଦର ଜାଣିଲି ପ୍ରଥମଥର ।

ତମ ଆମ ଆଖିର ସପନ କହିଲେ ଗୋଟେ କୁହୁଡ଼ିର ଘର
ନୋହିଲେ ପରହାତେ ବନ୍ଧକବିଲ, ବନ୍‌ଶୀକଣ୍ଟାରେ
ଝୁଲୁଥିବା ନିରୀହ ଜିଅଁଳ
ଦେଖିଲ ତ, ଅମାର ଧରିଚି କି ନାହିଁ ଅମଳ ଗଣ୍ଡାକ
ଅବୈଧ ସଂଭୋଗର ରେତରଜ ମିଶିଗଲା ଭଳି
ମିଶିଗଲେ ଯୋଗାଣ ବିଭାଗ ମଣ୍ଡି ମାଲିକ
ଏଣେ ଧାନ ପେଣ୍ଡାର ଆଶା ଭିତରୁ ଖସି ପଡ଼ିଲେ ଆପଣ
ମୋ କଥା ଛାଡ଼, କଚାଡ଼ି ଦେଇଛି ମୋତେ ଦଲକାଏ ଦୁଃଖର
ଝାବଡ଼ ପବନ ।

■

ଆମର ଘର କହିଲେ

ଆମଭଳି ଛୋଟମୋଟ ଡରହର ଆଖି ଯୋଡ଼ିକର
ସ୍ୱପ୍ନ କହିଲେ ମୃଗ ଶିକାର
କି ମାୟା ମୋହିନୀର ସଂଗଲାଭ ନୁହଁ
ଗୋଟେ ଘର ପାଇଁ ଆମ ସ୍ୱପ୍ନ ସହିଥାଏ ବର୍ଷବର୍ଷ
ଖରାତରା କୁହୁଡ଼ି କାକର ବର୍ଷାକାଳ।

ଏତେବେଳେ ନଈ ନା କୁମ୍ଭୀର, ମାଳୀ ନା ମାଲ୍ୟାଣୀ
ଗୁଣୀ ନା ଗଜପତି, ଯମ ନା ଯେଜମାନ
କିଏ ବୁଝିଛି ଆମ ଦି' ପ୍ରାଣୀଙ୍କ ଛାତିତଳ
ରକ୍ତଓଦା ଗୀତ, ମନ - ମେହେନତ
ଖରାବେଳ ନା ରାତିଅଧ, ସାପ ନା ସପୁରୀ ବଣ
ସବୁଠୁ ଫେରିଛି ଆମ ଡହଳ ବିକଳ ଖରଶ୍ୱାସ
ସକଳ ବିଶ୍ୱାସ।

ଘର ନାହିଁ ତ କୋଉ ଲୋକରେ ଗଣା ହୁଏ ମଣିଷ!

ଛାଇଟିକେ ଥିଲେ ତ ତେଣିକି ସିନା ଶଂଖୋଳି ହେବ
ଆ'ରେ ମିତ ଛାତିରେ ବ'
ଦି' ଟଙ୍କାରେ କିଲ୍ଲେ ଚାଉଳ, କୃଷିଋଣ ଛାଡ଼
ଶସ୍ତାରେ ସାର ଯୋଗାଣ
ଯୋଡ଼ିବି ଜୀବନରେ ଯୁବତୀ ଯୂଇ, ମଲ୍ଲିସୁଖ
ଜହ୍ନରାତିର ଜଗତ, ଜଗନ୍ନାଥ ଦର୍ଶନ।

ଛାଇଥିଲେ ତ ଅବଶ୍ୟ ପଚାରିବ ଗ୍ରାମ ସେବକ
ଏ ଦଡ଼ମଡ଼ ଘର ଖଣ୍ଡିକ କାହାର
ବି.ପି.ଏଲ୍ ତାଲିକାରେ ଚଢ଼ି ପାରିବ ତ
ଅନାବନା ନାଁ ଗାଁ ମୋର
ଘର ଗୋଟେ ପରିଚୟ ବୋଲି ଜାଣିବେତ ଆପଣ
ଏତକ ନାହିଁ ବୋଲି କେତେ ଟାହି ଟାପରା
କରୁଥାଏ ଖରାତରା
ଲାଗୁଥାଏ ପାଞ୍ଚ ଜଣକରେ କେତେ ମୁଁ ଅଲୋଡ଼ା
ବେସାହାରା ।

ଏଇଥିପାଇଁ ତ ଗୋଟେ ବୋଲି ସ୍ୱପ୍ନ ଥରେଇଛି ଥରୁଥର
ନାଭିମଣ୍ଡଳ, ଓଦେଇଛି ଆଖି ହଳକ
ଭାଇ ଯାହା କୁହ ଲାଗିପଡ଼ି ଛିଡ଼ା କରେଇଲି
ବକେଟ ବୋଲି ଘର
ଭାର୍ଯ୍ୟା ଭାଷାରେ ଇଏ ଘର ନୁହଁ, ଗୋଟେ ଝାଳଓଦା ସ୍ୱର୍ଗ ।
ଏହା କଣ ମୋର ! ଭାବିଲା ବେଳକୁ ନିଜ ଭିତରେ
ଭାଙ୍ଗି ପଡୁଛି ମୁଣ୍ଡ ଟେକିଥିବା
ଟାଣ ପଣର ଦୁର୍ଗ, ମନ ମଗଜ
କେତେ ଦିନଯାଏ ରହି ପାରିବ ଏଇଘର, କିଏ କହିବ ।

ଆରେ ଆରେ, ଇଏ କଅଣ ! ଘର ଭିତରେ
ଚଟିଆ ଚୁଚୁନ୍ଦାଙ୍କ ଭଣଭଣ ମୂତଗନ୍ଧ
ବିଲେଇ ମୂଷାଙ୍କ କଳି, ସରୀସୃପଙ୍କ ମେଳି
ଅସରପା ଡିମ୍ବରୁ ବାହାରିଲେଣି ପିଲାପିଲି
ଏଣେ ବେଙ୍ଗଙ୍କ ରମଣ, ଆର କଣେ ବୁଢ଼ିଆଣୀ
ବିଛେଇଚି ଅକଲ, ମାୟାଜାଲ
ଏଣିକି ଜାଣିଗଲି ଘର କହିଲେ ଏହାର ମାଲିକ
ହୋଇପାରନ୍ତି ହଜାରେ ଜଣ ।

ଏମିତି ଏକ ସ୍ୱପ୍ନ କାହିଁକି ସତ ହୁଏ କିଏ କହିବ
କେଉଁ କଥା ନା କବିତା
କେଉଁ ସଂହିତା ନା ସଭ୍ୟତା ।

ଥାଉ, କାହାର ଲୋଡ଼ା ନାହିଁ ଆଦର୍ଶ, ଉପଦେଶ, ପରାମର୍ଶ ।

କହୁ ନାହାନ୍ତି, କେଉଁ ଶିଳ୍ପପତିର ସ୍ୱପ୍ନ - ସାହାସ
ଘର ଉପରେ ସତ ହଉଥିବ, ଛୁଁ ଥିବ ଆକାଶ
ଏଣେ ଆମ ଆଖି ହଳକରେ ଘନେଇ ଆସୁଥିବ ନିଦ
ପୁଣି ଶସ ଧରୁଥିବ ସ୍ୱପ୍ନ
ରାତି ଥିବ ତ, ସତ ହେବା ପାଇଁ ପୁଣି ଘର ଖଣ୍ଡିକର
କହିବେ ତ !

ଜାଣେ, କହିବେ ହଁ ହଁ ହେବ । ବିସ୍ଥାପିତ କଲୋନୀରେ
ମାଳମାଳ ଘର
ଦେଖାଇ ଦେଉଥିବ କମ୍ପାନୀଲୋକ
ବାଃ' ରେ ପୁଅ, ଆମଭଳି ଛୋଟମୋଟ ଲୋକଙ୍କ
ସ୍ୱପ୍ନ ସହ ଖେଳିଜାଣ ବୋଲି ତ
ଆମର ଘର କହିଲେ ଏହାର ହଜାରେ ମାଲିକ ।

■

ଗୋଟେ ବାଲିର ବାପା ଗଢ଼ନ୍ତ କି

ସୁଦର୍ଶନ

କେମିତି ବିବେକ ହୁଏ ବିଲ, ହାଡ଼ ହୁଏ ହିଡ଼, ସ୍ୱପ୍ନ ହୁଏ ଗଛ
କଳିଜା ହୁଏ କଢ଼
ରକ୍ତ ହୁଏ ଶସ, ବିଶ୍ୱାସ ହୁଏ ଫସଲ
ଏତକରୁ ଯିଏ ଅମଳ କରେ ସିଏ ବାପା, ଜଣେ ରଇତ।

କେବଳ ବାପାମାନେ ହିଁ ଗଢ଼ି ଜାଣନ୍ତି ଘର, ଦେଶ
ପଥରରୁ ଈଶ୍ୱର, ମହୁମୁହାଣ। ହୋଇ ପାରନ୍ତି
ନିଆଁ ପାଖରେ ପତଙ୍ଗ, ସାପ ମୁହଁରେ ବେଙ୍ଗ।

ତେଣୁ ବାପାଙ୍କ ଛଡ଼ା ଆଉ କାହା ମଥା ମଉଡ଼ରେ
ଦେଖି ପାରିଲିନି ମନ ମୁତାବକ ନାଲି ଗାମୁଛାର ନେତ
ଉଡୁଥାଏ ଫରଫର ସୁଖଦୁଃଖର ଅଛିଣ୍ଡା ଅମାନତ
ଦେଖୁନ, ମେଘ ବାହୁଡ଼ା ମଧ୍ୟାହ୍ନର ତେଜ ପରି
ପାକଳ ମୁହଁ, କେଉଁ ଗୋଟେ ଗଡ଼ ଜିତିଲା ପରି
ଦେହର ଗଢ଼ଣ
ପଲ୍ଲବିତ, ଫୁଲଫଳ ଭର୍ତ୍ତି ଗୋଟେ ଚଉକଷ ଗଛ
ନଇଁ ପଡୁଥିବା ଡାହି ଡାଳପରି ପିତୃପଣ
ଏମିତି ରୂପ ସହ ସରିହେବ ନାହିଁ ସ୍ୱୟଂ ନାରାୟଣ।

ଦେଖିବ ତ, ନଈ ବଢ଼ିରେ ଉଜୁଡ଼ି ଯାଇଥିବା
ଗାଁ ଗଣ୍ଡାରେ ସାହାସ ଦେଉଛି କେଉଁ ଲୋକ

ମରୁଡ଼ି ଅଞ୍ଚଳରେ ବଳଦପରି ଠେଲୁଛି କିଏ
ରିଲିଫ୍ ଶଗଡ଼
କିଏ ଉଠଉଛି ଝଡ଼ରେ ଭାଙ୍ଗି ପଡ଼ିଥିବା ଗଛ
କିଏ ପୋତୁଛି କୁଢ଼କୁଢ଼ ଗାଈଗୋରୁ ମଣିଷର ଶବ।

ବାପାଙ୍କ ଛଡ଼ା କିଏ କାହିଁକି କରିବ ଏମିତି କାମ
ଆମ ଗାଁ ନାରଣ ସାହୁର ତହସିଲଦାର ପୁଅ
ନା ସରପଞ୍ଚ ମକୁ ଖଣ୍ଡୟିତ।

ନର୍କ ହେଉ କି ନରକ, ମଳୟ ହେଉ କି ପ୍ରଳୟ
ଆଡ଼ କରିଦିଏ ବାପାଙ୍କ ବାଈମନ
କେବେ ପକ୍ଷୀ କେବେ ପଥିକ କେବେ ସାଥି
କେବେ ସାରଥି
ଆବର୍ଜନାରୁ ହେଉ କି ଉର୍ଜନାରୁ ସାଉଁଟି ସୁଖଶିରୀ
ନିଅରେ ପିଲାଏ ଜୀଇଁ ଶିଖ ଭୋଗକର
ବାପାଙ୍କ ଛଡ଼ା ଏଇ ପଦକ କିଏ କହିଛି, କହୁନ।

ଆମେ ପଚାରି ପାରିଲୁ କି କାହିଁକି ଖରାବେଳ ସାରା
ନର୍କନାଳ ପରି ଏତେ ବହିଗଲ
ଏତେ ଧନ୍ଦି ହୋଇ କାହିଁକି ପୋତିଲ ଗଛ ପରେ ଗଛ
ମାଂସ ହାଡ଼ କୁଢ଼କରି କାହିଁକି ପୋତୁଛି ଗାତଗାଢ଼
ଆପଣଙ୍କ ତ୍ୟାଗ
ହାତଲେଖା ଗୀତ ଖତସାର ହୋଇ ପୁରଷ୍ଟ କରୁଛି
ଭାଷଣ, ଶିକ୍ଷାଦାନ, ଗଦାଗଦା ଉଦାହରଣ।

ଏମିତି ଏକ ବାପା ହେବା କଅଣ ଏତେ ସହଜ!

ଜଣେ କେହି ହୋଇ ପାରିଲ କି
ଆମ ଭିତରୁ ଯିଏ ବାରି ହୋଇପଡ଼ ଥରୁଥର

କହିବ ତ, ଦକ୍ଷିଣା ଆଣିବା ବାହାନାରେ
କାଟି ଆଣିନ କି ଶିଷ୍ୟର ଆଗତରୁ ଗୁଣୁଗୁଣୁ ଗୀତ
ଲୁଟି ନେଇନ କି ପଡ଼ିଶା କ୍ଷେତରୁ ଶସ୍ୟତକ
କଲମ ମୁନରେ ମାରିନ କି ନହୁଲି ନଈ
ମର୍ଜିରେ ବିକି ଦେଇନ କି ବଣ ଓ ପାହାଡ଼
ଶୀର୍ଷରେ ଥାଇ ଶୋଷିନାହିଁ କି ପାପପଣ
ଦେଶର ଦୁଧ ହାଣ୍ଡିରୁ ଲୁଚିଲୁଚି ଲବଣି ସର।

ଏବେ ଖୋଜା ପଡ଼ିଛି ଆମ ଗହଣରେ ବାପାପରି
ଜଣେ ମଣିଷ
ଯିଏ ବିରକ୍ତରେ ସୁଅ ମୁହଁରେ ପତର ପରି
ଉଝେଇଁ ଦେଉଥିବ ଲାଞ୍ଚଖୋର ଆଇ.ଏ.ଏସ. ପୁଅ
ଯିଏ ସାରା ସହରରୁ ମଡେଲ୍ ଝିଅର ବିଜ୍ଞାପନ
ଚିରୁ ଚିରୁ ମରି ଯାଉଥିବ
ଏମିତି ଏକ ବାଳିର ବାପା ଗଢ଼ନ୍ତ କି ସୁଦର୍ଶନ।

ଦାଢ଼ିଭର୍ତ୍ତି ମୁହଁ, ଦେହରେ ଚଦର, ଆଖି ଛଳଛଳ
ସୁଆଣ୍ଡୋ ଗାଁରୁ
ଆସୁଥିବା ପରି ଲାଗୁଥିବ ପାଦ ହଳକ
ହାତରେ ଧରେଇଥିବ ଖଣ୍ଡେ ସମାଜ କାଗଜ, ଗଢ଼ିବ ତ!

■

ମୋହିନୀ

ପ୍ରକଟ ହେଲ ବୋଲି ତ ଭାବନା ଭୂଇଁରେ ଅଛି କୁଞ୍ଜବନ
ଅଛି ପୁଣି ରସିକ ପ୍ରବର ଗୋଟେ ଭ୍ରମରମନ
ଜାଣିଲି ପ୍ରଥମଥର
ପ୍ରିୟ ନାରୀଠୁ କେଉଁ ପରି ମାଗିବାକୁ ହୁଏ ଯାହାଯାହା
ଜାଣିଲି ଅବଶ୍ୟ
ମାଗିଚି ଶୋଷାତୁର ପ୍ରାଣ ପାଇଁ ଆଞ୍ଜୁଳେ ବର୍ଷା ବିଳାସ
ଛାତିକି ରକ୍ତ ମନ୍ଦାର ପାଦ, ମଥା ପାଇଁ ଚୁମ୍ବନ ଦାଗ।

ତମେ ତ ସେହିପରି ଲାଗୁଛ ଜାଣି ମାଗିନେବା ପାଇଁ
ଗାଇଲି ଯୋଗୀଗୀତ, ଏହାଛଡ଼ା ଆଉ କି ଉପାୟ
ମାଗି ପାରିଲି ତ
ଏହା କ'ଣ ସମୁଦ୍ର ଆକାଶଠୁ ବଡ଼ କଥା ନୁହଁ।

ତମେ ତ ସେଇ ରୂପରେ ପ୍ରକଟ ପ୍ରିୟେ, ଚମକେଇଚ
ସ୍ଥାନ, କାଳ, ପୁରୁଷ ଜନ୍ମ
ଦେଖୁ ଦେଖୁ ତ ଆୟତ୍ତ ବାହାରେ ଗୋଟାପଣେ ଛିଡ଼ା
ସୁହଟ ନାଗର
ଏମିତି ରମଣୀଠୁ ରମଣ ଲୋଡ଼ିଲେ ଏ ପ୍ରେମର ଦାସ
କାହିଁକି ଜାଣିବ ଆଗତ ଅନାଗତ ପାଇଁ ଅଛି କି
ନିଜ ଲାଗି ପାତକ, ଘାତବାର, କୃଷ୍ଣପକ୍ଷ, କଣ୍ଟାବଣ!

ଉଭା ହେଲ ତ ବିଚରା ବିମୋହିତ, ବଦଳିଚି ପ୍ରବୃତ୍ତି
ବିପରୀତ ବୁଦ୍ଧି

ସାରା ଶରୀର ଚନ୍ଦନ ଗଛ ରାସ ବିଭୋର
ବିରହର ପୀଡ଼ାଭୋଗ ଏତେ ପ୍ରଖର ଅଗଭୀର
ଜାଣିଲି, ତମ ହସ ସହ ହସ ଯୋଡ଼ିଲି ସିନା ପ୍ରଥମଥର ।

ଏମିତି ବିଭୋର ବେଳାରେ ଥାଇ ଆମ ଭିତରୁ କେହି କ'ଣ
ଡେଇଁ ଯିବ ବସନ୍ତ ମାସ ନା ହୁରୁଡ଼େଇଦେବ
ଫୁଲରୁ ଭଅଁର, ଡାଳରୁ ରତିରଙ୍କ ଚଢ଼େଇ ହଳକ
ନାଇଁ ନାଇଁ, ରଚିବା ଆସ ଚମତ୍କାର ଗୋଟେ
ପ୍ରଣୟ ନୀଡ ।

ଯେତେ ଦହିଲେ ବି ରକ୍ତ, ହାଡ଼, ମାଂସ, ପୁରୁଷାକାର
ସେତେ ହାଲ୍ଲୋର ତେଜ, ଓଜ, ବୀଜ
ସେତେ ଦହଗଞ୍ଜି ଭିତରୁ ଫିଟି ପଡୁଛି ଧାନକେଣ୍ଟା ପରି
କ୍ଷଣୁକ୍ଷଣ ପ୍ରେମିକ ପଣ
ମିଥୁନର ମିଥିଳାରେ ମନ ମେଳାଇ ମାଗୁଚି ପ୍ରିୟେ
ଆଲିଙ୍ଗନ, ନିବିଡ଼ ବନ୍ଧନ କୌଞ୍ଚପକ୍ଷୀର ଦିଅ
ଏମିତି ତ ମାଗିମାଗି ଶେଷ ହୋଇଯିବା କଥା ଯିବ ଏ ଜୀବନ
ଦେଖି ଦେଖି ତମ ଅନୁପମଠି ନିଜର ମଧୁର ମରଣ
ଆଉ କି ଲୋଡ଼ା ଚକ୍ର, ତ୍ରିଶୂଳ, କପଟ ଖେଳ ।

ଜାଣୁଥିଲେ ବି ମନ୍ଦ ଉଦ୍ଦେଶ୍ୟ, ମିଛହସ, ମାୟାବେଶ
ତଥାପି ନାଗରୀ ବୋଲି ତ
ଭେଦୁଚି ପାଦ, ନାଭି, ନୟନ ସମଗ୍ର ନାରୀବେଶ
ମଣିଚି, ଭେଟ ହେବା ପରଠୁ କେଡ଼େ ତୁଚ୍ଛ ଏ ଅମୃତ
ଲୋଡ଼ିଚି, ସାନ୍ନିଧ ଶରରେ ବିଦ୍ଧ ହେବାର ଖିଏ ଭାଗ୍ୟ
ସେହି ରମଣୀୟ ମୁଦ୍ରାରେ ବରଂ ବିଜୟ ପ୍ରାପ୍ତ ହୁଅ
ଖଣ୍ଡ ମଣ୍ଡଳରେ ପଡ଼ିଥାଉ ଅରକ୍ଷ ଦେହ, ପ୍ରାଣପାତ
ଗୋଟେ ପ୍ରେମର ପ୍ରପାତ ।

ମୋହିନୀ, ନାରଙ୍ଗୀ ବେଶଠୁ ଅସ୍ତ୍ର କି ଅଧିକ ! ପାହାଡ଼ରୁ
ଖସି ପଡୁଥିବା ପାଣିର ସୁଅଠୁ ଆହୁରି ଶାଣ ବୋଲି
ପ୍ରେମର ଉଦୟ ବେଳ ନୋଇଁଲି ମୁଣ୍ଡ
କେଉଁ ବୁଝିଲ ପୁରୁଷାର୍ଥ, ପ୍ରେମ ମନ୍ତ୍ରର ସବାଶେଷ
କାନ୍ଦକାନ୍ଦ ଉଚ୍ଚାରଣ
ଏତେ ଆବେଗ ନେଉନ ନିମଗ୍ନ ରକ୍ତର ରହରହ ଡାକ
ନା ଶୁଣିଲ ! ଶୁଣିଥିଲେ ତ
ଆଉ କି ଲୋଡ଼ା ଥିଲା ଏତେଏତେ ଅବତାର, ଅଭିଯାନ ।

■

ଅସୁର ଅକାରଣ

କଥା କଅଣ କି ନବଘନ, ଏତେ କାହିଁ ବିଭୋର ଦିଶୁଛି ମୁହଁ!

କିଏ ଖୋଲିଦେଲା କି ଅପାଣିଆ କପାଳରେ ସୁଖର କେନାଲ୍
ଯେଉଁଠୁ ମାପଚୁପ ପାଣି ପରି ଥାଏ ଗୋଟେ ମୂଳଚେର
ଭେଦର ରହସ୍ୟ, ହୁଏତ ସେଥିରେ ଭେଦୁ ଥାଇପାରେ
ଦିନେ ଅଧେ ଛାତିର ଟାଙ୍ଗର ବିଲ
ଯଦି ବୋଧ ଦେଉଛି ବିଶ୍ୱାସ, ତେବେ କରିପାରୁ ଆଶା ଆକାଂକ୍ଷାର
ରୁଆ ବେଉଷଣ
ମନେହୁଏ, ଆଜି ନ'ହେଲେ କାଲି ପସ୍ତେଇବୁ ନବଘନ
ଯେତେବେଳେ ଫେରୁ ନ'ଥିବ ମୂଳଧନ ବୋଇଲେ ବିଶ୍ୱାସର
ବିହନ ମୁଠାକ।

ଜାଣେ, ହାତ ପାହାନ୍ତରେ ଅଛି ଭୋକର ଭୂଗୋଳ ଧର୍ମ ନିରପେକ୍ଷ ଦେଶ
ଅଛି ମଂଦିର ପ୍ରବେଶ ପାଇଁ ସର୍କାରୀ ଆଦେଶ, ବି.ପି.ଏଲ୍ କାର୍ଡ
ଦି'ଟଙ୍କାରେ କିଲେ ଚାଉଳ
ମୁଣ୍ଡ ଗୁଂଜିବାକୁ ଖଣ୍ଡେ ଇନ୍ଦିରା ଆବାସ
କାହିଁରେ କେତେ ସୁବିଧା ସୁଯୋଗ ସବୁଥିରେ ସ୍ଥାନ ସଂରକ୍ଷଣ
ନବଘନ, ଏ ଦୟା ନା ଦାନ! ତୋତେ ଲାଗୁଥିବ
ଅପାଳକ ଜୀବନରେ ମେଘମହ୍ଲାର, ମୋତେ ଲାଗୁଛି
ଇଏ ଗୋଟେ ମଲାଜହ୍ନ, ସୌଦାଗରୀ ଚାଲ୍।

କହ, ଯାହାଯାହା ପାଇବାର ଥିଲା ପାଇଥିଲେ କି ପୂର୍ବପୁରୁଷ!

ଯେମିତି ଏ'ଯାଏ ଆମ ଖୁଆଡ଼ର ହାତପଇଠ ହେଲା ନାହିଁ
ପାରିଜାତ, ଐରାବତ, ଇନ୍ଦ୍ରାସନ, ଥୋପାଏ ପୀୟୂଷ
ଏମିତିକି ବିଷ, ସାଗର ମଂଥନରୁ ମିଳିଲା କି ଭାଗ !
ସୁଖ ସୌଭାଗ୍ୟ ଶ୍ରେଷ୍ଠ ଫସଲର ଅମଳ ଗଣ୍ଡାକ
ଅମରାବତୀ ତାଙ୍କର
ଝଡ଼ି ବଢ଼ି ମରୁଡ଼ି ଭୋକ ଶୋଷର କଂଠା ଆଗଡ଼ି, ସରସର ଦୁଃଖ
କଳାହାଣ୍ଡି, କାଶୀପୁର ଆମର ।

ଆମର କହିଲେ କାହିଁକେତେ ବର୍ଷବର୍ଷର ପରିତ୍ୟକ୍ତ ରେତ, ମୂତ
ରକ୍ତର ଦୁର୍ଗନ୍ଧ ପରି ଅଳ୍ପ ଆୟୁଷର ବାସନ୍ଦ ଜୀବନ
ହେୟ ହେଲା ହଇରାଣର ଗୋଟେ ଗୋଗଛବଣ ସବୁ ଆମର
ଆମ ଭିତରୁ କେହିକେହି ମୁଣ୍ଡ ଟେକିଲେ ସିଏ ଅସୁର
ନିପାତ ପାଇଁ ଆରମ୍ଭ ହୁଏ ଛଳ ଛଦ୍ମ, ଆଳ ପରେ ଆଳ
ମାୟା ମୋହିନୀର ନାନା ରକମର ମନ୍ଦବୁଦ୍ଧି ଖେଳ
ଅପବାଦ ଅପଯଶ ପାଇଁ ଲେଖାହୁଏ ପୋଥି, ପୁରାଣ, ବେଦ
ପ୍ରତି ପୃଷ୍ଠାରେ ଆମେ ସବୁ ଅକ୍ଷର ଆଶ୍ରିତ ବେଧଫଳ, ନବଘନ !
ଏବେ ଅଛୁତ, ଇତର, ଅସୁର ଭିତରେ ଫରକ କଅଣ
ନିଜକୁ ପଚାର ।

ଆର୍ଯ୍ୟାବର୍ତ୍ତ ଭାରତ ବର୍ଷ ! ଏଠି ମାଛ କଇଁଛ ଘୁଷୁରୀ ଯୋନୀରେ
ଜନ୍ମ ନିଅନ୍ତି ମହାପ୍ରୁ ଧନ୍ୟଧନ୍ୟ !
ଦେଶସାରା ଗଙ୍ଗାପାଣି, ବେଦବାଣୀ, ରାମ କାହାଣୀ
ବିଦେଶୀ କଂପାନୀ, ହରିବୋଲ !

ଆଜି ଯାହା ଚର୍ଚ୍ଚିତ ଚଉକି କାଲି ଥିଲା ଇନ୍ଦ୍ରାସନ
କାଲି ଯାହା ସ୍ୱର୍ଗପୁର ଆଜି ତାହା ବିଧାନସଉଧ, ସଚିବାଳୟ
ଯିଏ ଥିଲେ ପ୍ରତିପକ୍ଷ ଆଜି ଆସନରେ ମୁନିବ, ହାକିମ, ମାଲିକ
ମାମଲତ୍‌କାର, ଆଉ ବାଟ ନାହିଁ !

ପାଟି ଖୋଲିଲେ ବିଶ୍ୱବ୍ୟାଙ୍କ ଋଣ, ବିସ୍ଥାପନ, ତ୍ରାହି ତ୍ରାହି !
ନବଘନ, ଫାନ୍ଦ ଫନ୍ଦ ଫନ୍ଦିର ଘଟଣାବର୍ତ୍ତରୁ ମୁକ୍ତି କାହିଁ !

ଏବେ କହିପାରୁ, ମୁକ୍ତି ପାଇଁ ଲେଖା ହେଲାଣି କିଆ କେତକୀ
ବଦଳରେ କାହିଁରେ କେତେ ନିଆଁର କବିତା
ପାଦପାଖ ନାଖରାଦୀରେ ପହଞ୍ଚି ସାରିଛି ସାଧବ ବୋହୂ ପରି
ଶହେ ସରିକି ଏନ୍‌ଜିଓ ସଂସ୍ଥା
ପିଠିରେ ପଡ଼ିବାକୁ ତୟାର୍ ଅଛି ଦଳିତ ସଂଘର ନେତା
ନାଇଁରେ ଭାଇ, ସଭିଁଏ ରାଜାଙ୍କ ରକ୍ଷିତା !

ଆମେ କେମିତି ଜାଣି ପାରୁନେ କେବେଠୁ ଛିଡ଼ା ହେଲେଣି
ଯେମିତି ମାଲିକର ମାହଲ ମାହଲ ଧାନ କିଆରୀରେ
ମାହାଳିଆରେ ଟେକିଥାଏ ହାତ ଗୋଟେ ଗୋଟେ ପାଳଭୂତ
ଆମର କେମିତି ମନେପଡୁନି କେଉଁଠି ଛିଡ଼ି ପଡ଼ିଛି କଟାମୁଣ୍ଡ ପରି
ଅପମାନର ମୂଳ ବିଷୟ, ପରାସ୍ତ ଦିନ, ରହିଯାଇଛି ଅଧେ ଯୁଦ୍ଧ
ଉମର ପରେ ଉମର କରମ ଓ କପାଳରେ ଥିବା ଅଗଭୀର ପଚପଚ କ୍ଷତ
ଏହା ବିସ୍ମରଣ ନା ବିକଳରେ ବଂଚି ରହିବାର ଅନ୍ୟ ଏକ ସଂସ୍କରଣ
ଏଥିରେ କଅଣ ସତୁସତ ବଂଚିହୁଏ ନବଘନ, ନିଜକୁ ପଚାର !

■

ଅଛବ

ଏଇଠି ଓହ୍ଲେଇ ଦେଲି ବୋହି ଆଣିଥିବା ଅର୍କ୍ଷିତ ଭାଗ୍ୟର
ଅସହି ବୋଝ ଜୀବନସାରା ଲହୁ ଲୁହାଣ ମୂଢ଼ କାକୁସ୍ଥ କପାଳର।

ଏବେଠୁ ଖପୁରି କି ଖପରାସମ ତେଣିକି ଯେତିକି ଦିନ
ଏଇଠି ପଡ଼ି ରହିବା କଥା, ରହୁ
ଯେ କେହି ଉତ୍ତରାଧିକାରୀ ମୋ ରକ୍ତର, ନ' ପାରିବା ପଣର
ନେବନେବ, ଆଜି ନ'ହେଲେ କାଲିକି ଯେମିତି ହେଲେ ନେବ।

ଦେଖ ପିଲାଏ ! ବୋଝର ଗଣ୍ଠି, ଗୁମର, ଗର୍ଭଗୃହ
ବୋହିବା ଛଡ଼ା ଅଧିକ କଅଣ ଜାଣିଲି ଯେ
ବତେଇ ଦେବି ନିଷ୍କପଟ ତିଥି, ସରଳ ବାଟ
ସହଜ ସହଜ ବୋହିବା ବିଷୟ, ସୁସ୍ଥ ଆଉ ସୁସ୍ତିରେ ଜୀଇଁବାପାଇଁ
ଜଣେଇ ଦେବି ଜୀବନର ଗୀତ ଓ ଗଣିତ
ଚିହ୍ନେଟ ଦେବି ଭୋଗ ଦଖଲ ପାଇଁ ମାଟିରେ ଥିବା ଭାଗ ଗଣ୍ଡାକ
ନାଇଁ ନାଇଁ ମୋ ଦେହି କିଛି ହେଲା ନାହିଁ, ଜାଣ।

ମୁଁ ତ ମେରି ଖୁଣ୍ଟରେ କସରା, କଳା, ଛଉକା ପରି ଖଳାସାରା
ସାରି ଦେଇଛି ବଳ ବଅସ
ମଥା ନୁଆଇଁ ମାନି ନେଇଛି ମାଲିକର ମେରୀରାୟ
ଥରଟେ କେଉଁ ମୁହଁ ଖୋଲି ପାରିଲି କି ବେକରେ ଥିଲା ପରା
ପଘାପରି ଟାଣ ପିତୃ ପୁରୁଷଙ୍କ ଋଣ, ରାଣର ନିୟମ।

ସେଇଠୁ ଶୃଙ୍ଗପରି ଶିର ଶିରପାର ଅହଂକାର, ଉଚ୍ଚ ବଂଶର
ଘଟ ଘଟଣାର ଘା' ଘାଉଡ଼, ତାଉ ଭାଉ
କେତେ କଅଣ ଅଖଂଜ ଆଦେଶ ମୋ ପାଇଁ ଶିରଧାର୍ଯ୍ୟ
ସହିଲି ସହିଲି, ଜୀବନକୁ ଜାକିଜୁକି ଜୀଇଁଲି ଜୀଇଁଲି
ହଁ ମାନୁଛି, ଏପରି ଜୀଇଁବାରେ ନା' ଥିଲା ସୁଖଶିରୀ
ନା' ସ୍ୱାଭିମାନର ଗୁଣ୍ଡେ ଦି' ଗୁଣ୍ଡୁର ଫୁଲଉଡ଼ା ଧାନ କିଆରୀ
ନା' ସୁନ୍ଦର ସ୍ୱପ୍ନ, ଶ୍ୟାମଳ ମୈଥୁନ, ଫଗୁଣ ପରୁହାଁ ଦିନ
ନାଇଁ ନାଇଁ କିଛି ବି ନ'ଥିଲା
ନ' ଥିଲା ଚଇତ କି ଚଇତାଳିର ପଦେଅଧେ ଶୃଙ୍ଗାର ସାଏରୀ ।

ଯା' ବୋଲି ଭାବୁଛ କି, ବୋହିବା ଛଡ଼ା ଆଉ କିଛି ଜାଣିନି
ଜାଣିଛି ପ୍ରଜାପତିର ଜନ୍ମ ବୃତ୍ତାନ୍ତ, ସାପ ନେଉଳ ରଣ
ବାଘ ମଂଜାରି ଖେଳ, ଜୀଅଁଳ ଗୁଣ୍ଡି ମାଛ ଧରିବାର ସୂତ୍ର
ଇଟା କି ପଥର ଟେଳାଏ ଥାପି ଇଏ ଈଶ୍ୱର କହି କୁହାଇ
ଭଣ୍ଡେଇବାର କଳା, ବଶ କରିବାର ମନ୍ତ୍ରପାଠ ମୋତେ ଜଣା
ବେଶ୍ ଜଣା ।

ନଉକା କେଉଁ ନାୟିକା ହେଲାଣି ନା' ହେବ, ମୁଁ କଅଣ
ଜାଣିନି କି, ଜାଣିଥିଲି ବୋଲି ତ
ଅସଉଚ ହାତରେ ଛୁଇଁ ଦେବି ବୋଲି ଧୋଇ ଦେଲି ପାଦ
ନିତି ବଣ ମୁଲକରେ ଖାଉଥିବା କୋଳି ମିଠା କି କଷା
କିଏ ନ ଜାଣେ ଯେ' ଜାଣି ପାରିଲିନି, ଜାଣିଜାଣି
ଖୁଆଇ ଦେଲି ଅଇଁଠା କୋଳି
ଦକ୍ଷିଣା ଦେବା ବାହାନାରେ ଏକା ରାହାରେ ଦେଲି ଦେଲିତ
ଅଛବ ଅଙ୍ଗରୁ କାଟି ଦେଲି ବୁଢ଼ା ଅଙ୍ଗୁଳି ।

ହେତୁ ହେଲା ଦିନରୁ ଜାଣିଥିଲି ଗାଁ ଶେଷ ଉତ୍ତର ଭାଗରେ ଥିଲା
ପ୍ରାଚୀନ ଛନ୍ଦ କପଟର ଭିନ୍ନେ ହେଲା ଭାଇ ପରି
ଠା' ଠା' କରି ଦିଇଟି ଶ୍ମଶାନ

ସେଥିରୁ ଗୋଟେ ଆମ ପରି ଇତର ଜନର
ଏଥର ଚକବନ୍ଦୀରେ ଲାଗିପାତି ଗୋଟେ ପ୍ଲଟ କଲି
ଗୋଟିଏ କିସମରେ ସମାନ କଲି ସମାନ
ବି.ଏ. ପଢୁଥିଲା ଝିଅ ଉର୍ମି, ମହନ୍ତ ଘର ପୁଅ ସହ
କୋର୍ଟ ବିବାହର ସତ୍ୟପାଠ କରିସାରିଛି କରଗତ
ଏଣିକି ପୂଜା ଅର୍ଚ୍ଚନା ବେଦପାଠ କରିବାର ଅଧିକାର
ଆମକୁ ମିଳିଛି, ନିର୍ଦ୍ଦେଶ ଦେଇ ସାରିଛି ଉଚ୍ଚ ଅଦାଲତ।

ହଁ ହେ, ଛୋଟ ମୁଣ୍ଡରେ ଯେତିକି ଯେତିକି ଜାଣିଥିଲି
ନେଉନ ହେଲି ଫନ୍ଦି ଫିକର କଲି
ଛାତିତଳ ଦୁଃଖ ବଉଳା ଦରଜ ଦରଜ ଦାବି
ଥରଥର କରି ଶହେ ଥରକେ ପୂରଣ କଲି
ଏଣିକି ଯାହାଯାହା ରହିଲା ମୁଣ୍ଡ ନୁଆଇଁ ନୁହଁ
ଏଣିକି ହାତ ଉଠାଇ ନିଜ ବିଚାରରେ ହାସଲ କରିବ
ନିଜ ମାନ ମହତ ନିଜେ ବୁଝିବ।

■

ବିଜ୍ଞାପନ

କେମିତି ଲାଗୁଛି ଜଗତିକରଣ କାନ୍ଥରେ ଏତେବଡ
ବିଜ୍ଞାପନ ! ଖୋଲା ରଖିଚୁ ଏ'କୁ ଆରେକ
ଅଗଣା ପ୍ରଗଣା ପେଟ ପାଟଣା, ଆସ ।

ଅଛି ବଣ ପାହାଡ଼ ଝରଣା ଜଳର ଅଳି ଓ ଅଲ୍ୟଳ
ବର୍ଷକ ବାରମାସ ଦେହସାରା ଶୀତ
ଭୋକ ବିକଳ ଗୀତ
ଅଛି ନିରୀହପଣ, ପ୍ରଣାମ, ମା' ରାଣ
ଭଜନ ଭୋଜନ ରମଣ ରଙ୍ଗ ଲାନ୍ଦପାନ୍ଦ ଲଫଙ୍ଗା ଜୀବନ
ଅଭିଯୋଗହୀନ ।

ମାଲିକ ମହାଜନ ମହାମାନ୍ୟ ଆସିଗଲ, ଭଲଭଲ !
କାହାକୁ ଖୋଜୁଛ
ଶାସକ ପ୍ରଶାସକ ସାମ୍ବାଦିକ ବିରୋଧିଦଳ
ହାଁ ଜୀ ହାଜର ।

ଜମି ଜଳ ଜଂଗଲ କେଉଁଠୁ କେତେ ନେବ
ଅଛି ତ ଉପହାର ଉପୁରି ଆହାର
ହଉ ହଉ, ଧନ୍ୟବାଦ ! ଏଣିକି ଲଗେଇ ଦିଅ
ଦମ୍ ଦିମାକ ସଲାମୀ ସଇତାନୀ ସୂତ୍ର
ପିଢ଼ି ପରେ ପିଢ଼ି ଆଦାୟ କର ସୁଖ ଆଉ ସୁଧ
ରକ୍ତ ରସରୁ, ଶସ୍ୟ ଶସରୁ ସକଳ ଆନନ୍ଦ ।

ଗୋଟେ ଦି'ଟା ରଥଯାତ୍ରା, ଜିଲ୍ଲା ମହୋତ୍ସବ ପାଇଁ
ଅଜାଡ଼ି ଦିଅ ସୁନାଚାନ୍ଦ ପରି ଚାନ୍ଦାର ଉଦୟ
ଆହୁରି ବଙ୍କା ହୋଇଯିବ ଲାଞ୍ଜ, ଲକ୍ଷଣ, ଫାଡୁମନ
ତେଣିକି କୁଁ କୁଁ ଛାତିରେ ଆମର ଲଗେଇ ଦିଅନ୍ତୁ
ଯାହାଜ, ଜୋତା ହଳକ
ଆମେ କହିବୁ ଚଳିବ ଚଳିବ, ସ୍ୱାଗତମ୍ ।

ଅଛି ନହୁ ମହୁ ଉହୁ କୁହୁ, ନିଅ ସୌଦାଗର
କରଜରେ ବୁଡେଇ ଦିଅ ପେଟ ପିଠି ପାପୁଲି
ଦରଜରେ ଦବେଇ ଦିଅ ମନ-ମଗଜ, ମେରୁମଞ୍ଜି
ଆମର କାନ୍ଦଣା କହିଲେ କଇଁକଇଁ
ଆମର ଓଢ଼ଣା କହିଲେ ନଇଁନଇଁ
ଆମର ସମ୍ବଳ କହିଲେ ଏମ.କେ.ଗାନ୍ଧୀ, ଆମ୍ବେଦକରଙ୍କ
ଦରଦୀ ଦର୍ଶନ, ଗୁଣ କୀର୍ତ୍ତନ, ମଧୁର ଭାଷଣ- ଶାନ୍ତି ଶାନ୍ତି !
ଏତକ ଆମର ଉଦାହରଣ କହିପାର ଆନ୍ଦୋଳନ
ଫୁ' ପବନ ।

ଅମୃତର ଦେଶ ଇଏ, ଏଠି ପ୍ରଭୁ କହିଲେ ମାଛ, କଇଁଛ
ସାପ, ମାଙ୍କଡ଼, ଶ୍ରୀଜଗନ୍ନାଥ
ଆମ୍ଭେ ହିଞ୍ଜିଡ଼ା ଶରଣାଗତ, କୃତ୍ୟ କୃତ୍ୟ !
ହେଉ ବସ୍ତ୍ର ହରଣ କି ମଣିଷ ଚାଲାଣ
କହୁ ଈଶ୍ୱରଙ୍କ ଖେଳ
ଯଦି କେହି ହରେଇବ ହଜାରେ ଥର, ଲୁଟିନେବ
ଜମି, ଯୁବତୀ, ଜାତିଆ ବିହନ, ମୁଣ୍ଡରୁ ବାଳ
କହିବୁ ଭାଗ୍ୟ ଭାଗ୍ୟ !

ଏହାଠୁ ଅଧିକ ଆଗେଇ ପାରିନୁ ଅଢ଼େଇ ପାଦ
କେବଳ ନିକମ୍ମା ନିଦ, ନିତାଇ ଗଉର...
ହରିବୋଲ ।

ଏଥିରୁ ଆପଣ ଖୋଜି ପାରନ୍ତି ପରମ୍ପରା, ପ୍ରଭୁ ଭକ୍ତିର
ବିଚିତ୍ର ପ୍ରଦର୍ଶନ, ପିଳେହି ପାଣି ହେବାର ପ୍ରକୃତ କାରଣ
ଆମେ ତୁଳସୀ ଗଛ ନା ଗୋଗଛ ବଣ
ପବନ ବେଗ ନା କଷି ମେଘ, ଝାଞ୍ଜି ନା ଝାଞ୍ଜ
ପ୍ରହରୀ ନା ପାଳଭୂତ ! ଜାଣିବେ ନିଶ୍ଚୟ
ଆପଣଙ୍କ ଦୃଷ୍ଟିରେ ଆମେ ଅଦ୍ଭୁତ, ବିସ୍ମୟ ବିସ୍ମୟ ।

ପରୀକ୍ଷା ପାଇଁ ନେଇ ପାରନ୍ତି ରକ୍ତ, ରେତ, ମୂତ, ସନମତ
କେମିତି ନେବ ବ୍ୟସ୍ତ ହୁଅନ୍ତୁନି
ଆମରି ଭିତରୁ ପାଇଯିବେ ଅତି ସହଜ ଉପାୟ, ହଁ ।

■

ଲଳିତା ଲବଙ୍ଗଲତା

ଆରେ ଆରେ, ମୁଠାଏ ସୋରିଷର ଏତେ କଉଶଳ ଏତେ ଫେର
କେମିତି ଜାଣିବ ଲଳିତା ଝିଅ।

ଏଣେ ଗର୍ଜିଲାଣି ବାଘ ତେଣେ ବର୍ଷିଲାଣି ମେଘ ଝରଝର
ଏଣେ ଖାଇଲେଣି ହରିଣ ପଲ ଉଷୁନା ଧାନ, ଝିଅ ତରତର
ତେଣେ ବର୍ଣ୍ଣାଶ୍ରମରୁ ଦାନ ମାଗିଲେଣି ବ୍ରାହ୍ମଣ, ଲାଗୁଚି ଡର
ଏତେ ଫେରଫାର ଜାଣେନା ବୋଲି ତ ବଣ ମୁଲକର ହାଉଳି ଝିଅ
କାଉ କି କୋଇଲି ଯିଏ ରାବିଲା ରାଉରାଉ କି କୁହୁକୁହୁ
ଆଗ ଥୋଇଦେବ ପୋଷେପୋଷେ ଖଇ ନଇଲେ ଖୁଦ
କୁଣିଆ ହେଉ କି ବଣିଆ ବାଢ଼ିଦେବ ପିଢ଼ା ପାଣି ଡାଲ
ଇଏତ ସେମିତି ବିଦେଶୀଲୋକ ରହୁରହୁ ରହିଗଲେ ବର୍ଷା ଚାରିମାସ
ନିଆଁ ପାଖରେ ଘିଅ, କିଏ ନ ଜଳିବ କହୁନ!

ଏଇଥିପାଇଁ ତ କେତେବେଳେ ଛାତିରୁ ଖସେଇ ଦେଇଛି ଲଳିତା ଲାଜ
ଗୋରୁପଲ ପରି ଅଡ଼େଇ ଦିଏ ବାତୁଳି ମନ, ପ୍ରେମର ରାଣ
ଏତେବେଳେ କେହି ଜଣ ପଚାରେ ମାଗୁଛି ନାଗର
ଛାତିଫୁଲ, ଓଠହସ, ମନ ମହକ ଦେବି କି ନାହିଁ କହଲୋ ମିତ!
ପଚାରି ହୁଏନି ବୋଲି ତ ଛାର ସୋରିଷ ମୁଠାକ କେମିତି ନ ଦେବ
ହେଇଟି ମ, ଏମିତି ପ୍ରେମ ପାଳିବା ବଡ଼ କଠିନ ଜାଣ।

ଏମିତି ଏ ପିଲା ଜଣକ ଅନେଇଲାନି ଆଗପଛ, ମନେମନେ ଚଉଦପାଆତ
ଅଣହାତ କରିଛି କେବେଠୁ ଅମଳ ଠୁଳରୁ ସତ ସପନର
ସୋରିଷ ଗଣ୍ଡାକ, ବାପାଙ୍କ ବିଶ୍ୱାସ

ତେଣିକି ଘାଟରେ ମୁଦି ହଜିବ କି ପେଟରେ ବଢ଼ିବ ଗୋପନ ଭୃଣ
ହେଜରେ ଏତକ ନଥାଏ ବୋଲି ଦେହ ଖେଳ ପାଇଁ କନକନ ତ
ଯା' ଆଉ କି ଅଟକେ! ଖସିଗଲା ଜାଣି କୁଆଁରୀ ପାଦ।

ଆଲୋ ଆଲୋ, ଓଲି ଉଲୁରି ଲଳିତା ଝିଅ ହୁଡ଼ିଲୁ ବାଟ ବାଗ-ବାଇଶ
ହେଇଟି, ଆଉ କି ରହିବ ନୀଳ କନ୍ଦରରେ ନୀଳମାଧବ
ସାତ ଜନମର ବାପାଙ୍କ ସୁଖ, ସାହି ପଡ଼ିଶାରେ ମୁରବିପଣ।

ସବୁ ଏଇ ସୋରିଷ ଫୁଲର ଗୁପୁତ ଗୁଣ, ବଢ଼ିଲା ଝିଅର ଅଣଆୟତ୍ତ
ଚଇତି ମନ, ଉଚ୍ଛନ ପ୍ରାଣ, ଭରା ଯଉବନ
କହନି, କରଛଡ଼ା କଲେ କି ଆଉ ବିଦ୍ୟା ବୁଦ୍ଧିର ବିବେକୀ ଲୋକ
ନାଇଁ ମ, ଇଏ ବ୍ୟାଧ ବଣିକ ଟାଉକା ଓଧ
ପ୍ରେମ କହିଲେ ଏମାନଙ୍କ ପାଇଁ ଆଇଁଷ ଗନ୍ଧ ଖଣ୍ଡିଏ ମାଛ।

କହ ବଉଳ, କିଏ ଭୋଗ କଲା ଦେଉଳ ଦିଅଁ ମଣିମା ଡାକ
ପଦ୍ମାବତୀର ପଦ୍ମଗନ୍ଧ, ଯୁଗ ପରେ ଯୁଗ ଯଶ ଅନେକ
ବିଚାରୀ ଲଳିତା ପାଇଲା କଅଣ! ଇଏ ରକ୍ଷିତା, ନାୟିକା
ନା ନବନୀତା, ପ୍ରଥମା ନା' ଅନ୍ତିମା କି ପରିଚୟ, କହୁନ!

ମିଳିଲା କି ଗୁଣ୍ଡେ ଢ଼ିହ, ଖଣ୍ଡେ ଘର, ଗଅଁଠେ ସୁଖ, ପ୍ରେମ ଅପ୍ରମିତ
ମିଳିଲା କି ପେଟ ପିଲାର ପିତୃଦତ୍ତ ପ୍ରମାଣପତ୍ର
ଜାତି ଗଲା ସିନା ପେଟ ପୁରିଲା କି ଜୀବନଯାକ
କପଟ ପୁରୁଷ ସହ କେମିତି ବିତିଲା ଯୁବା ବୟସ
କହ ବଡ଼ଦାଣ୍ଡ, ସ୍ୱର୍ଗଦ୍ୱାର, ସମୁଦ୍ର ଜଳ
କହ ନୀଳଚକ୍ର, ପତିତପାବନ ନେତ, ଚକାନୟନ କିଏ କହିବ!
ସବୁ ତ ଲାଗୁଛି ରଜା ଆୟତ୍ତ, ଭୟ ବହୁତ
ସୋରିଷ ଗଛର ଫଳ କେତେ ନ'କଲା ହେ ଦାହଗାଞ୍ଜି
ହାଟରେ ପକାଇ କେତେ ନ'ଦେଖିଲା ନାଟ, ଜାଣିଲ ତ!

ଗଲା ବୁଧବାରଠୁ ଆମ ବିଲ ଅରାକରେ ବୁଣା ସରିଛି ମଞ୍ଜି
ଆଗକୁ ପଉଷ, ଶୀତ ଶରସ
କୁହୁଡ଼ି କାକର ବାପାଙ୍କ ଝାଳ ବଢ଼େଇ କୁଢ଼େଇ ଗଛ କେରାକ
ସଜାଇଦେବ ଡାହିଡାଳ ପତ୍ରମେଳ, ଫୁଲ, ଫଳ
ଲାଗୁଥିବ ସତେ ହଳଦୀ ରଙ୍ଗର ଭାଉଜ ଗୋରୀ ସୋରିଷ କ୍ଷେତ
ବାସ ବାରି ଆସିବ ହୁଏତ ପୁଣି ପ୍ରାଣ ପଖଉରେ ଇଚ୍ଛାର
ଆଇଁଷ ଭରି କେଉଁ ବିଦ୍ୟାପତି, ପ୍ରବଳ ବିପତ୍ତି
କ୍ରେନ, ବୋଲଡୋଜର ଧରି ବାମନ ବୁଦ୍ଧିର କେଉଁ ପୁଞ୍ଜିପତି
ମାଗୁଥିବ ମୁଠାଏ ସୋରିଷ, ଭୂଇଁ ତିନି ପାଦ, ବାପାଙ୍କ ବିଶ୍ୱାସ
ଆହା ମୁଁ ଲବଙ୍ଗଲତା କରିବି କଅଣ, କହ ବଉଳ !

ହେଇ କାନାନି, ଅଗଣାରେ କାହାର ପାଦ ଶବ୍ଦ ବାଘର ନା
ବଉଳା ଗାଈର, ଭୋକିଲା ବ୍ୟାଧର ନା ମୃଗଣୀର
ଅନାନି, କାହାର ଛଇ ଛାଇ ଯାଏ ଛୁଇଁ ଘର ଡ଼ିହ ଖଳା କ୍ଷେତ
ଶଇଳ ଶିଖର, ଅରଣ୍ୟ ଅଞ୍ଚଳ, ନୀଳ କନ୍ଦର
କାହାର ନଜର ନିରଖୁଛି ନଈକୂଳେ ନଣନ୍ଦ ଟୋକିର ପାଣିଓଦା ଦେହ
ସ୍ୱାର୍ଥ ସର୍ତ୍ତ ନା ଅନର୍ଥ, କୃପା ନା କୃପଣ, ଦରଦ ନା ଦଲାଲି
କଣ ଖୋଜୁଛ ।

ହେଇ ମ, ଭାବୁଛ କି ସେ ହୁଣ୍ଡିଜାଡ଼ି ଲଳିତା ମୁଁ ! ନାଇଁନାଇଁ
ଲଳିତା ମୁଁ ଲବଙ୍ଗଲତା
ଆଧୁନିକ କବିଙ୍କର ନିଆଁ ନଈ ନହୁଲି କବିତା
ଯେତିକି ଭୋଗିଚ ଭୋଗେଇଚ ଦୁହିଁଚ ଦହିଚ ଆଉ ନୁହଁ,
ଏଣିକି ରଗରଗ, ନିଆଁ ଭୁଂଜିବ ତ ଅଂଗାର ହଗିବ ।

■

ଆଜି ସୁବ୍ରତ ସହିତ

ପଢ଼ିଚି ପଢ଼ିଥାଉ। ପୁରୁଣା ଦୁଃଖସୁଖର ଲୋଭନୀୟ ଜଂଜାଳ ଏତକ
ଧୂଳି ଧୂସର, ଏଠି କେହି ଗଢ଼ିଥିଲେ ସଂସାର ଅଢ଼େଇ ଦିନର
ହୁଏତ ଆଉ କେହି ଜାଣିବ ଅବଶ୍ୟ।

ଦେଖୁନ, ଭାଙ୍ଗିରୁଜି ଆସିଲାଣି ଆଦର ଆର୍ଦ୍ର କାଠିକୁଟାର ନୀଡ଼
ଖାଲିଖାଲି ଲାଗୁଚି ଡାଳ ପତ୍ର ଗହଳ
କିହୋ, କୁଆଡ଼େ ଗଲେ ପିତାମାତା ପକ୍ଷୀ ହଳକ
ଆଉ କଅଣ ଦେଖା ହଉଥିବ ପିଲାପିଲିଙ୍କ ସହ, କେଜାଣି
ଏବେ ବୁଝିଲ ତ, ଏଇ କେତେଦିନ ହେବ କାହିଁକି ଲାଗୁଥିଲି ମେଘମେଘ।

ବୁଢ଼ା ସନା ରଇତ, ରାମଲୀଳା ନାଚ ପେଣ୍ଡଲରେ ଲାଗୁଥିଲା ସିଏ
ସତେକି ରାବଣ, ଆଜି ହୀନୀମାନର ଥୁଣ୍ଟାଥୁଣ୍ଟା ବରଗଛ
ଜାଣିଚ, ପୁଅବୋହୂ ମଡ଼େଇ ଦେଲେନି ପାଖ, ଖତସାର ହୋଇ
ଏଇଠି ପଛେ ଫୁଲଫଳ ହେବ ଯିବନି ଭୁବନେଶ୍ୱର
କେବେ ନିଜକୁ ନିଂଦୁଚି ତ କେବେ କୋହରେ କହୁଚି ତ୍ରାହି ଅଚ୍ୟୁତ।

ଓଃ କାଳିଝିଅ ! ଜମ୍ମା କହି ପାରିଲେନି ସିଏ ନୀଳପରୀ, ନହୁଲୀନଈ
ଭଂଜଙ୍କ ବୈଦେହୀ କି ଅକ୍ଷୟ ମହାନ୍ତିଙ୍କ ଯୌବନ ବେଳର
ଗୋଟେ ଚିତ୍ତଚୋରି ମହମହ ଗୀତ, ହ୍ୟାତ୍
ଜାଣିଲଣି, ଏବେ କୋଳରେ ତା'ର ଖେଳୁଚି ଗୋରୀଝିଅ
କୁନି ଅପସରୀ
ସେତକଇ ସୁଖମଣି ବିଚାରୀ ଭୁଲି ଯିବଣି କଳାଦେହର ଦୁଃଖ

କେଡ଼େ ତୁଚ୍ଛ ରକ୍ତ ହାଡ଼, ମାଂସର ମାୟା ବର୍ଣ୍ଣବୋଧ
ବୁଝିସାରି ବୁଝଉ ଥିବ, ମଣିଷ ଜନମ ଜମା ଅଢ଼େଇ ଦିନ।

କିଏ ଦେଇଥିଲା ସବାଆଗ ବିହନ ଗଣ୍ଡାକ, କେଜାଣି। ଫି ବରଷ
ବଢ଼ିବଢ଼ି ବୁକଉଚି ଥାନ ଅମାର ପରେ ଅମାର, ଏଇଥିପାଇଁ ତ
ଗହୀରବିଲରୁ ଭାସିଆସୁଥାଏ 'ରାମ ଯେ ଗଲେ ବନବାସ'
ଆଜି ଗୁରୁବାର, ଝୋଟିଚିତାରେ ଝଟକୁଚି ଘର, ଅଗଣାରୁ ଶୁଭୁଚି ଲକ୍ଷ୍ମୀପୁରାଣ
ସୁବ୍ରତ, ସବୁରି ସୁଖର କାରଣ ସେହି ବିହନ ଗଣ୍ଡାକ।

ମାଟି ଆଉ ମା'ର ଗୁଣ ଗର୍ଭଗୃହ କେତେ ବିରଳ ଅସୀମ ଜାଣିଲ ତ!

ଅନେଇଲ, ଅତଡ଼ାଖାଇ ଟିକେ ଘୁଞ୍ଚିଆସିଚି ଗଲା ଆଷାଢ଼ରୁ ବିଲ୍‌କୁଲ୍ ବେଅକଲୀ ନଈ
ଆଗଠୁ ଅଧିକ ସୁନ୍ଦର ଦିଶୁଚି ସୁନାସଂଜ, ସୋରିଷ କ୍ଷେତ
ପଉଷମାସ, ଆରକୂଳର କିଆଫୁଲ ହାଟ, ତୁଠରୁ ଉଠି ଆସୁଥିଲେ
ପାଣିଓଦା ନାଗରୀ, ନାଆ ଓ ନାଉରୀ କି ମନୋହର!

ହେଇତ, ଉଡ଼ିଗଲେ ଗେଣ୍ଡାଳିଆ ବଗପଲ ଝାଡ଼ିଦେଇ ପର
କେଉଁଠି ଅଛି ଏମାନଙ୍କ ଦିଅଁ, ଦେଉଳ, ଦେଶ, କହିଲ!
ଏମାନଙ୍କର କିଏ ନିଜର, ମୁଲ୍ଲା ନା ମହନ୍ତ, ଶୂଦ୍ର ନା ବ୍ରାହ୍ମଣ
ପାଦ୍ରି ନା ପୁରୋହିତ, ଆଗ ବୁଝେଇଲ
ଗାରେ ଗୋଧୂଳି ବିଭୋର କରିଚି ହୃଦୟ, ଦୟା ଦରଦର ବିତାନରେ
ବସେଇଚି ବୁକୁରୁ ବିବେକ
ଅରେ ଅଂଧାର ଦେଇଚି ନିଦ, ସରୁଭାତ ପରି ମୁଠିଏ ସ୍ୱପ୍ନ
ଧାରେ ଆଲୁଅ ଦେଖେଇଚି ପାଦ ପାଇଁ ପଥ, ଚିହ୍ନେଇଚି ଜୀବନ କଅଣ
ଇଏତ ଏକ ଗାଁର ବାହୁ ବନ୍ଧନ ଉଦାରପଣ, ନୁହେଁ କି ସୁବ୍ରତ!

କେଜାଣି, କାଲିକି ଥିବ କି ନ'ଥିବ! ହୁଏତ ପୋତି ପକଉଥିବ
ଜରୁରୀ ଆଦେଶ।

ମୃଗୁଣୀସ୍ତୁତି, ଗଜରାଜ ଗୁହାରିଠୁ, ଏମିତି ଗୋଟେ ଗାଁର ସଜଳଗୀତ କେତେବେଢ଼
ବୁଝେ କି ସର୍କାର, ବୁଲଡୋଜର, ମାରାତ୍ମକ ମହର୍ଷିଗଣ
ଚକ୍ର ପେଷି ନକ୍ର ନାସୀ ବଂକା କରିପାରେ କି ଉପର ମହଲର
ଆସନ, ମୁଣ୍ଡବାଳ, ସ୍ୱାହାସ୍ୱାହା ସ୍ୱାକ୍ଷରର ଗୋଟେହେଲେ ଅକ୍ଷର
ଆହେ ନୀଳ ଶଇଳ......
ଶୁଣିଥିବ, ସତ୍ୟରକ୍ଷା କରି ବଉଳାକୁ ବନସ୍ତରୁ ଫେରେଇଚି ବାଘ
ଫେରି ତ ପାରିନି ମୁନିବଙ୍କ କଲମ ଦାଢ଼ରୁ କେତେକେତେ
ଗାଁ ଗହଳିର ଆହାଃ କି ସୁନ୍ଦରଦୃଶ୍ୟ, ଅଳି ଅଭିଯୋଗ କଇଁକଇଁ କାନ୍ଦ।

କବିତାରେ ଗାଁ ଗଢ଼ି ଖୁବ୍ ଶୁଣଉଚି ଭିକାରୀ ଧଳ, ଗୀତରେ ଗାଉଚି ବି
କରୁଣାକର, କିଛିକିଛି ଚିତ୍ର ଆଙ୍କିଚି ଏସ.ଭାଗୀରଥ। ଦେଖିବା ତ
ରମଣ ମରଣ, କୁହୁ ଆଉ ଉହୁର ସତୁସତ ଗୋଟେ ଗାଁର ଅକ୍ଷତ ଗଢ଼ଣ
ସଚିବ ନା ସୌଦାଗର, ଦେବୀ ନା' ଦେବର୍ଷି କେହିନା କେହି
ମାଟି ମୁଲକରେ ଛିଡ଼ା କରଉ ତ!

■

ସଁବାଳୁଆ

କେତେ ବାଗରେ ଉଠିଲି ପଡ଼ିଲି, ଛାଡ଼ି ଆସିଲି
ଦୂର ଅଦୂର ଅମଡ଼ାବାଟ
ଓଦା ଉଦାସ ସଞ୍ଜ, ଶୋକର ସକାଳ
ଥରୁଟେ ପଛକୁ ଚାହିଁନି, ସବୁଥର
ପବନରେ ଉଡ଼ିଛି ପୀଡ଼ାର ପାଉଁଶ
ବର୍ଷାପାଣିରେ ଧୋଇ ଯାଇଛି ରକ୍ତଦାଗ
କିଛି ମନେରଖିନି ।

କେଉଁ ସରିଛି କି ରଙ୍କପଣର ବୁଲାଣିବାଙ୍କ
ବାଧା-ବନ୍ଧୁର, କୁଆଡ଼େ ଥାଏ
ରୌଦ୍ରତାପ, ବର୍ଷା ବର୍ଷଣ, ଶୀତ ସନ୍ତ୍ରାସ
ଡାକେ, ହଉ ହଉ ଆସ ।

ଭାବିନି, ଧେତ୍ ଅଳ୍ପଦିନର ଜୀବନ
ଖାତିର କରେନି ବା' ବତାସ ବଢ଼ି ମରୁଡ଼ି
କି ନିରାଶାରେ ନଇଁପଡ଼ିନି, ମୃତ୍ୟୁ ସହିତ
ହାତ ମିଳାଇ ନିଜକୁ ହୀନ ମଣିନି
କିଏ ନଚାହେଁ ବଞ୍ଚିବାପାଇଁ ଅଧିକ ଦିନ
ହଁ, ଚାହିଁଲି କ୍ଷତି କ'ଣ !

ଥିବଥିବ ବିନା ସୂଚନାରେ ବଦଳିଯାଏ ଭାଗ୍ୟ
ଉପବନ ବି ଅରମା ଅରଣ୍ୟ
ଫୁଲ ବଦଳରେ କଣ୍ଟାର ଦରଜ

ନଈ ଥାଇ ମେଣ୍ଟାଇ ହୁଏନି ଶୋଷ
ଖାଦ୍ୟର ଖଦାନଥାଇ ଭରିହୁଏନି ପ୍ରଚଣ୍ଡଭୋକ
ତଥାପି ଫାଡ଼ି ବିଦାରି ସାରାଦେହ
ଦେବାର ଅଛି ଗୋଟେ ସୁନ୍ଦର ପ୍ରତିରୂପ
ରଙ୍ଗୀନ ଡେଣାର ଅଲୌକିକ ଉଡ଼ାଣ ।

ମୋର ଅସୀମ ରସିକତା ଉପରେ କାହାର
ନିଆଁଚେଙ୍କ ଗଢୁଥିଲେ ଘୃଣାର ଘଟଣା
ଅଟକି ଯାଏନାହିଁ ଇଚ୍ଛାର ସ୍ୱର୍ଗ ନିର୍ମାଣ
ଭାଙ୍ଗିପାରେନାହିଁ କାହା ନିନ୍ଦାର ପାହାର
ସ୍ୱପ୍ନପ୍ରବଣ ହୃଦୟର ବିଗଳିତ ଘର
ନିଜ ମର୍ଜିରେ ଜୀଏଁ, ଘସିମାଜି ଶାଣିତକରେ
କର ଓ କପାଳ, କହିନି ହେ' ଦେଖିବ ଆସ
ମୋ କର୍ମ କକ୍ଷଣର ଆରକ୍ତ ଆୟୋଜନ ।

କିଏ କାହିଁ ଜାଣିବ ରୁକ୍ଷ ଲୋମଶର
ଦୁର୍ଗନ୍ଧ ଦେହ ତଳେ ଥାଏ
ନିରବ କ୍ରନ୍ଦନର କରୁଣ କବିତା
ଥାଏ ବି କଦାକାର ଡୋଳା ଭିତରେ
ଚକାଡ଼ାଏ ଲୁହର ଆତ୍ମୀୟତା
କଥା କ'ଣ, ଆଜିକାହିଁ ଏତେବେଶି ଉଛନ୍ନ
ହାଡ଼ ମାଂସ ରକ୍ତର ଅଭିଳାଷ, କାଲି କ'ଣ
କୁଆଁ ମେଲିବ କି ମନୋହର ଭ୍ରୂଣ !

ଏବେ ପଚାରନାହିଁ ଅତିକ୍ଷୁଦ୍ର ଭାବନାର
ଭୂମି ଉପରେ କାହାର ରମ୍ୟଶବ୍ଦ
କାହିଁକି ଉଡ଼ି ବୁଲୁଛି ଏଡ଼ାଳରୁ ସେଡ଼ାଳ
ଗୁଣୁଗୁଣୁ ଚିତ୍ରପଟ, ବୋଧହୁଏ
ଆଜି ମୋର ଅପେକ୍ଷିତ ମୋକ୍ଷର ମହାଦିନ ! ■

କବି ହବାର ଅଛି ତ !

କୂଳ ଲଂଘି ମହି ମଂଡ଼ଳରେ ପିଟି ହଉଚି ସମୁଦ୍ର, ପବନ ବହୁଚି ଅଣଚାଶ
ମୀନ ମାନବ କଲବଲ, ବେଲୁବେଲ ଘଂଚ ହେଲାଣି ଆରତବନ
ଯାଏ ଡାକିଦିଏ, ଅଇଲ ହେ ନୀଳଶଇଳ... ତମର ଫୁଟୁ ପଛେ
ଆଉ କା'ଲୁହ ପୋଖରୀରେ ପ୍ରଭୁପଣ
କବି ହେବାର ଅଛି, ପଦଫାନ୍ଦି ଲେଖି ପକାଏ ଆଗ ଯୋଡ଼େଅଧେ
ଯୋରସ୍ତ ଜଣାଣ, ନାଇଁତ ଗାଧୋଇ ଆସିବା ଆଗରୁ ଆସୁ ନ'ଥିବା
ପଦ ଲେଖି ଥୋଇ ଦେଇଥିବ ଆପଣ।

କିହୋ, କବିତା କୋଉ ହୋଇ ପାରୁଛି କି ଧାନଗଛ ପାଇଁ ଅସରାଏ
ମେଘ ନା ଭୋକ ପାଇଁ ବକ୍ଲେଭାତ ଟିପେଲୁଣ ଖଣ୍ଡେ ପିଆଜ
ଚିହ୍ନେଇଲା କି ଇଏ ସେଇଲୋକ ଉପରଟା କିଆଫୁଲ ଅତର
ଭିତରଟା ଅରଣା, ଅସନା, ଆଇଁଷ
ସାଧୁ ନୁହଁ ସଇତାନ ଧୁମ୍‌ପିଟ୍ ହାଡ଼ଭାଙ୍ଗ ରକ୍ତକାଢ଼ ନୋହିଲେ ମର
ସରିତାର ଅଭିଯୋଗ କେତେ ହଉଚି କବିତାରୁ ଅର୍ଜନ, ଆଉ ମାତନି
ସରିନି ଏ ଯାଏ ମୁମ୍ବାଇ ଘର, ଆଗକୁ ବଢ଼ ସୁଖ ଆଣ।

ସୁବ୍ରତ, ସିଏ କିଛି ବୁଝୁନି ମ ! କେବେଠୁ ଲଗେଇଚି ଗୋଟେ
ଲୋଭ ଲାଳସାର ସ୍ୱପ୍ନଗଛ, ଫୁଟିବ ଯଶଫୁଲ
ଅବଶ୍ୟ ମରିବା ପରେ ବଂଚି ହବ ତ !
ହଁ କହିବ ତ, କେମିତି ଅଛି ସାମ୍ବାଦିକ ଆଦିତେଶ୍ୱର !
ଖବର ପରେ ଖବର ଛାପି ଚା'କପ୍‌ରେ ଉଠଉଥିବ ଝଡ଼
ଅକାଳରେ ଝଡ଼ିପଡ଼ିଚି କପାଫୁଲ, ଉଜୁଡ଼ିଚି ହଳଦୀ ଚାଷ ଗୋରୀହସ, ସ୍ୱପ୍ନ-ସହବାସ।

ରଣ ଭାରାରେ ଜୀବନ ସାରିଚି କାହ୍ନୁ କହଁର
ପଇତା ପଡ଼ାରେ ସାଇକେଲ ଚଳେଇଚି ତ ମକ୍ରା ମୋଚିର ମେଟ୍ରିକ୍ ଝିଅ
ରାସ୍ତା ସଉଚ ପାଇଁ ବାପ ଗଣିଚି ପାଅଁଶ, ମାଟିରେ ମଡେଇଚି ନାକ
ଡାଆଣୀ ସନ୍ଦେହରେ ତଡା ଖାଇଚି ଲକ୍ଷ୍ମୀ ଡିଗାଲ, ଯିବା ଦିନ -
ଲଙ୍ଗଳା କରେଇଚି ଗାଁ ନିଶାପ
ହାରାମୀ ସ୍ୱାମୀ ଦିନ୍ ନିଶାଚୁର୍ ଖେଳୁଚି କୁକୁଡ଼ା ଖେଳ
ଅଦାଲତରେ ଅଟକିଚି କୋରଡ଼ାଗଡ଼ ଦିଅଁ ଦର୍ଶନର ଛୁଆଁଛୁତ
ଆଣ୍ଟୁଏ ବିବାଦ, ରଥଯାତରେ ବିଜେ ହୋଇପାରିଲେନି ଶ୍ରୀଜଗନ୍ନାଥ
ସଦ୍‌ଭାବନା ସଭାରୁ ଫେରିନି କଲ୍ୟାଣୀ, ନଈବନ୍ଧରୁ ଚିରାଫଟ୍ରକ ଚିହ୍ନଟ କରି
ମା' କହୁଚି ଇଏ ମୋ ଝିଅର ଖୋଜିଆଣ
ଦେବୀଙ୍କ ମଥାରେ ସିନ୍ଦୂର ନା' ରକ୍ତ, ଚାଲିଚି ପୁଲିସ୍ ତଦନ୍ତ....।

ହ୍ୟାତ୍, ଖବରକାଗଜର ଖାଦ୍ୟ କୋଉ କବିତା ହବ କହୁନ ସୁବ୍ରତ !
ହେଲେ ବି କୋଉ ଜମେଇବ ମଂଜି ମଂଜ ମଗଜ
ଚିରାଫଟା ପଲିଥିନ୍ ଭଳି ଫିଙ୍ଗି ଦବାର ଅଛି, ହଁ
ବୋହି ନବନିକି ଜରି ଗୋଟାଉଥିବା ଝିଅ, କେତେ ବା' ଓଜନ !
ଅବଶ୍ୟ ଇଏ ଦେଶର ଦୁଃଖ। ଛାଡ଼ ହୋ, ବୁଝିବ ସର୍କାର।

ଫିଙ୍ଗିଦେଇନି କି ଟେବୁଲ ଉପରୁ ଭିକାରୀ ଧଳ କରୁଣ କନ୍ଧମାଳ ରକ୍ତଓଦା କଳିଙ୍ଗନଗର,
କଟା ପାପୁଲିର କଇଁକଇଁ କାନ୍ଦ
ଗୁଳିବିଦ୍ଧ କଲିଜାର କୋହ ରଜନୀ ମାଝୀ, ମକୁ ବିଶୋଇର
ଯାଇଦେଖ ଥୋଇ ଦେଇଚି ଚକା ନୟନ, ଚକାଜହ୍ନ, ରାଧାକୃଷ୍ଣ କେଳିକୁଞ୍ଜ
ମଲ୍ଲୀମାଳ ଶ୍ୟାମକୁ ଦେବି ମନତୋଷିବି, ଥେଇଥେଇ ଗୀତବହି
କ୍ୟାସେଟ୍ ହେବ।

ଓଃ ନରେନ୍ଦ୍ର ! ଗାଁରେ ରହୁଚି ତ, କବିତାରେ ବଖାଣିଚି ଚାଷୀଙ୍କ
ଦୁଃଖ ଦି'ପହର
ଶୁକ, ସନେଇ, ସନା ରଇତ ଓଗେର ଭୁଲି ଗଲେଣି ଯବନକବିଙ୍କ
ଯୋଡ଼ହସ୍ତେ ଜଣାଣ, ଜାଣିଗଲେଣି ଚକ୍ର, ଗଦାଠୁ ଆହୁରି ଦାଢ଼

ସାହବଂକ କ୍ଷମତାଖୁର, ମୁହଁତୋଡ଼
ଅବି ଜଗତୀ କରଣ ଯୁଗ, ଲୋକାଲ୍ ପ୍ରଭୁ କହିଲେ କେବେ ବଂଗାଳୀ
ବିହାରୀ, ରାଜସ୍ଥାନୀ ତ କେବେ ପ୍ରମୋଟୀ ଜିଲ୍ଲାପାଳ
କ୍ଷୀର ଲବଣୀରେ ଭସେଇଦେବ ଅଂଚଳ, ଚାନ୍ଦିନିଚୌକ ଚାନ୍ଦିମେଢ଼ ପରି
ସଜେଇଦେବ ଅରକ୍ଷ କପାଳ, ଆଗ ଜମିଛାଡ଼
ଏ'ଠି ଶିଳ୍ପ ବସିବ।

'ଚାଷ ଅଛି ଯାହାର କି ଆନନ୍ଦ ତାହାର', କିଏ ଲେଖିଲା ଏ ଗୀତ
ଟୋଲାଲ ବେକାର, ଅଫଳନ୍ତି ଗଛ, ପିଲାଙ୍କ ପାଠ।

କେବେ ବାଂଝ ବିହନ ତ କେବେ ସାର ନିଅଣ୍ଟ, ଆଷାଢ଼ରେ ମେଘନାହିଁ ତ
ଶୁଖିଫାଟି ଗଡୁଥିବ କେନାଲ
କେବେ ଅଭାବୀଧାନ ବିକ୍ରି ତ କେବେ ମୂଳକୁ ବଳଉଥିବ ସାହୁକାର ସୁଧ
ଥବଥବ ତ ଜମି ଉପରେ ପଡୁଥିବ କମ୍ପାନୀ ଲୋକର ଅଜଗରୀ ଲୋଭ
କହିବେ ତ, ଲୁହଲହୁ ବଦଳରେ କେତେ ଆନନ୍ଦ ଅମଳ ହୁଏ ଫି ବର୍ଷ ଆଜ୍ଞା ଅଗ୍ରଜ !

ଏତେଏତେ ଦୁଃଖଦ ଘଟଣା କବିତାରେ ଘଟ କରି ରୋପିଲେ କି
କବିଏ ମହାମାନ୍ୟଗଣ
କହିଲେ କି ଆହାପଦ, ପ୍ରଶ୍ନ ଉଠେଇଚି ନରେନ୍ଦ୍ର।

ହ୍ୟାତ୍, ଷଣ୍ଢକୁ ଭାଗବତ। ନ' ଲେଖା ହେଲା ତ କୋଉ ଅପୂରଣ ହଉଚିକି
କୁଢ଼କୁଢ଼ କବିତାର ଓଡ଼ିଆ ଅମାର, ନାଇଁ ତ -
କୋଉ ହାତଛଡ଼ା ହଉଚି କି ସାରଳା, ସରସ୍ୱତୀ, ପଦ୍ମଶ୍ରୀ ଓଗେର
କିସମ କିସମ ପୁରସ୍କାର। ବଢ଼, ଆଗକୁ ଆହୁରି ବଢ଼ ବଢ଼
ହୋ' ସୁବ୍ରତ, ଆମର କବି ହବାର ଅଛି ତ... !

■

ଢିଙ୍କିଆ ଚାରିଦେଶ

ଭଲିଗଲ କି ପଧାନ ! ଆଜିକାଲି ବାଟଘାଟ ଖାଲଖମା ଅସ୍କରା ଅରୂପ
ବଦଳିବା ସେତେ ବଡ଼ କଥା ନୁହଁ
ପ୍ରଧାନମନ୍ତ୍ରୀ ଗ୍ରାମ୍ୟ ସଡକ ଯୋଜନାରେ ରାତାରାତି ଘେନୁଚି
ନୂତନ ଗଢ଼ଣ, ବେଲାଲସେନ ପରି ଛିଡ଼ା ହୋଇଛି ଗୋଟେ ନାମଫଳକ
ପଢୁନା, ଲେଖା ଅଛି ଉଦୟ ଭାରତ। ଭାଗ୍ୟ ଭାଗ୍ୟ !

ଏଇଠୁ ଯିବାପାଇଁ ପଡ଼େ ହାଟ ବଜାର, ବନ୍ଧୁଘର, ଦିଲ୍ଲୀ କି ଦୁବାଇ
ଚେନ୍ନାଇ କି ଚୀନ୍, ଯିଏ ଯେତେ ବଡ଼ହେଉ କି ଛୋଟ
କୁଲି କି କଲେକ୍ଟର କେହି କ'ଣ ଭୁଲିପାରେ ନିଜ ଗାଁ ବାଟ !

ଲେଉଟ ବେଳକୁ କେତେ ହେବ ଦୂର ! ଗୋଟେ ଦି'ଟା ତାଳଗଛ
ଛାଇ ସହ ଥିବ ଯଦି ବନଗିରି ଲତାଗିରି ପଦୁଟିଏ ଗୀତ
ତେଣିକି ଜଣା ପଡ଼ିବନି ପାଦ କଷ୍ଟ, ବାଟ ବୋଲି ଜମ୍ମା ପାଞ୍ଚକୋଶ
ସଅଳ ସଅଳ ସଇଲାକ୍ଷଣି ନାକ ଅଗରେ ଥିବ ତାଳ ନଡ଼ିଆ ଗୁଆ -
ଗହଳର ଆ' ମୋତେ ଛୁଁ କଅଁଳ କଅଁଳ ଲୁଚକାଳି ଦୃଶ୍ୟ
ଏଣେ ହେଉଥିବ ଛଟପଟ ଆଖି ହଳକ ଛୁଇଁବାକୁ ଆଗ
ବାପ ଅଜା ଅଣ ଅଜାଙ୍କ ଅସ୍ଥି ହାଡ଼ ଖପୁରି ଖତରେ ପୁରଷ୍ଟ
ଢିଙ୍କିଆ ଚାରିଦେଶ।

ପଢିଥିବ ତ ସମ୍ବାଦପତ୍ର ! କେହିକେହି କହିଲେଣି ଖାତାଖତିଆନ ଛାଡ଼ି ପୋସ୍କ ଅଞ୍ଚଳ
ଦିନ କେତୁଟାରେ ଶହଶହ ସାଲ-ସାବକର ସ୍ୱାଭିମାନ
ନଥିପୋଥି ନକ୍ସାର ଚିହ୍ନଟ ନାଁ ଗାଁ ରକ୍ତର କିସମ
କେଡ଼େ ଛଳ ଛଟକରେ ବଦଳିଯାଏ, ଦେଖିଲ ତ !
ହଇଓ ପଧାନ ! ଆମେ କି ଭୁଲିପାରୁ ମାଟି ପାଣି ପବନର
ଛୁଆଁଛୁଇଁ ଖେଳଭୂଇଁ ହେଉପଛେ ଭାଇ ଭଗାରୀର
ଆଖି ଅକ୍ଷରରୁ ପୋଛି କି ପାରୁ କାହାଣ କାହାଣ ପାନ

ମହଣ ମହଣ ମୀନ, ଭରଣ ଭରଣ ଧାନର ଢିଙ୍କିଆ ଚାରିଦେଶ
ଆମ ମାନ ମହତର।

ଝଡ଼ି ବଢ଼ି ମରୁଡ଼ିରେ ହାରିହୁରି ପୁଣି ମଥା ଟେକେ ଲୁଣିମାରା
ପାଣିମରା ମାଟି ମଗଜରୁ ବାଉଁଶର ଗଜା ପରି ଗୋଟେ ଗୋଟେ
ଗାଁର ଗଉଁ ପୁଣି ବଇଁଶୀର ବାଜଣାରେ ଆକାଶର ଅଧେ ଛୁଏଁ
ଏତେବେଳେ ନୁଖୁରା ପିଠିରେ ଆମର ପଡ଼ିବାକୁ ଆହାପଦେ
କହିଥିଲା କିଏ ! କିଏ ବୁହାଇଛି ବର୍ଷକ ବାରମାସ ସିଆର ସିଆର
ଲୁହ ଲହୁ ଝାଳ, ଆମ ଛଡା କେହି କୋହ କୁହୁ ଉହୁ ଭରି
ଗଢ଼ିଛି କି ଗାଁ ସର୍କାର ନା ଈଶ୍ୱର।

ହଇଓ ପଧାନ ! କେହି ପଚାରିଛି କେବେ କେଉଁଦିନ ଏ ସନ କେମିତି
ଉଧେଇଛି ସାରଦ ଫସଲ, କେତେ ଅମଳ ହେଲା ମାଣ୍ଡିଆ, ମୁଗ
ଖସା ତେଲରୁ ଉଠିଲାତ ପିଲାଙ୍କ ପାଠପଢ଼ା ଖର୍ଚ୍ଚ
ଛପର ହୋଇଛି କି ନାଇଁ ଘର, କପିଳା କୋଚଣା ଦେଇଛି ତ ଛଣ
ସୁଧମୂଳ ମିଶି କେତେ ହେଲା କୃଷିଋଣ, ସାହୁକାର ତୋଡ
ଓରାରେ ଓହଳିଛି ତ ଜୋତ ଜୁଆଳି ଲଙ୍ଗଳ ମହି
ଟିକେ ହେଲା କଲେ ଚରିଯିବ ଉଇ
ମାଛଘେରି ପାନ ବରଜର ଖବର କଅଣ, ଝିଅ ବାହାଘର ପାଇଁ
ବିକିବାର ଥିଲା ବିକିଲ କି ବିଲ ପାଞ୍ଚମାଣ
ବାଧିକାରୁ ଉଠିଲାଣି କି ସାତ ଜନମର ସାଥୀ ଗଉରୀ ତମର।

କିହୋ ! କେବେ କେଉଁ କୃଷିମନ୍ତ୍ରୀ, ଶାସନ ସଚିବ, କମ୍ପାନୀ ମାଲିକ
ଆମ ଦୁଃଖ ଦରିଆ ପାଇଁ ହେଲେ କି ଦରଦ
କି ବିଶ୍ୱାସ କହୁନା ପଧାନ ! ଏମାନଙ୍କ ଓଠସାରା ଯେତେ ଫାଲ୍ଗୁପଣ
ଫୁଟାଣି ଓ ଫଗୁଣର ମହମହ ବାସ
ଛାତି ସାରା ଶହେଗୁଣ ଗହଗହ ବିଷ ଓ ବାରୁଦ, ବିପଦ ବିପଦ !

ଯଦି କଥା ଏୟା, ଆମ ପରି ଖଗାମଗା ଅଭାଗା ଜୀବନରେ ଲାଗିବକି
ଯିଏ ଚକ୍ରପେଶି ନକ୍ରନାଶି ଉଦ୍ଧାରିଲେ ଗଜ, ବ୍ୟାଧ କବଳରୁ ମୃଗ
ଯାହାଙ୍କ ପାଦବାଜି ପାଶାଣୀ ଅହଲ୍ୟା ପାଇଲା ହୋ ଜୀବନ୍ୟାସ

ଯିଏ କାଣି ଅଙ୍ଗୁଠିରେ ଟେକି ଧରିଥିଲେ ସାତରାତି ସାତଦିନ ଗିରି ଗୋବର୍ଦ୍ଧନ
ଗୋଟେ ନାରୀ ପାଇଁ ଯିଏ ଗଲେ କଳାଧଳା ଘୋଡ଼ାଚଢ଼ି କାଞ୍ଚି ଅଭିଯାନ

କେଉଁ ବାଘଛୁଆ ଚୁଚୁମିଲା କୁତ୍ତିଥନ, ପୂଣ୍ୟ ପୂଣ୍ୟ!
ଯୀଶୁଙ୍କ ଫଟୋରୁ ଝରୁଛି ଲୁହ, ଗଣେଶ ପିଇଲେ କ୍ଷୀର, ଧର୍ମ ଧର୍ମ!
ଶିଖର ସମ୍ମେଳନରେ ମନମୋହନ ମୁସରଫ ମିଳେଇଲେ ହାତ, ବନ୍ଧୁଗଣ!
ଏଣେ ଯଦି ତେଲଲୁଣ ସଂସାର ଉପରେ ମହାମାନ୍ୟଙ୍କର ପଡ଼ିଲାଣି
ଶ୍ୱାନ ଶାଗୁଣା ନଜର, ତେବେ ଆଦେଶ ଆଦର୍ଶ ଉପଦେଶ
କେମିତି ଛୁଇଁବ ଆମ ଛାତିତଳ, କହୁନ!

ହେଜ ଧରୁଛି ତ ପଧାନ! ଦରଫୁଟା ମାଟିହାଣ୍ଡିପରି ଆଜନ୍ମ କପାଳ
ବିଧି ବ୍ୟାଧି ଏକାକଥା ବୋଲି ଆମ ପାଇଁ ଗାଁ ଯାହା ମାଆ ତାହା
ଗାଁ ତ କାଳକାଳ ପାଇଁ ବ୍ୟାକୁଳ ବୁକୁତଳ ଛଳଛଳ ଗୀତ
ଗୁଣୁଗୁଣୁ ହେଉଥାଏ ଶୀତ ଥାଉ କି ବସନ୍ତ
ଏଇତକ ଆଶ୍ରା ବୋଲି ରମଣ ମରଣ ବେଳ ଅବେଳ ଆମପାଇଁ
ଉଭୟ ସମାନ, ନୁହେଁ କି ପଧାନ!
ଏବେ କାନ ଡେରିବତ, ଏତେବେଳେ କାହାର ଏ ତରତର ଡାକ
ନସର ପସର, କେବେ ପୁଣି ତମତମ ଧାରୁଆ ଧମକ ଗାଁ ଛାଡ଼
ହେଜିବତ, କାହାର ଉଚ୍ଚାଟ ଡାକ ପୁଣି ଚଦ ମରକଟ
ଦଇବ ନା ଦାରୀ, ଦୟା ନା ଦାଦାଗିରି, ଅସ୍ତ ନା ଉଦୟର
ବିକାଶ ନା ବିନାଶର!

ଆମର ସାଧ୍ୟ ସାଧନା କାହିଁ ହଇଓ ପଧାନ! କେମିତି ବୁଝିବୁ
କାହା ଡାକ ମାୟା ମାରୀଚର କାହାଡାକ ସଲା ସୁତୁରାର, ଆଇଁଷ କି
ଅତର ଗନ୍ଧର, କେମିତି ଜାଣିବୁ କାହା ଡାକ ବର୍ଷା କି ବୈଶାଖର
କେମିତି ପରଖିବୁ କାହା ଡାକ ମହର୍ଷି କି ମାତାଲର, ଭଉଁରୀ କି ଭଅଁରର
କେବଳ ଗୋଟେ ଡାକ ବାରି ହୋଇପଡ଼େ ଛାତି ଫାଡ଼େ
ମାଟି ଓ ମାଆର।

■

ଟିପଚିହ୍ନ

ଦରଫଟା ମାଟିହାଣ୍ଡି ପରି ଆମ ଜୀବଦ୍ଦଶାର ଏଇତକ ସାହସ
ସାତ ପୁରୁଷର ସନମତ, କେହି କେହି କହିପାର ଉଚ୍ଛଲୋକ
ଏହା କୁକୁଡ଼ା ଲଢ଼େଇର ଅମାନତ।

ହେଲା ଯେ, ଏହାର ଯେତେ ମହତ ସେତେ ନାହିଁ
ଚାନ୍ଦିନୀ ରାତି ଚନ୍ଦନ ବନର
ମାଧୁରୀ ଦୀକ୍ଷିତ କି ମଦିରା ପାତ୍ରର
ହଁ ହେ'-ଧୀରେ ଧୀରେ ଜାଣି ଗଲିଣି ଯେମିତି କଣାମାଛ ଜାଣେ
ଶୁଖି ଆସୁଥିବା ନଈରୁ ପାଣି ବୈଶାଖ ମୁହାଣି
ଯେମିତି ଅମଳ ବେଳକୁ ମହାଜନ ସୁଧସୁଧ କହି
ଖଳାରୁ ଧାନ, ମାଣ୍ଡିଆ ଗଣେ ଗଉଣିଏ ନିଏ ଦି' ଗଉଣି
ସେମିତି ଜାଣି ଗଲିଣି ଟିପଚିହ୍ନର ଆତ୍ମକାହାଣୀ।

ସେଦିନ ଜାଣିଲି, ସାନି ତଦନ୍ତର ଦି'ଓଳି ଯାଇଛି କି ନାହିଁ
ଅନାହାରରେ ମରିନାହିଁ ସଉରା ଦାଦି
ଘୋଷଣା କଲେ ଶାସନ ସଚିବ
ଇଟାଭାଟି ତୁଚ୍ଛ କରି ଚାଲିଆସିଲି ଯେଉଁଦିନ
ଆସିଲାବେଳେ ଦେଖିଛି ମାଲିକ ମୁହଁର ଓଦାବେଶ
ଯେମିତି ମେଘ ବଉଳା ପାଗ ବହଳ ଉଦାସ।

ଯେଉଁଦିନ ଗଲି ପଥର ଭାଙ୍ଗିବି ଖାଦାନ, ଦେଖିଲି
ମଲ୍ଲୀ କି ଟଗରପରି ଟହଟହ ଠିକାଦାର ଓଠରେ

ଓଠେ ହସ, ସେଇଠୁ ଜାଣିଲି ଟିପଚିହ୍ନର କେତେ ବଳ
କେତେ ଆୟୁଷ।

ସେଇ ବଳରେ ତ ବଂଧା ଦେଇଛି ଧାନକ୍ଷେତ ଦି' ଗୁଣ୍ଠ
ଫଳ ପକେଇବ ବୋଲି ମେଁ ମେଁ ଛେଳି
ସେଇ ଏକା ବଳରେ ବିକିଦେଲି ଦୁଧ ରକଟୁଥିବା ପେଟଛୁଆ
ମକର ଯାତରେ ଗଲାସନ, ସେଇ ବଳରେ ତ ସାହୁକାର
ଟିପା ଖାତାରେ ଗଡ଼େଇ ଚାଲିଛି ମୂଳ ଗଣ୍ଡାକ ଫି' ବରଷ।

ଏ ହାତର ଟିପଚିହ୍ନ ସେ' ହାତରେ ଦେଖ ଛିଡ଼ା ହୋଇଛି
ପ୍ରମାଣେ ବହଳ ସବୁ ହଁ' କୁ ନାହିଁ କରିଦେବାର
ଗୋଟେ ମହାବଳ।

ଆମ୍ବ ଟାକୁଆ ଯାଉଖାଇ ମରିଛି ଦାଦି, ହଁ। ମେଲେରିଆରେ
ମରିଛି ବୋଉ, ହଁ। ପିଲା ବିକିଛି କି ଶୁକ୍ରଯାନୀ, ହଁ।
ଘର ଟୋକିର ଉଧାମେଲା କଳା ଦିହର ଫଟୋ ଉଠେଇଚି
ବିଦେଶୀ ନୋକ, ହଁ-ହଁ
ହଇଓ ବାବୁ! ତମ ଖାତାରେ କେମିତି ନାଇଁ କରିଦିଏ
ଆମ ମାନ ମହତର ହଜାରେ ହଁ ର ଟିପ ଚିହ୍ନ
ଧୀରେ ଧୀରେ ଜାଣି ଗଲିଣି, ଏଥର ତମେ ଖାଲି ଜାଣ।

ଏଇ ହାତରେ ମାରିଚି ହେଟା, ହରିଣ, ସମ୍ବର, ବାଘ, ଶିଆଳ
କାହିଁରେ କେତେ
ଗୁଣିଆ କହିଲା ଥରେ ଦି ଥର ଶାଶୁ ଡାଆଣୀ, ପର ପୁରୁଷରେ
ମନ ବଳେଇଲା ମାଈକିନିଆ
ଦିହିଙ୍କ କଲି ଦି'ଗର ଠିଆଠିଆ ମାନି ନେଲି ହଁ କଲି ହଁ
ଟିପଚିହ୍ନ ଏଇ ହାତର ଏଇ ହାତ ଯାଇତାଇ ନୁହଁ
ନୁହେଁ ଖାଲି ବଧ୍ୟଭୂଇଁର, ହୋଇପାରେ ଯୁଦ୍ଧଭୂଇଁର, ଏଣିକି ଭଲକରି ଜାଣ।

■

ବର୍ଷା ଜଣାଣ

ବର୍ଷା ହଉନି ତ, କ୍ଷେତସାରା ବୁଲାଇଆଣ ଅକ୍ଷତ ଅସବର୍ଣ୍ଣା ଝିଅ
ବସ୍ତ୍ର ବିହୀନ, ଇଏ ଶାସ୍ତ୍ର ସମ୍ମତ। ବର୍ଷା ହେବ।

ହଁ ଆଜ୍ଞା, କେମିତି ବୁଝିବ ମୂଢ଼ମନ। ଆମର ଜୀବନ କହିଲେ
କେରେ ଘାସ, ଆଜି ଗଜୁରେ ତ
କାଲିକି ନାଶ
ଆମେ କି ଜାଣୁ ଅକ୍ଷର ସ୍ୱାକ୍ଷର ସ୍ୱାହାସ୍ୱାହା ଶାସ୍ତ୍ର ସିଆଣ
ଇଏତ ଆପଣଙ୍କ ଆୟତ୍ତ, ପିତୃଦତ୍ତ।

ହୋ ମହନ୍ତ, ଗାଁ ବୁଲିଲାଣି କି ବାଜଣା ଘଣ୍ଟ। କେବେଠୁ ତ
ଭାଜି ପଡ଼ିଛି ଦୋଳ ମଣ୍ଡପ, ଏ ସନ ସଭା କେଉଁଠି ବସିବ
ଆମ ଝିଅ ଆଡ଼େ ଗୁରୁ ଗୋସେଇଁଙ୍କ ନଜର ନାହିଁ ତ
କେତେ ପୋଡ଼ା ହେବ ଯଜ୍ଞ ପାଇଁ ଘିଅ, କିଏ ଆସିବ
ବ୍ରାହ୍ମଣ ଶ୍ରେଷ୍ଠ, ଏଥର କେଉଁ ଧାମରୁ ଆମନ୍ତ୍ରିତ ହେଉଛନ୍ତି
କେଉଁ ଶଙ୍କରାଚାର୍ଯ୍ୟ।

ହେଇଟି, ଏଥର ସଭା ସୁରୁଖରେ ଶେଷ ହେବ ତ!
ଗୋଲଙ୍ଗା ହେବ ଇ ହେବ
ଭାଙ୍ଗ ପି' ଶାସନା ପୂଜକ ମୂତରେ ଭିଜେଇ ଦେଇଛି ଶିବଲିଙ୍ଗ
ପୋଖରୀ ଗୋଟାକ ମାରା କରିଛି ବେନୁ ବାଉରୀର ଝାବଡ଼ ପୁଅ
ମନ୍ଦିର ବେଢ଼ାରେ ଧସେଇ ପଶିଛି ବାଜା ବଜାଳି ବରଜୁ ଡମ
ଦୁଧ ଘିଅ ମହୁରେ ମୁହଁ ଲଗେଇଛି ରଘୁ ଅଛପ
ଛକରେ ଦେଖେଇଛି ମୁହଁତୋଡ଼, ପଢ଼ିବ ଗୀତ ଗୋବିନ୍ଦ

ଲଗାଇବ ଅଦା ଅଁଳା ନଡ଼ିଆଗଛ, ମାରିବ ମାଙ୍କଡ଼
କେ' ଅଣ୍ଡିରା ଅଛି ଦୋଷ ଲଗେଇବ ଦେଖିବା ତ !

ସଂସାର ହୋଇଲା ଗୋଳ ଭଣିଲା ହାଡ଼ି ଦାସ, ଇଏ କଳିକାଳ !

ହୋ ପଣ୍ଡିତ ! ଆଜିକାଲି ଚଳୁଛିନା ବଙ୍ଗଳାଶ୍ରୀ, ରାଗତୋଡ଼ି
ରାଗ ରୁଦ୍ରାକ୍ଷରୀ ଛାନ୍ଦ ଚଉପଦ
ସିନେମା ସିନେରୀ ସାୟରୀ ସୁଖ, ସଁପା ସୁପାରୀ ଦୋ'କ୍ଷରୀ କୋପ
ଦୋହଲଉଛି ଦେଶ ମଗଜ, ପୁଲିସି ମଞ୍ଚ, ଖବର କାଗଜ
ଗାଁ ଦୋକାନରେ ବିଅର ବ୍ରୟଲର ଆଲବମ୍ ଗୀତ
ମାତାଲ ମିତାଲୀଙ୍କ ମେଳିରେ ଉଠୁଛି ପଡୁଛି ଇସ୍କୁଲ ଛକ
ଆଜି ମେଲୋଡ଼ି ହେବ
ମଞ୍ଚରେ ନାଚିବ ମହନି ସାହୁର ମଡେଲ ଝିଅ, କାହାକୁ କହିବ କୁହ
ସଭିଏଁ ମନ୍ତ୍ରୀଙ୍କ ଲୋକ ।

ଜଗତୀକରଣ ଯୁଗରେ ଆହେ ନୀଳଶଇଳ... ଭକତ ଜୀବନ ପାଇଁ
କଣ୍ଟାବାଡ଼ ନା ଗୋଲାପ କଢ଼, ନାଇଁ ହୋ
ଜନ୍ମା ଭିଡ଼କୁ ନୁହଁ ।

କିହୋ, ହାତୀଦାନ୍ତ ମୃଗଛାଲ ଗଣ୍ଡା-ଗୟଳର ଶିଙ୍ଗହାଡ଼
ହରେକ୍ ମାଲର ବେପାରୀ ବେକ
ଛେଦିଲା କି ଚକ୍ର ପେଷି ଆହେ ନୀଳଶଇଳ... ଶୁଣିଛ !
ସାତଶହ କୋଶରୁ ଅଧିକଥାଇ ଭୋକୀ ଭକତ ଦେଉଥିଲେ ଡାକ
କଟକେ ଅଟକ ହେଲା କି ରଥ
ଉଭା ଲଙ୍ଗଳା ଅସହାୟା ରମଣୀର ଦେହ ଲାଜ ପାଇଁ
ସରଗ ଶୂନ୍ୟରୁ ମିଳିଲା କି ଶାଢ଼ୀ ବାରହାତ
ହୋ ମୀନ, କଚ୍ଛପ, ବରାହ ବାହାଦୂରଗଣ କେଉଁଠି ଆପଣ
ରହ ରହ କାଲି ଜଙ୍ଗଲ ମନ୍ତ୍ରୀଙ୍କ ଝିଅ ବାହାଘର, ଭୋଜି ଭାତରେ
ଲାଗିବ ମାମୁଲି ମିଛର ମାୟା ଭିଆଣ

ରହ ରହ, ଚୋରା ଚାଲାଣରେ ଏଇଠୁ ଯିବ
ଆପଣଙ୍କ ଅବତାର ବେଶ, କାଢୁପଣ ଯେତେକ ଢମ
ମାଫିଆ ମଧ୍ୟସ୍ଥିଙ୍କ ସହ ସାରିଛି ଦେଣନେଣ ବିଦେଶୀ ବଣିକ।

ବର୍ଷା ହଉନିତ, ନହେଉ ଚଳିବ ଚଳିବ। ଆଷାଢ଼ ଅଗିଣରେ
ରଇତର ରକ୍ତଗୀତ ଗାଇ ସୁଲୁସୁଲୁ ପବନ ଦୋଳିରେ
ଦୋହଲୁ ନାହିଁ ଗୋଟେ ହେଲେ ଧାନଗଛ, ଏୟା ତ !
ବିଲୁଆପରି ଖରା-ଖତୁକୁରୀ ଡେଉଁଛି ତ ବାରମାଣ ବିଲ ପରେ ବିଲ
ଡେଉଁଛି ତ ଡେଉଁ
ଆର ବୈଶାଖରେ ଉଠିବ ଡାଲୁଅ ଟାଇଚୁଙ୍ଗ୍ ଧାନ
ଆଗଭଳି ଆଉ ଖାଲି ପଡୁଛି କି ମରେଇ ଅମାର, କହୁନ।

ଜାଣିନା କି, ହୀରାକୁଦ ପାଣି ଧରିଲାଣି ବିଲବାଡ଼ି ଘୋ' ଘୋ'
ଘଇତାଖାଇ ଗହୀର ପାଟ
ନିଇତି ପଖାଳୁଛି ଗୋରୀ ଗୋଡ଼ ଲମ୍ବେଇ ବାସି ଦେହ
ଏଣେ କେନାଲ କାମରେ ଧୁଉମ୍ ଠକୁଛି ଠିକାଦାର
ଖୁଉବ୍ ପାଟି କରୁଛି ପାଣିଦିଅ ବିଧାନସଭାରେ ଆମ ବିଧାୟକ
ଗଡ଼ା ବି ସରିଲାଣି ପାଣି ପଞ୍ଚାୟତ, ଏଣିକି ପେଡ଼ିରେ ରଖ
ସାପ ପରି ଶାସ୍ତ୍ର ସୁଆଙ୍ଗ, ବର୍ଷା ଜଣାଣ ହୋ ପଣ୍ଡିତ।

ବିଶ୍ୱାସର ବୀଜ ଛିଡ଼ା କରେଇଛି ବଧ୍ୟଭୂଇଁରେ ବୁଦ୍ଧିର ବରଗଛ
ଚିନ୍ତାର ଚେର ଚେତନା ଓହଳ
ଫଟେଇ ସାରିଲାଣି ତୁମ କାରସାଦ ଗୁମର କାନ୍ଥ
ଭାବ ଭଣିତାର ତଳ ଅତଳ ପର୍ବତ ଚୂଳ
ଆମ ଲୁହରନଈ ଜାଣି ସାରିଲାଣି ନିଜ ଭିତରେ କେତେପାଣି କାଦୁଅପଙ୍କ
ଜୀବନ ପ୍ରବାହର କେତେ ବୁଲାଣି ବାଙ୍କ, ଅଗମ୍ୟ ବାଟ
ଜାଣି ସାରିଲୁଣି କୂଳରେ ଆମର କିଏ ତୁମେ ନିଷିଦ୍ଧ ଫଳ
ନା ସିଦ୍ଧ ପୁରୁଷ। ■

କଂପାନୀ

ଆମେ ବି ଜାଣୁ ମଞ୍ଜିର କରାମତି, ପାଗଯୋଗ ଜାଣି
ପୋତିଥିଲି ବୋଲି ତ ଏବେ ଲେମ୍ବୁ ଗଛରେ
କାହିଁରେ କେତେ କଢ଼
ଚାଳ ମଥାନରେ ମାନିଛି ବେଶ୍ ଶାଶୁର ନୋଳି ପରି
ନାଉଫୁଲ, ହୁଡ଼ାରେ ନଇଁ ପଡୁଛି ସଜନାଭର୍ତ୍ତି ଡାଳ
ପୂବେଇ ପବନରେ ଲହଡ଼ି ଭାଙ୍ଗୁଛି ଉଦାର କ୍ଷେତରେ
ସାରଦ ଫସଲ, ଏଥିରେ ଅଛି କି ନାହିଁ ଉଜଗ ଉଜାଗର
ରକ୍ତର ରାଣ, ହାଡ଼ର ହଲପ
ମୋ'ଠୁ କିଏ ଅଧିକ ଜାଣେ, କୃଷିମନ୍ତ୍ରୀ ନା ଗ୍ରାମ ସେବକ !

କେମିତି ଫଳେଇ ହୁଏ ଦୁଃଖର ବିହନରୁ ସୁଖର ସପନ
ବିନାଶର ବାର ମାଣିଆରେ ବିକାଶର ବସୁମତୀ ଧାନ
ଜାଣିଛି ବୋଲି ତ ନଇଁ ପଡ଼ିଥିବା ଅଣ୍ଟା ସଳଖ କରି ଭୁଲିଗଲୁଣି
କିଏ ହଡ଼ପ କରିଥିଲେ ରିଲିଫ୍ ଚାଉଳ
ଏହା ବି ସତ, ଭୁଲି ସାରିଛି କାହିଁକି ନାଉନି ମଥାରେ ସିନ୍ଦୂର ।

ଦୁଃଖ ଗଅଁଠକର ସ୍ୱାଭିମାନ ଥାଏ ବୋଲି ଗରିବ ଗୁରୁବାଠୁ
ଆଉ କିଏ ଅଧିକ ଜାଣେ, ଦେଖୁ ନାହାନ୍ତି
ସୁଅର ବିପରୀତରେ ପହଁରି ପହଁରି ପାଇଛି ଘାଟ
ଜିଆଁଇଛି ଜିଅଁଳ ପରି ଘଟ
ସଜେଇଛି ନଣନ୍ଦ ଟୋକିର ଗାଲ ପରି
ଭଙ୍ଗା ଦଦରା ଘର, ଆପଣା ଉଦାସୀ ପଣ, ଖାଁ ଖାଁ ଛାତିତଳ

ଯେତେ ଯାହା ଖୁଣ ଖୁମାଣ ଖାଲ ଢ଼ିପ ଗଲା ପାଞ୍ଚ ବର୍ଷରେ
ହାତେ ହାତେ କରିଛି ପୂରଣ।

ଅସଜଡ଼ା ଭିଟାମାଟି ଅରାକର ଯେଉଁ କଇଁକଇଁ କାନ୍ଦଣା
ମୋ'ଠୁ କିଏ ଅଧିକ ଜାଣେ
କର ଖଜଣା ଅସୁଲ କରୁଥିବା ସରକାରୀ ଲୋକ
ନା ପୁଲିସ୍, ପ୍ରଶାସନ, ବାଣୁଆ, ବଣିକ
ମାଟିକି ମା' ମଣି ବଞ୍ଚିବା ଆମର ଅଭ୍ୟାସ ବୋଲି
ଗଲା ପାଞ୍ଚବର୍ଷରେ ଥରଟେ ଚାହିଁନି ନର ଜନମରୁ
ମୁକ୍ତି ମୋକ୍ଷ, ବଞ୍ଚିବା ଦାଉରୁ କ୍ଷମା
ମାଟିରେ ମାଟି ହେଲି ବୋଲି ତ ଫେରି ପାଇଲି
ସୁଖ ଦୁଃଖର ମୂଳଜମା, ସ୍ୱାମୀଙ୍କ ଛାତି ପରି ସ୍ମୃତିର ଏରସମା।

ଆଉ ଊଣା କଅଣ! ଏଣିକି ଯାହା ବଞ୍ଚିବା କଥା
ଯେତେବେଳେ ମରଣ ବୁଲୁଥିଲା ମନ ମରମର ଗହିର ପାଟ
ଓର ଉଣ୍ଡି ନସର ପସର ହେଉଥିଲା ଦେହ କଷଣରେ
ସେତେବେଳେ ଆସାମ, ସୋନାଗାଛି କି ସୁରଟ ଯାଇନି
ଏବେ କାହିଁକି ଯିବି, ମହାବାତ୍ୟାଠୁ କ'ଣ ଏତେବଡ଼
ନିଆଁ ନରକର ଇସ୍ପାତ କଂପାନୀ।

ଆମେ ଜାଣୁ, ଶାଳ ପିଆଶାଳ ଗଜା ପରି ମୁଣ୍ଡ ଟେକିଲେ
ଆମ ବଂଚିବା ବିଷୟ
ଛଳ ଛଟକରେ ଛେଦନ ହୁଏ ଚେର ମୂଳ, ବେଦଖଲ ହୁଏ
ଭାଗ୍ୟ ଭୋଗର ଭୂଇଁ, ଏଣୁ ଆମେ କାଳେ କାଳେ ଅସ୍ଥାୟୀ
ଆମର କେଉଁ ଥାଏ ଯେ' ଠଣା ଠାଣି ଠିକଣା
ଆଜି ଏଠି ତ କାଲି କେଉଁଠି ମାଟିକୁ ମା' କହୁ
ମାଟିରେ ମାଟି ହୋଇ ନିଜକୁ ଗଢୁ, ପୁଣି ଆଦେଶ ନାମାରେ
ଭାଙ୍ଗିଯାଉ, ବିସ୍ଥାପିତ ହେଉ।

କେଉଁ ଯୁଗରୁ କେଜାଣି, ମୁନିବଙ୍କ ମର୍ଜି ମିଞ୍ଜାସ ମଜଲିସ୍‌ର
ଶିକାର ହେଉଥାଏ ଆମର ପ୍ରଜ୍ଞା ପ୍ରତିଜ୍ଞା
ଚିଲିକା ଚିଙ୍ଗୁଡ଼ି ପରି କେବଳ ବଞ୍ଚିବା ପାଇଁ ଏତେ ସବୁ
ନିଉନ ନିକୁଛ ବେଛପରି ସାଙ୍ଗ୍ୟା
ପିଢ଼ି ପରେ ପିଢ଼ି କହି ଚାଲିଛୁ ଡରିହରି ହଁ, ହଜୁର, ଆଜ୍ଞା ।

ଗଢ଼ା ହୋଇଛି ରାଜବାଟୀ, ରାଜଧାନୀ, ମନ୍ଦିର ମାଳିନୀ
ସବୁଥିରେ ଆମର ପାଳି, ବସିଛି ଶିଳ୍ପ ପଡ଼ିଛୁ ବଳି
ସ୍ଥାପନ ହୋଇଛି ଗୁଳି ଗୋଳା କାରଖାନା ଘାଟି
ଆମ କାନ୍ଧରେ ପଡ଼ିଛି ଜୁଆଳି
ଦଳ କନ୍ଦଳ, ଦଙ୍ଗା ହଙ୍ଗାମାରେ ଆମ ଛାତିରେ ଗୁଳି ସବା ଆଗ
ଦେଖାଯାଉ, ଏଥର କାହାର ପାଳି କାହାର ଭାଙ୍ଗୁଚି କମର
କାହା କପାଳରେ ଲାଗୁଚି ପାହାର !

ଗୁଲିଖଟି

ଆଜି କାହାର ପାଳି, ଯାହାର ହେଉ ଭୋଜି ହବ ଇ ହବ ।

ବଟି ଦେଇଛି ନା ନାହିଁ ରାଜପଥ ଠିକାଦାର, ଠିକଣା ମିଳିଲା କି
ବିଲ୍‌ଡ଼ର୍ ଏଲ୍.କେ.ବିଶ୍ୱାଳର
ମାହାଳିଆରେ ମାରି ନେଇଥିବା ଖଣି ଲିଜ୍
ଗୋଟେ କଂପାନୀ ମ୍ୟାନେଜର ଆଜି ଯୋଗାଡ଼ କର
ଭୋଜି ହବ ଇ ହବ ।

ଆଜି କିଏ ସବୁ ପଢ଼ିଛ କୋଉ ଖବର କାଗଜ, ସୂଚନା ମିଳିଛି କି
କିଏ ହାତେଇଚି ଏକାଡ଼େମୀ ପୁରସ୍କାର ଚଳିତ ବର୍ଷର

ସବୁ ନାଟର ନୋଟବିଡ଼ା, ତତଲା ତେଲପରି ତଲାକ୍ ଧରି
ଆରବ ଶେଠ୍
ବୁଲୁଛି କି ନାହିଁ ବୋହୂ ମେଳା ବିହାରଠୁ ରାଜସ୍ଥାନ

ଫେରି ପାଇବ କି ନାହିଁ ମଦୁଆ ସ୍ୱାମୀ ନଜ୍‌ମା ବିବିର ଫେରାଦ୍
କେବେ ବୁଝୁଚି ମୁସ୍‌ଲିମ୍ ପର୍ସନାଲ୍ ଲ' ବୋର୍ଡ଼

କାଶ୍ମୀର କନ୍ୟା ବ୍ୟବହାର ନ କଲେ ବୁର୍ଖା ଜାରି ହୋଇଥିବା
ଫତୱା ଉଠିଲା କି, ଜେହାଦ୍ କଣ ଜହ୍ଲାଦର ରକ୍ତଗତ
ନକ୍ସଲ ଗୁଳିରେ କେତେ ମଲେଣି ସରପଞ୍ଚ, ସାହୁକାର, ସର୍କାରୀ ଲୋକ
ଜଙ୍ଗଲ ମନ୍ତ୍ରୀଙ୍କ ଯନ୍ତାଳରେ କେମିତି ଲାଗିଲା ହରିଣ ମାଂସ
କାଲି ଯେଉଁଠି ପଡ଼ିଥିଲା ରକ୍ତ, ପୁଲିସ ଲେଖିଲା ତ ପାନଛେପ

ହିନ୍ଦୁ ଧର୍ମକୁ ଲେଉଟିବାର ଥିଲା ସନାତନ, କ'ଣ ବିଚାର କଲେ
ମୁକ୍ତି ମଣ୍ଡପରେ ବ୍ରାହ୍ମଣ ସମାଜ
ନରହତ୍ୟା ଅଭିଯୋଗରୁ ଖଲାସ ପାଇଲେକି ଶଙ୍କରାଚାର୍ଯ୍ୟ
ସମଲିଙ୍ଗୀ ଘଟଣାରେ ସଂପୃକ୍ତ ଫାଦରଙ୍କ ହାଲତ କ'ଣ
ଆଉ କାହିଁକି ଆଗଭଳି ଅଂଜନା ମିଶ୍ରର ଶୁଭୁନାହିଁ ସ୍ୱର ଶବଦ
ଠାକୁରପାଟଣା ମନ୍ଦିରବେଢ଼ାରୁ ତୋଳିଲାକି ଟଗରଫୁଲ ଦଳିତ ଝିଅ
କବୀ ମଧୁମିତା ଶୁକ୍ଲାର ହତ୍ୟାକାରୀ ମଧୁବନ ମେୟର ହେଲାକି ପ୍ରମାଣ
ଚନ୍ଦନ ଦସ୍ୟୁର ସ୍ତ୍ରୀ କେଉଁ ଦଳ ଟିକଟରେ ଲଢ଼ିବ ଏଥର ଇଲେକସନ୍।

ଜାଣିଥିଲେ ଜାଣିଥିବ ଗୁଇନ୍ଦା ବିଭାଗ, କେଉଁ ସାମ୍ବାଦିକ ନ ହେଲେ
ମା' ଗଙ୍ଗେଇକି ଜଣା, ଆମର ଜାଣି ଲାଭ କ'ଣ
ବୁଦ୍ଧିଜୀବୀଏ ମତ ଦେଲେଣି ଆମେ ଗାଲୁ, ଗୁଲିଆ, ଗବଗାଣ୍ଡୁ ଦଳ
ଯେତେ ଯେତେ ଗଡ଼ିଯାଉଛି ବେକାର ବୟସ, ସେତେସେତେ ପ୍ରେମରେ ବିଫଳ।

ଜାଣିଚ ତ, ବିଫଳର ବସ୍ତାନୀଭିତରୁ କୋଉଠି ହେଲାଣି ରାଧାକ୍ରିଷ୍ଟନ୍
ଗତଥର ବିଧାୟକ ଏଥର ସାଂସଦ, ନଥିଲା କୋଠି ଏବେ କୋଟିପତି
ନଥିଲା ଅମାର ଏବେ ମେଲେଇଚି ଅମରାବତୀ
ଦେଖିଲତ, କେମିତି ସହଜହେଲା ଥଳଅଥଳ ଭବସାଗର ହାରାମୀ ପାଇଁ
ଏଣେ ଆମେ ଶୂନ୍ୟକୁ ହାତ ଟେକି ପ୍ରାର୍ଥନା କରୁଛୁ ପାରିକର ହେ' ଶୂନ୍ୟଦେହୀ।

ମନେପକା, ଧର୍ମଫର୍ମ ଉପରେ କ'ଣ ଗୋଟେ ବହି ଲେଖିଥିଲା ତସ୍‌ଲିମା
ଖାଲି ଉଠିଲା ପଡ଼ିଲା ପୂର୍ବବଙ୍ଗ, ଏଣେ ଆମେ ମୁଣ୍ଡେଇଚୁ
ପୁରାଣ ପୋଥି, ତଲାକ୍, ବିଶ୍ୱରୂପ, ମନ୍ଦିର, ମସ୍‌ଜିଦ୍ ପ୍ରସଙ୍ଗ
ଆଦେଶ ଉପଦେଶ ଗଦାଗଦା ଉଦାହରଣ
ଧରିଚୁ ରକ୍ତ ଜୁଡୁବୁଡୁ ଇତିହାସ, ଗୋଟେ ଭୀରୁ ହିଞ୍ଜଡ଼ା ଦେଶ।

ଭୀରୁ ଦେଶ କହିଲେ କ'ଣ ବୁଝୁକିରେ ସର୍ବେଶ୍ୱର, ବୋଲ୍‌ବୋଲ୍!

ମନୁଙ୍କ ଶୁଣାଣି ବେଦର ଗାର, ମଣିଷ ଜାତି ଚାରିଭାଗ
ରାଜାଙ୍କୁ ମଣିଲୁ ଈଶ୍ୱର ପୁତ୍ର
ଖଟିଲୁ ବେଠି, ସହିଲୁ ଯୋର୍ ଜୁଲମ ଲାଠି, ଦେଲୁ କର ଖଜଣା, ଘରର ବେଟୀ

ଜାଣିବା ଆଗରୁ ଜଗନ୍ନାଥଠି ଲୀନ ହୋଇଗଲେ ବିଚାରା
ଚୈତନ୍ୟଦେବ
ଦେଖିବା ଆଗରୁ ଦାସିଆ ବାଉରିର ନଡ଼ିଆ ଭୁଞ୍ଜିଲେ ଶ୍ରୀ ଜଗନ୍ନାଥ
ଚଣ୍ଡୀ ଦେଉଳରେ ଛେଳି, ମେଣ୍ଢା, ମଇଁଷି, ମଣିଷ ବଳି
ଦାନ ଦକ୍ଷିଣାରେ ଯାଏ ଭିଟାମାଟି, ବାପାଙ୍କ ରାଣ, ବୁଢ଼ାଙ୍ଗୁଳି
ଡାକିଚୁ ବିଦେଶୀ ଶାସକ, ଧୋଇଚୁ ପାଦ ନୋଇଁଚୁ ମୁଣ୍ଡ
ଯୁଦ୍ଧରେ ହାରିଚୁ ହଜାରେବାର, ତଥାପି ଛାଡ଼ିନୁ ହରିବୋଲ
ସର୍ବେଶ୍ୱର, ଗାଲୁକଥା ବନ୍ଦକର ନେ ଚିଲମ ଉଠାଦମ୍।

ଡରୁଚୁ କ'ଣ! କୁଆଡ଼େ ନା କୁଆଡ଼େ ବୁଲୁଚି ବସାହୀନ ବିଶ୍ୱାସ
କେଉଁଠି ନା କେଉଁଠି ଭାଙ୍ଗି ପଡ଼ିଛି
ସତ୍ ସାହସର ବାସ ଖଣ୍ଡିକ, ହୁଏତ ଭଦ୍ର ଲୋକଙ୍କ ଧାଡ଼ି ଭିତରେ
କେଉଁଠି ଅଟକି ଯାଇଚି ବିବେକ
ଯୋଉଯାଏ ଟଙ୍କାରେ ଚିହ୍ନ ହୋଇ ବନ୍ଧା ପଡ଼ିଛି ଗାନ୍ଧି
ମହାଭାରତ ସିରିଆଲ୍‌ରେ ଗାନ୍ଧାରୀ, ଆଉ ଡ଼ର କ'ଣ ସର୍ବେଶ୍ୱର
ଏବେ ଦେଶସାରା ଅପାରଗ ଶ୍ରାବଣ, ଅପାଣିଆ ନଈ, ରଙ୍କଙ୍କ ରାଜୁତି
ଆମଠି ହାତ ଦବ କିଏ ଆମେତ ପୂରାପୂରି ବଣ ବିଛୁଆତି।

ଅପେକ୍ଷାକର, ଗୁଲିଖଟିରୁ ଆଉବି କାହାର ପଡ଼ିପାରେ ପାଳି
ଠିକ୍ ରାଧା କ୍ରିଷ୍ଣନ୍ ପରି
ଟିକେ ଚାନ୍ଦ, ଟିପେ ଚାଉଳ ପରି ଶିଖ ଛୁଇଁବାର ଆଶାର ସିଡ଼ି
ଯଦି ଚଢ଼ିଯାଏ କେବେ ନା କେବେ ରକ୍ତର ହଲକ୍
ତେଣିକି ବୁଝାଯିବ କେଉଁଟା ହକ୍ କେଉଁଟା ନିମକ
ଆଧୁନିକ କବିଙ୍କ କବିତା ପରି ଅଙ୍କାବଙ୍କା କଥାକହି ଲାଭ କ'ଣ
ଯାହା କହିଛି ସିଧା ସଳଖ, କହିଚି ଏଇଥିପାଇଁ
ମୋତେ ଜଣାଅଛି ଋଣକରି ଘିଅ ପିଅ କାହିଁକି କହିଥିଲେ ଚାର୍ବାକ।

■

ଭଲଲୋକ ତ ଆପଣ !

ହଜୁରେ ! କାନ୍ଥରେ ଟଙ୍ଗେଇଚ ଯୋଉ ଫଟୋ ଖଣ୍ଡିକ, ମୋ ଝିଅର
ଓହ୍ଲେଇ ଦିଅ ।

ମା' ପେନୁର ଦାନ ଛାତି ଉପରେ ହାଡ଼ଫୁଲ, ଗାଲରେ ପାଣି ଭଉଁରୀ ଦାଗ
କଳାମୁହଁର ସୁନ୍ଦରକୁ ବଢ଼େଇଛି ଆହୁରି ବାରଗୁଣ
ଦେଖୁନ, ଯୋଡ଼େ ନୟନରୁ ଯେମିତି ଢ଼େଇଁପଡୁଚି କନକନ ନିରୀହ ମୃଗ
କେଶ ଗଣ୍ଠିରେ କେରେ କୁରେଇ ଫୁଲ, ଓଠ ଉଠାଣିରେ ଚନ୍ଦ୍ରହସ
ସଭିଏ କହିଲେଣି ଇଏ ତମରି ଝିଅ, ଆସିଚ ତ ସାଙ୍ଗରେ ନେଇ ଯାଉନ ।

ବଢ଼େଇ କୁଢ଼େଇ ଏତୁଟିଏ କଲି, କେମିତି ଜାଣିବି ନାହିଁ ଇଏ ମୋ
ରକତରୁ ଜାତ ହାଡ଼ ମାଉଁସର ମାଇମଣିଷ, ନାଁ ଗୁରୁବାରୀ ଗୋଟେବୋଲି ଝିଅ
ଜାଣ ଏତିକି ଦୋଷ, ଝରଣା ପାଣି କି ବାୟାଣୀ ବୋଲିତ ଜାଣିପାରେ ନାହିଁ
କେବେଠୁ ହେଲାଣି ସିଏ ପୂନେଇଁ ଜହ୍ନ
କିକଲ କିକଲ, ଓଦା ସରସର ଅଧା ଲଙ୍ଗଳା ଚଇତି ଦେହ ଆଲୁରା ପଣ
ଛାର ସଉକପାଇଁ ଘର କାନ୍ଥରେ ଟଙ୍ଗେଇଦେଲ, ବାଃ ଭଲ ଲୋକତ ଆପଣ ।

ଗଲାସନ ବଣମୁଲକରେ ପକେଇଥିଲ ପାଦ, କହୁଥିଲ କି ଚମତ୍କାର
ପାହାଡ଼ ପର୍ବତ ଜଙ୍ଗଲ ଦେଶ ! ବେଲୁବେଲ ବିଭୋର ହୋଇପଡୁଥିଲ
ଆଖି ହଳକରେ ଯେମିତି ସଂଚୁଥିଲ ଶ୍ୟାମଳ ଦୃଶ୍ୟମାନ, ଡଙ୍ଗର, ଦିଗ୍‌ବଳୟ
ଆପଣଙ୍କ ଭାବ ପ୍ରବଣତା ଜଣେଇ ଦେଉଥିଲା ଯେମିତି କେଉଁ ଗୋଟେ
ଧାଙ୍ଗିଡ଼ି ଯୋନିରୁ ଜନ୍ମହୋଇ ଆର ଜନ୍ମରେ ଆମ ସ' ଭୁଂଜିବ ମାଣ୍ଡିଆପେଜ ପି'
ମହୁଲିମଦ ନାଚିବ ମାଦଳ
କେବେକେବେ ଜରାବାଧିକାରେ ପଡ଼ି ଯୌବନ କାଳରେ ବୁଢ଼ା ଦିଶୁଥିଲେ ବି

ଆମ ସ' ତାଳଦେଇ କହୁଥିବ ଜମି ଜଙ୍ଗଲ ଜଳ ଆମର
ଆମଭଳି ପୁଲିସ୍ ଖାତାରେ ସାଜିଥିବ ମାଓବାଦୀ ନକ୍ସଲ, ସଜା ଭୋଗୁଥିବ।

ଓଃ, ଆପଣଙ୍କ ଭାବ ପ୍ରବଣତା ଜନ୍ମାକ୍ଷଣିକ ବିୟର ବ୍ରୟଲର ବଣଭୋଜିସମ
ଜାଣିଲା ବେଳକୁ ଖେଳି ସାରିଲଣି ଆମ ଜୀବନ ସହିତ ହାରାମୀ ଖେଳ
ବର୍ବାଦର ବ୍ୟଥା ବାର୍ଷିକୀରେ ଆମେ ଲୁହ ଢାଳୁ ଥିଲାବେଳେ
ଆପଣ ମାନ୍ୟଗଣ୍ୟ ବ୍ୟକ୍ତି ବିଶେଷ
ବିବୃତିରେ ପୋତିପକଉଚ ଜନ ସମ୍ମେଳନ, ଟିଭି, ଖବରକାଗଜ।

ବାଃ, ଭଲଲୋକ ତ ଆପଣ! ଧରେଇଦେଲ ପାଦ୍ରି, ପୁରୋହିତ କଳିମଂଜି
ଆମେ ଆମ ମାଟିରେ ପୋତି ହିଂସା କ୍ରୋଧ ଈର୍ଷାର ଖତସାର ଦେଇ
ବଢ଼େଇ ସାରିଚୁ ହୃଷ୍ଟପୁଷ୍ଟ ଗଛ
ଡାହି ଡାଳରେ ଫୁଟୁଚି ଭାରଭାର ରକ୍ତଫୁଲ, ଥରୁଟେ ମୁଣ୍ଡକୁ ନିଅ
ନାଇଁନାଇଁ, ଚାଲିଗଲ ଭୁବନେଶ୍ୱର।

ବିଜ୍ଞାପନ ବ୍ୟାନର ଭିତରେ ଥାପିଦେଇଚ ଆମ ଧେଡ଼ି ପିଲାଙ୍କଠି ସ୍କୁଲବ୍ୟାଗ
ମାଈକିନିଆ ଓଠରେ ଉଦୟ ସୂର୍ଯ୍ୟର ସୁନାହସ
ମୋ ହାତରେ ଗୋଟେ ଟ୍ରାକ୍ଟର ଗୋଛେ ଧାନଗଛ, ଲେଖିଦେଇଚ ଭାରତନିର୍ମାଣ
ତେଣେ କାଟି ନେଲଣି ଭଉଣୀ ସ୍ତନ, ବାପର ଜିଭ, ଭାଇର ପାପୁଲି
ରାତାରାତି ଭିଟାମାଟି ଉପରେ ଛିଡ଼ା କରେଇଚ କାର୍ଖାନା ପାଚେରୀ।

କହିବ କି, ଯିଏ ଅକାଳରେ ପଚାରକ୍ତ ହୋଇ ବୋହିଗଲେ ମାଟିରୁ ନଈକି
ଟ୍ରକ୍ ଡାଲାରେ ଲଦାହୋଇ ଚାଲିଗଲେ ଏ'ଠୁ ଅନ୍ୟଠିକି
ଯିଏ ନିଆଁ ପାଉଁଶ ହୋଇ ମିଶିଗଲେ ପବନଠି, କେଉଁସୂତ୍ରରୁ କେହି ଜଣେହେଲେ
ଆପଣଙ୍କ ରକ୍ତ ସଂପର୍କୀୟ, ଖୋଦ୍ ଔରସରୁ ଜାତ କହିବ କି!

ଜବାବ ଦିଅ, ନାଇଁତ ଆମ ଲହଲହ କ୍ରୋଧ ଆପଣଙ୍କ ବେଦରେ ଭଣିତ
ଗୋଟେ ମହାପାପ ବେଇ ପକେଇବ
ମୁଇଁବି ଦେଇପକେଇଚି ପୁଅର ନାଁ ନାରାୟଣ
ନର୍କଫର୍କରୁ ବାପର ଉଦ୍ଧାର ବିଷୟ ବୁଝିବାର କଥା ବୁଝିବ।

■

ଉପଦେଶ

କହୁଛ, ଆଜି ଏକ ଭଲ ଦିନ। ଏମିତି ଏକ ଦିନରେ
ଗାଇବାର ଅଛି
ଭୀମ ଭୋଇ କି ସାରିଆ ଭିକର ପଦେଅଧେ ଭଜନ
ଭୁଂଜିବାର ଅଛି ନିରାମି ଭୋଜନ
ଲୋଡ଼ିବାର ଅଛି ଆପଣା ଭିତରୁ ଉଦାର ମନ
ପାରୁଛ ତ ପୁରୀ କି ପ୍ରୟାଗ ବୁଲି ଆସିଲେ ଭଲ।

ଭଜନ, ଭୋଜନ, ମନ କହିଲେ ଆମର ତ ସବୁମିଶି
ଆମ ହାତରେ ଅଛି ଭୋକ, ଭିକ, ଅଭେକର
ବକଟେ ବୋଲି ମାମୁଲି ଜୀବନ
ଆମରି ଅଖଞ୍ଜା ହାଡ଼, ଶିରାଶିରା ଭେଦି ହଜାରେ ଭୀମଭୋଇ
ପିଟୁଛି ଖଞ୍ଜଣି, କଲିଜା କଡ଼ର ଛାଇତଳେ
ଶହେସରି ସାରିଆ ଭିକ ପାଇଲେ ତ ପିଉଛି ପେଜ ତୋରାଣି।

ଯେମିତି କହୁଛ, ସେମିତି ଆଉ ଚଳି ହବନି ଏମିତି ଏକ
ନଈ ମଝିରେ ଥାଇ
ମୁହଁରେ ଲାଜ କରି ପେଟରେ ଲୁଚାଇ ଭୋକ
ଏମିତି ଏକ ନଗରରେ ମଥା ନୁଆଇଁ ଆମେ ଯେତେ ପ୍ରଜା ପାଟକ
ସହି ପାରିବୁନି ଅଦେଖା ଥାନର ଦୁଃଖ

ଆଉ ଯାଇ ପାରିବୁନି ସତ୍ୟ ରକ୍ଷାକରି ଆମେ ଯେତେ
ବଉଳା ଗାଈ, ଅରଣ୍ୟରେ ଅନେଇ ଥାଉ ବାଘ

ଏମିତି ବଂଚି ପାରିବୁନି କଇଁଛ ବେଶ ଧାରଣ କରି
ଭିତରକୁ ଫେରେଇ ନଉଥିବୁ ଥରୁଥର ମାଇଚ୍ୟା ଜୀବନ

ଏମିତି ଦଉଡି ପାରିବୁ ନାହିଁ ରାମଚନ୍ଦ୍ରପରି
ଆଗେ ଆଗେ ଲୁଚୁଥିବା ଦିଶୁଥିବା ତରତର ତର୍କା ଗୋଟେ
ସୁନାର ହରିଣ ।

ଆଦର୍ଶ, ଆଦେଶ, ଉଦ୍ଦେଶ୍ୟ ପାଲି ବଂଚି ଆସିଲୁଣି ଏତେଦିନ
ଏତେଦିନ ପ୍ରତିଶ୍ରୁତିର କୁହୁଡ଼ି ଭିତରେ
ମିଳେଇ ସାରିଲୁଣି ଆମେ ଯେତେ କଅଁଳ ମେଘ
ମିଛର ମହକୁମାରେ ଅଧା ମରିଲୁଣି ଆମେ ଯେତେ ଘାସଫୁଲ
ଆଉ ବାଧ୍ୟ କରନାହିଁ ଆମେ କେମିତି
ବ୍ୟବହାର କରିବୁ ଏଇଅଛି ଏଇ ନାହିଁର ଆୟୁଷତକ ।

ଧରନିଅ, ମହଲା ମହଲା ମହଲରେ କାଠର କୁଟି କମରୁ
ଆମେ ଯେତେ ନିହତ ଗଛ ପାଇବାକୁ ଚାହୁଁ ବଞ୍ଚିବାର ଦିନ
ଖଳା, ଖଳେଇରୁ ମୁକ୍ତି ଚାହୁଁ ଆମେ ଯେତେ
ଭରଣ ଭରଣ ଧାନ, ମହଣ ମହଣ ମାଛ
ଛୁଇଁବାକୁ ଇଚ୍ଛା କଲୁଣି ମା'ର ଥନ, ବାପର ଥାନ
ଆମେ ଯେତେ ମନ୍ଦିର ମସଜିଦ୍ ମଧ୍ୟରୁ ଇଟା ଓ ପଥର
ଧର୍ମଶାସ୍ତ୍ର ଧମକରୁ ଉଠି ଆସିବାକୁ ବ୍ୟଗ୍ର ହେଲୁଣି
ଆମେ ଯେତେ ନିରୀହ ଅକ୍ଷର

ଦୁଆର, ଦପ୍ତର, ଦରବାର ଭିତରୁ ଫେରସ୍ତ ଚାହୁଁ
ଓଦା ସରସର ଆହତ ଭାଗ୍ୟ, ଆମେ ସଂଖ୍ୟାଧିକ ମଣିଷ ।

ଆମେ ମାନିବୁ କି ନାହିଁ ଶୂଦ୍ର ବିହୀନ ଦଶ ଅବତାର
ଆମର କିଏ ପ୍ରିୟ ହେବ ରାମ କି ରାବଣ
ଏମ.କେ.ଗାନ୍ଧି କି ଆମ୍ବେଦକର

ଆମେ ପଢ଼ିବୁ ଗୀତା କି କୁରାନ୍, ଦେହରେ ଯିବ କେଉଁ ଲୁଣ
ବିଲ ବାଡ଼ିରେ ଚାଷ କରିବୁ ହାଇବ୍ରିଡ୍ କି ଦେଶୀ ବିହନ
ବିବାହ କରିବୁ ଧୋବଣୀ କି ବ୍ରାହ୍ମଣୀ ସହ
ଏହା ଆମ ବ୍ୟକ୍ତିଗତ ବିବେକର ବିଷୟ।

ଧରିନିଅ ଆଜି ଦିନରେ ଆମେ ଯଦି ବୁଲିଯାଉ ଶ୍ରୀକ୍ଷେତ୍ର
ଆଗ ଦେହସୁଖ, ଦେଉଳ ଦର୍ଶନ ନା ସ୍ୱର୍ଗଦ୍ୱାର
ଉପବାସ ନା ସହବାସ, ସୁରା-ସୁନ୍ଦରୀ ନା ଶରଧା ବାଲି
ପରାମର୍ଶ ଦିଅନାହିଁ କେଉଁଟା ଆଗ, ଏଣିକି ଆମ ବାଟ
ଆମକୁ ଛାଡ଼ିଦିଅ।

ମାଳିକା

ଭାବୁଛ କି ଆଲୁକୁଚି ମାଲୁକୁଚି ଅନାବନା ଗଛ, ଜମ୍ମା ନୁହଁ
ଇଏ ଗୋଟେ ମନଧ୍ୟାନ ଚେତା ଚଇତନର ବଟବୃକ୍ଷ ପାଞ୍ଚଶହ ବର୍ଷର
ଚାରି ଚଉକଷ ଚତୁର୍ଦ୍ଦିଗ ମାଡ଼ି ଛିଡ଼ା ହୋଇଛି କେଡ଼େ ଦମ୍ଭରେ
କାଳର କେନାରେ ଦେଖ ଓହଳିଛି ପେଟ୍ଟିପେଟ୍ଟି
ପଲକ ପୁଲକର ସତ୍ୟ ସନ୍ଧାନର ଫଳ
ଓହଳପରି ଶବ୍ଦର ବିଶ୍ୱାସ ଛୁଇଁଛି ମାଟି, ମହକୁଛି ଅକାଟ୍ୟ ବଚନ
ଇଏତ ସାଧ୍ୟ ସାଧନା ମଞ୍ଜିର ଗୁଣ, ଖୁବ୍ ଟାଣ।

ଆଜିଯାଏ ଜିଣି ପାରିନି କୀଟ, କୂଟ, ଧେଟଙ୍କ ଦାଉ ଭାଉ ହମହମ ଗଉଁ
ଜ୍ଞାନୀଏ ବି ଜାଣି ପାରିଲେନି ମୂଳ, ଚେର, ଡାଳ, ଅଗ
ଆମେ ଦଣ୍ଡିକିରି ନିମିତ୍ତ ମାତ୍ର! କେମିତି ଜାଣିବା ଓଲଟ ବୃକ୍ଷର ଖେଳ
ଉପରେ ପହଁରିବା ଛଡ଼ା ଆମେ କି ଛୁଇଁପାରୁ ଅତଳ ବିତଳ
ମୁଣ୍ଡଟି ଅଛି ସିନା ଭିତରେ ଥିଲେ ତ ଜ୍ଞାନଘର, କିଛି ବୁଝିଲ ପୀତାମ୍ବର!

ଆମ ଭିତରେ କଥା ନ ଛିଡ଼ିବା ଯାଏ ଭୁଲ୍ ଠିକ୍ ଧରୁନି ପଣ୍ଡିତ ପ୍ରବର
ଏବେ ପୋଥି ଖୋଲ କ'ଣ କିଛି ଘଟିବାର ଅଛି କହିବ ତ!

ଜାଣେ, ସବୁଥର ପରି ଏଥର କହିବ କୃଷ୍ଣପକ୍ଷ ଦ୍ୱାଦଶ ଦିବସ
ପଞ୍ଚମରେ କେତୁ ସହ ଯୋଟ
ଅଢ଼େଇ ପହରକୁ ଘାତବାର, ଜାଣ ପଡ଼ିଲା ବିପାତ
ପୁଣି ଦୋହରାଇବ ପଦ ଦକ୍ଷିଣେ ଗାଜିବ ଉତ୍ତରେ ସାଜିବ, ମେରୁ ମେରି
ମରତ ଟଳମଳ ହେବ, ଯୋଗିନୀ ଘେନିବ ମୋହିନୀ ବେଶ

ପଛେ ପଛେ ମାଗୁଥିବ ଯୋଗୀ ପାଦକୁ ଶରଣ
ଭୋଗୀ ମାଗୁଥିବ ଅଭୋଗ ଯୋନୀରୁ କ୍ଷଣିଏ ସଂଭୋଗ
ଏଇଠି ଅଟକି କହୁଥିବି ଥାଉ, ଥୟଧର ପଣ୍ଡିତ ଶ୍ରେଷ୍ଠ
ଏଇଠୁ ଦଉଡ଼ିକି ସାପ ମଣି ଧରିଥା' ପଦାବଳୀ ଭାବ ଭବିଷ୍ୟତ
ଜାଣୁଥା, ପୋଥିରେ ଭଣିଛି ଯାହା ଜଗନ୍ନାଥ ଅଂଶରୁ ଅଚ୍ୟୁତ।

ଆଉ କ'ଣ ଅଧିକ ଜାଣିବ! ଜାଣିତ ସାରିଛ ମଂଜିପୋତି ପାଳିନାଳି
ବଢ଼ାଇଥିବା ଗଛରୁ ବାଡ଼ ଖାଏ କ୍ଷେତପରି ଫଳଭୁଞ୍ଜି ଆଗ
ସରସ୍ୱତୀ ବ୍ରହ୍ମାଙ୍କ ପ୍ରସଙ୍ଗ ଉଠାଇ ଟାଳିଛ ପାପର ଘଟଣା ପାମର ବାପ
ଦେଖିତ ସାରିଛ, ଖାତ ଖମା ଖତଗଦା ସାରା କି ସୁନ୍ଦର ଲାଲ୍‌ପଦ୍ମ
ତୋଳିଲା ବେଳକୁ ଲାଲ ଟୁକ୍‌ଟୁକ୍ କନ୍ୟାଭୃଣ
ଶୁଣିତ ସାରିଛ, ମଞ୍ଚରେ ଫୁଟି ଫୁଟାଣିରେ ଭର୍ତ୍ତି ଦାତାପଣ
ମଣିଷ ଚାଲାଣରେ ଧରାପଡ଼ି ରାସ୍ତାରେ ଗଡୁଛି ମାଦଳସମ
ପଣ୍ଡିତେ! ଯେତେ ଘାଣ୍ଟିବ ଘାଣ୍ଟ ଆବର୍ଜନା, ଭଣଭଣ ଗନ୍ଧ ଛଡ଼ା
ମିଳିବ କି ଜୁଇ ଜାଇ ମଲ୍ଲୀବାସ
କହୁନା, ଆଉକିଛି ଅଛପା ଅଛି କି କିଏ ହାର କିଏ ହତିଆର
କିଏ ଦାରୀ କିଏ ମୁରାରୀ, କିଏ ଅତର କିଏ ଆଇଁଷ
ଜଗତୀକରଣର ଜୁଆଖେଳ ଜଣେଇ ସାରିଛି କଞ୍ଚା ଲଙ୍କାପରି ଦୁନିଆଁ କଅଣ!

ଏମିତି ଏକ ଦୁନିଆଁରେ ଆମେ କିଛି ନିତିନିତି ଖସିପଡୁ ଭାଗ୍ୟର ଗଛରୁ
ଲୁହ ଆଉ କୋହର ବଉଳ, କରୁଣ କାକୁସ୍ଥ କଢ
ଦୁଃଖର ମହାନଦୀ ଖର, ଭୋକର ନିଆଁରଢ଼, ପାଗଳ ପବନ
ରଖେଇ ଦେଉନି ଅର୍କ୍ଷିତ ଆୟୁଷରେ ଇହକାଳ
କହିବ ତ, କାଲିକି କମିବ କି ତେଲ ଲୁଣ ଚାଉଳର ଚଢ଼ାଦର
ନାଲିଫିତା ଫାଇଲ୍‌ର ଗୁହାଳରୁ ଫିଟି ଆସିବ କି ଦାରିଦ୍ର୍ୟ ଦୂରୀକରଣ
ଯୋଜନାର ଜର୍ଶିଗାଈ ପଲ
ଗଦି ଗାଦି ଗାନ୍ଧିବାଦର ବ୍ୟାଧ କବଳରୁ ପାଇବୁକି ମୁକ୍ତି ଛାର୍ ମୃଗଦଳ।

ନ' କଣା ଡେଇଁ କରିପାରିବୁ କି ଦିଅଁ ଦର୍ଶନ ଆମେଯେତେ ପୂଜାପାଠ
ଶାସ୍ତ୍ରରେ ନାହୁଁ ତମ ପାଣ ରଘୁ ମେହେନ୍ତର
ପୋତାହେବା ବଦଳରେ ମାରା ଯେତେ ଷାଠି ଏପଉଟି ହେବ କି
ଭୀଷଣ ଭୋକ ପାଇଁ ଭାତ
ଫେରିପାଇବୁ କି କିଡୀନ୍, କଲିଜା, ଘରଝିଅ, ବିକ୍ରିଶିଶୁ, କ୍ଷେତଖଳା
ବିଲବାଡ଼ି, ଗାଁ ଗଣ୍ଡା, ହାତକୁ ପାପୁଲି
ଚଉକିର ଚାଲାକରୁ ଧର୍ମର ଧମକରୁ ମିଳିବ କି ତ୍ରାହି, ପଢ଼ିବ ତ !
କେମିତି ଭଣିଛି ଆମ ଭବିଷ୍ୟତ ନେମାଳ ମଠରୁ ଅଚ୍ୟୁତ ।

ଥାଉ, ପୋଥି ରଖ ପଣ୍ଡିତେ ! ଭୟ ଭଉଁରୀ ଭ୍ରମରେପଡ଼ି ବରି ସାରିଲୁଣି
ବିପଦ ପରେ ବିପଦ
ବିରାଡ଼ି କି ବାଘଭାବି ଭରିଲୁଣି ଛାତି ତଳେ ଥାକଥାକ ଡର
ନଉକା ନାୟିକା ହେବା ଆଶଙ୍କାରେ ଧୋଇଲୁଣି ଢେର୍‌ଢେର୍ ପାଦ
ତେଣୁ ପଚାରି ପାରିଲୁନି ପୃଥ୍ୱୀକି ପ୍ରଥମେ ଆସିଛି ଠାକୁର ନା କୁକୁର
ଗଢ଼ା ହୋଇଛି ଆଗ ଘର ନା ଦେଉଳ
କହି ପାରିଲୁନି ସତକୁ ସତ ମିଛକୁ ମିଛ
ତେଣୁ ଲମ୍ପଟକୁ ରାତି ଭଲ, ଭଲ ପୁଣି ବିଟପୀକୁ ସ୍ୱାମୀର ମରଣପରି
ମାଲିକ, ମାମଲତକାର୍, ମତଲବୀ, ମଧ୍ୟସ୍ଥିଙ୍କ ସୁହାଇଛି
ଆମରି ମୁହଁର ମଉନ ବେଶ ।

ଆଉ ନୁହେଁ, ଏବେ ପରିଧିରୁ ପାରିଧିକି ଯିବାରବେଳ ଫିଟି ସାରିଛି ବାଟ
ଆମେ ଆମ ରକ୍ତରେ ଲେଖିବୁ ଲୋହିତ ଗୀତ, ମା' ରାଣ, ନିଜ ମରଣ
ତମେ ତମର ଯେତେ ନେଉଛ ନିଅ ନିଶ୍ୱାସରେ ମାଳିକା ମହକ
ବରୁଛ ବର କଲ୍‌କୀ ଅବତାର
ଯୋଗିନୀ, ମୋହିନୀଠି ଲଗାଇଦିଅ ବଳି, ବଉଳପାଟ, ଆମକୁ ଛାଡ଼ ।

■

ନିଜକୁ ଗାଈ ମନେକରି

ଗାୟମୋଟ ତିନିଜଣ, ମାନିଲେ ନାହିଁ କାନମୁଣ୍ଡ ହଲେଇବାର
କରୁଣ ସଂକେତ, ନାଇଁ ନାଇଁର ନିରବ ବାରଣ ।

କେହି ଦେଖିଲେ ବେକମୂଳ, ତଳିପେଟ, ଆଉ କେହି ପହ୍ଲା, ପଦ୍ମଦ୍ୱାର
କେହି ଆୟୁଷର ଅନ୍ଦାଜ କରି କେତେ ବିହାଣର ଗାଈ ଇଏ
ପରଖିଲେ ଚେର, ଚଅଁର, ଚମର ଚେହେରା
କ'ଣ ଜାଣିଲେ କେଜାଣି ଛିଡ଼ିଲା ମୂଳଚାଲ, ବାପା ଗଣିଲେ ଟଙ୍କା
ବିକ୍ରି ହେଲା ବଉଳା ।

ଶାଳ ପିଆଶାଳ ଗଛର ଗରପରି ଟ୍ରକ ଡାଲାରେ ଲଦା ହେଲାଣି ମା'
ସକାଳ ପହରୁ ଯେଉଁ ମୁହଁ ଦିଶୁଥିଲା ଫୁଟି ଆସୁଥିବା ପିଜୁଳି କଢ଼
ସେହି ମୁହଁ ଦିଶିଲାଣି ଲିଭିଲା ସଂଜଦୀପ, କଳାଖେଣ୍ଟା ଅଙ୍ଗାର ବେଶ
ଆଗରୁ ମୁନିବ ଖୋଇ ଦେଉଥିଲେ ଘାସ, ଦୁହୁଁ ଥିଲେ ଦୁଧ
ମା' ତ ହସୁଥାଏ କିରିକିରି
ଆଜି କଥା କ'ଣ କି ! ବୁଝି ପାରୁନି ବର୍ଷକର ମାଈ ବାଛୁରୀ ।

ଏଣିକି କୁଆଡ଼େ ଯିବ କେଜାଣି, ବର୍ଦ୍ଧମାନ କି ଅଗରତାଲା
ଯୁଆଡ଼େ ବି ଯାଉ ସବୁଠି ଥିବ ବିନ୍ୟାସ ବଦଳରେ
ମାଇଲ୍ ମାଇଲ୍ ବିନାଶର ଲହଲହ ନିଷ୍ଠୁର ନିଆଁର ନଈ
ନଥିବ ବିକାଶ ଥିବ ମହଣମହଣ ବିଳାସର ସୁରାର ସୁରେଇ
ସେଇଠି ଭାଗ ଆଉ ଭୋଗରେ କିଏ ଲାଗିବ କେଉଁ କାଳୁ
ତିଆରି ସରିଛି ତାଲିକା
କେବଳ ପାଳି ପଡ଼ିବାର ଅପେକ୍ଷାରେ ଥାଏ କ୍ରମିକ ନମ୍ବର

ଏଥିରୁ କ'ଣ ବର୍ତ୍ତି ପାରିବ ବଉଳା ନା ଆଉ କେହି
ପୁର୍ବ ନିର୍ଦ୍ଧାରିତ ପଂକ୍ତି ଅନୁଯାୟୀ।

ଦିନେ ସାର୍ କହିଥିଲେ ନିଜକୁ ଗାଈ ମନେକରି ଗୋଟେ ରଚନା
ଲେଖ ପିଲାଏ, କେଡ଼େ ଅସଂପୂର୍ଣ୍ଣ ଲାଗିଥିଲି ସେଦିନ
ଲାଗୁଥିଲି ଅକ୍ଷରରେ କେତେ ମୁଁ ଅର୍କ୍ଷିତ
ଆଜି ଜୀବନର ମହାବିଦ୍ୟାଳୟରେ ଯେତେଯେତେ ନିଜକୁ ପଢୁଛି
ସେତେସେତେ ନିଜ ଭିତରେ ଘନଉଛି କେଉଁ ଏକ ଆଷାଢ଼ର
ଭାରି ମେଘରାତି
ତା' ଭିତରୁ କେମିତି କେଜାଣି ଉଠି ଆସୁଛି ଓଦା ଉଦାସ
ଗୋଟେ ଅକପଟ କାଳି ଗାଈର ଆତ୍ମ କାହାଣୀ
ଘାରୁଥାଏ ଘେରୁଥାଏ ସଘନରେ ସାରାରାତି, ନିଜେ ଘେନୁଥାଏ
ଯେପରି ଏକ ଗାଈର ଆକୃତି।

ମୋ ଭିତରେ ଛାଏଁ ଯାଉଥାଏ ଜଳି ବୟସର ଚନ୍ଦନ ଗଛ
ଲାଗୁଥାଏ, ଗଲା କାଲିଯାଏ ଜୀଇଁ ଆସିବା ନିଜ ପାଇଁ କେଡ଼େ ମିଛ।

ଏତେବେଳେ ଘୋଟି ଆସୁଥାଏ ମେଘ ଆଉ ମାଘମାସ ପରି
କୁହୁଡ଼ି କାକର କୋହଲା ପାଗ
ଓଦାହୋଇ ଯାଉଥାଏ ଯଉବନର ରଙ୍ଗ ମେଲଣ
ମନ ମରମର ଚେର ଧରିଥିବା ନୂଆ ନୂଆ କଳ୍ପନା ଗଛରୁ
ଖସି ପଡୁଥାଏ କେତେକେତେ ଖୁସିର ଆମ୍ବ ବଉଳ
ମନେ ହେଉଥାଏ କେଉଁ କାଳରୁ ଖୁଣ୍ଟରେ ବନ୍ଧା ହୋଇଛି
ଏପରି ଜନ୍ମ ଯୋଗର ନାରୀପଣ ଯେମିତି ଗୋଟେ ଡଉଲ ଡାଉଲ
ଚମ୍ପା ରଂଗର ଗାଈ
ଚଉପାଖରେ ଘେରିଛନ୍ତି ବ୍ୟଙ୍ଗ ବିଦ୍ରୂପର ବେଲେଜ୍ୟା କଂସେଇ।

ଜଣ ଜଣ କରି ଯେମିତି ମାପି ନେଉଥିଲେ କେଶବତୀ କନ୍ୟାର
କେତେ ହାତ କେଶ, କେତେ କମନୀୟ କୁଆଁରୀ ବେଶ

ପଦ୍ମପାଦ, ସିଂହକଟୀ, ସ୍ନିଗ୍ଧ ଓଠ, ବକ୍ଷଭାଗ
ବଂଶ ବିସ୍ତାର ପାଇଁ ଉର୍ବରତା, ନଈ ଆଉ ନିଆଁରେ ନଇଁ ପଡ଼ିବାର ଦକ୍ଷତା
ସେମାନଙ୍କ ଚାତୁରୀ, ବାହାଦୂରୀ ଜଣେଇ ଦେଉଥିଲା ଯେପରି
ଭଦ୍ରା ! ଶାସ୍ତ୍ର, ସଂହିତା କହିଛି ଏ ପରମ୍ପରା
ପାଟି ଖୋଲିଲେ ଚିତ୍ରିଣୀ, ହସ୍ତିନୀ, ମୂଢ଼ା, ମୁଖରା
ଜନ୍ମ ଜାତକରେ ଏ ନାରୀ ନିଆରା, ଆଚରଣରେ ଶୂଦ୍ରା ।

ଏତେବେଳେ ମନେ ପଡୁଥିଲା ବିକ୍ରି ହୋଇ ଯାଇଥିବା ବଉଳା
ଧୀରେ ଧୀରେ ପାଲଟି ଯାଉଥିଲି ନିଜେ ଗୋଟେ ଗାଈ
ବଉଳା ଆଉ ମୋ ଭିତରେ ଫରକ କ'ଣ ଶ୍ୟାମଳୀ, କହ ତ !
ଏବେ ନିଜକୁ ଗାଈ ମନେକରି ଲେଖି ପାରିବି ରଚନା
ଅନୁଭବର କଥା ଇଏ
ଗାଈ ପରି ନହେଲେ କିଏ କାହିଁକି ଲେଖିବ କାଲି ଗାଈର ଆତ୍ମ କାହାଣୀ ।

ଆଉ ଗାଈ ନୁହେଁ । ନିଜକୁ ଅହଲ୍ୟା, ସୀତା, ଦୌପଦୀ, ବୃନ୍ଦା ମନେକରି
ଗୋଟେ ରକ୍ତର ରଚନା ଲେଖିବାକୁ ହେବ; ପଶାଖେଳରେ ବାଜି ଲଗାଇବାର
ଅଧିକାର କେଉଁଠୁ ପାଇଲେ ପଞ୍ଚପୁରୁଷ ! ସ୍ୱାମୀଙ୍କ ବେଶ ଘେନି
ପ୍ରାତଃ କାଳରେ ମାୟାରେ ମତ୍ତହେବା ପରପତ୍ନୀ ସହ, ଇଏ କି ଅକଲ !
ଦିନରେ କୁହୁଡ଼ି ଘୋଟାଇ ନାବାଳିକା ସହ ମିଥୁନ ରଚିବା କେଉଁ ଶାସ୍ତ୍ର ମତ !
ସତୀତ୍ୱ କେଉଁ ନଈର ଗୀତ, କେଉଁ ନିଆଁର ନିଭୃତ
ଯେଉଁଠି ପରୀକ୍ଷା ଦେବାକୁ ପଡ଼େ ବାରମ୍ବାର, ଧେତ୍ ଧିକ୍କାର ।

ଏସବୁ ଅକ୍ଷର ଅନାବାଦିରେ ସୁବିଧାବାଦୀଙ୍କ ବାରବାଟୀ ଚାଷ
ସାହିତ୍ୟ, ସଂସ୍କୃତି, ଶାସନରେ କେଉଁ ଯୁଗରୁ
ତିଆରିସରିଛି ଗୋଟେ ଗଳାବାଟ, ଭିତରେ ସାଧୁଙ୍କ ଅପେକ୍ଷା ସୈତାନ ଅଧିକ
ସେଇ ବଳ ଆଉ କଳରେ ଏତେ ବାହାନା ଏତେ ଆଦେଶ
ଆଦେଶ ପଛରେ ଏଣିକି ଦେଖିଲୁଣି, ଯେମିତି ବୁଢ଼ାବାଘର ଉଦ୍ଦେଶ୍ୟ
ସେମିତି ଦିଶୁଛି ମନ୍ଦ ଅଭିଳାଷ ।

ଏତେ ବାହାନା କରି କେତେ ହଜାର ବର୍ଷ ହେବ ଏମିତି ଚୁମିବା, ଚିମୁଟିବା
ଚିଆଁଦେବା ବହୁତ ହେଲାଣି, ଭୋଗ ଭାଗରେ ଖୁବ୍ ଲାଗିଲୁଣି
ଏଥର ଉଠ ଯିବା
ତେଣେ ମଧୁଶାଳାରୁ ପକ୍ଷ ମେଲିଲାଣି ମୋକ୍ଷିକା
ମହମ ଗୃହରୁ ଅଗ୍ନିକା, ନାଗରୀକା
ଓଢ଼ଣୀର ଅନ୍ଧାର ଆଡ଼େଇ ବଧୂ, ବୁର୍ଖାର ବେଖାପ ଭିତରୁ ନଜ୍‌ମା, ସାରିକା
ଜାତି ବର୍ଣ୍ଣ ଗୋତ୍ର ଗୋଠରୁ ଫିଟି ଆସିଲାଣି ଅନ୍ୟା, ଅନାମିକା, ଆଧୁନିକା ।

ଉଠଯିବା, ସେମାନଙ୍କପରି ମୋର ମଧ୍ୟ ବେଳ ହୋଇଗଲାଣି, ଚୋରା ଚାହାଣିରୁ
ମୁଁ ଫିଟି ପଡ଼ିବି ଚିଆଁ, ଚମକ, ଚମତ୍‌କାରପରି ଚେତନାରୁ ଚରିତ୍ର ଏକ୍ଷଣି
ଜଣେ ଚତୁରିକା, ଏଥର ଉଠ ଯିବା ।

■

ଭାଙ୍ଗି ପଡ଼ୁଛ କି ଚକ୍ରଧର !

ଏ ସନ ବି ପାଣିରେ ଗଲା ଖତସାର, ହାତଉଧାର, ମନଖୁସିର ପଦେଅଧେ ଗୀତ
ଗଲା, ଏକା ରାହାରେ ପିଲା ପିଲିଙ୍କର ହସ କେରାକ
ଆମ ଛୋଟ ମୋଟର ରଙ୍କପଣ ବର୍ଷକ ଆହାର
ହଇହୋ ଚକ୍ରଧର, କିଏ ଅଟକାଇବ କହୁନ !
ଖାଲି ପାଗଯୋଗ ପାଳକ ସୁହାଇଲେ ତ ହେବନି, ଯଦି ମଞ୍ଜିଟା ମୂଳରୁ
ଅକର୍ମା ଅଟାଣ, କେମିତି ଫୁଟିବ କପା ଗଛରେ ଫୁଲ
ଯଦି ରୁଆ ବେଉଷଣ ଆଗରୁ କଥା ଛିଡ଼ିଥିବ ମଣ୍ଡି ମାଲିକ ସ'
କେମିତି ବଢ଼ିବ ଧାନଦର, ଏବେ ଅସଲ କଥା କେଉଁଠି ଜାଣିଲ ତ !

ଦିନେ ପିଆଜଦର ବଢ଼ିଗଲା ବୋଲି ଭାଙ୍ଗିଗଲା ସର୍କାର, ଏବେ କାହିଁ ସେ ବେଳ
ନା କାହାର ବେଳଅଛି ପଢ଼ିବାକୁ ଛାତି ତଳର ଓଦାଓଦା ଫେରାଦ
କ'ଣ ନା ଛୁଟିରେ ଅଛି କୃଷି ଅଫିସର ବ୍ୟସ୍ତ ଅଛନ୍ତି ଜିଲ୍ଲାପାଳ
ଆମର ତ ଛୋଟ ମୁଣ୍ଡ କେତେ ଆଉ ସମାଳିବ
କାଢ଼ିଆ କରଜରେ ବୁଡ଼ିଛି କଳିଜା ଘର, ଝାଇଁ ମାରୁଛି କପାଳ
ଡେଇଁବ ଡେଇଁବ ବୋଲି ରକ୍ତରାଣ ଆଗପଛ ହେଉଛି ବାଇଆ ବାତୁଳାମନ
ରକ୍ତ ମାଂସ ହାଡ଼ର ଛଳଛଳ ବଖରା ଭିତରୁ ବିବେକ ବୁକୁ ଯେତେ କହିଲେବି
ଥୟ ଧ', ହେଲାନି ବୋଲିତ ମଗଜର ମଉଡ଼ରୁ ଖସି ପଡ଼ିଲା ଧୈର୍ଯ୍ୟ
ଚାହୁଁ ଚାହୁଁ ଆମ ଭିତରୁ ଚାଲିଗଲେ ଗଙ୍ଗାରାମ, ଡମ ମେହର ।

ଭାବୁଛ କି ଡରିଗଲେ, ନାହିଁ ହୋ ଚକ୍ରଧର ! ଆମପାଇଁ ଅଛି ବହୁବହୁ
ବ୍ୟାଧ ରଚିତ ଜାଲ ବିଛେଇବାର ଜଟିଳ ସୂତ୍ର, କରାମତ
କେବେ ଅଭାବି ଧାନ ବିକ୍ରି ତ କେବେ ନକଲି ଔଷଧ, ପଲିପ୍ୟାକ୍ ମଦ

କେବେ ଥିବଥିବ ବଢୁଥିବ ତେଲ ଲୁଣ ଚାଉଳର ଦରଦାମ
ଅଦିନ ମେଘପରି ଦୁମ୍‌ଦୁମ୍ ବର୍ଷି ଯାଉଥିବ ସୁଧସୁଧ କହି
ମହାଜନର ଯୋର ଜୁଲମ୍, କହୁନ ଏଥିରେ ବଞ୍ଚି ହେବ ତ !

ରାତିରେ ଫୁଟି ସକାଳକୁ ଝଡ଼ି ପଡୁଥିବା ଫୁଲପରି ଆମ ଅବେଳା ମରଣ
ଯାଇତାହି ନୁହେଁ ମ, କିଛି ନା କିଛି ଗୋଟେ ଘଟିବ ମୃତ୍ୟୁର ପରଦିନ
ରତି ରତ କୁକୁରଙ୍କୁ ପିଲାଏ ଫିଙ୍ଗୁଥିବା ଟେଳାପରି ଖୁଚୁରା ପଇସାର
ପ୍ରତିବାଦରେ ଭରିଯାଇଥିବ ବିଧାନଗୃହ ମୁଖିଆଙ୍କ ଟେବୁଲ ଅରାକ
ବସିବ କମିଶନ, କପା କିଆରି ଧାନ ବିଲ ଆଡ଼େ ଘଡ଼ିକେ ଘୋଡ଼ା ଛୁଟୁଥିବ
ସାକ୍ଷୀ ସମନ ନିଲମ୍ବନର ଚାଲିଥିବ ଗୋଟେ ମଧୁର ମିଛର କପଟ ଖେଳ
ଆହୁରି ଆହୁରି ଜମୁଥିବ ଭୁବନେଶ୍ୱର।

କହିବ ତ, ଏ ସଭାଫବା ଧାଁ ଧଉଡ଼ରୁ କ'ଣ କିଛି ବୁଝୁଛ ! କଅଣ ନା
ତାଙ୍କୁ ଫୋପାଡ଼ ଘିନାକର ଆମକୁ ଘେନ କୋଳଦିଅ
କି ଭରସା ହୋ, ଉଭୟ ତ କୁମ୍ଭୀର ମାଙ୍କଡ଼
ଜଣେ ଖାଉଥିଲେ ସାରା ଜାମ୍ବୁଗଛର କୋଳିପରି ଯୋଜନାର ଫୁଲକଢ଼
ଆର ଜଣକ ଖାଉଥାଏ ନଈଯାକର ମାଛପରି ଦେଶ ଜାତି ପ୍ରଗତିର ନାଭିନାଡ଼
ଶଳେଙ୍କର କେଉଁଟା ବିଷ ବିଶ୍ୱାସ କେଉଁଟା ହସ କେଉଁଟା ଦୋଷ
ଆଉ କିଛି ଅଣା ଅଛି କି ଚକ୍ରଧର !

ଆସ ଯିବା ତ, ଅଇଲାବେଳେ ଶାଗଭଜାପରି ସକାଳର ଖରା ଆଶା ଅନିଶାର
ନେଉଟ ବେଳକୁ ପାଣି ପେଜପରି ମୁହଁସଞ୍ଜ ଅଯୋଗର
ଘର ଧରିଥିବା କି ନାହିଁ ଘମାଘୋଟ ଅନ୍ଧାର ଜଞ୍ଜାଳର, ଏ ନୂଆ ନୁହେଁ ମ !
ଏହାର ଦୁଃଖ ସୁଖ ଭଣି ଲାଭ କଅଣ
ଛାଡ଼ ଭାଇ, ଆପେ ବଞ୍ଚିଲେ ବାପର ନାଁ ଆମର ଗାଁ ଗୋତ୍ର ଅମାନତ
ରହିଲା ଜାଣ, ରହିବ କି ନାହିଁ କିଏ ଜାଣେ
ଘର ଧରିବା ଆଗରୁ ହୁଏତ କେହି ବାଟସାରା ଆଙ୍କି ଦେଇଥିବ
ଅବିକଳ ଆମ ପାଦଚିହ୍ନ, ଦେଇ ସାରିଥିବ ଭୋକ ଖଣ୍ଡିକ
ହଡପ ହୋଇସାରିଥିବ ଛେଳି କୁକୁଡ଼ା ଗାଈ ଋଣ ଇନ୍ଦିରା ଆବାସ

ବିକ୍ରି ହୋଇଯାଇଥିବ ଖଳା ବାଡ଼ି କ୍ଷେତ ଅରାକ, ଝିଅ ହୋଇଥିବ ଅପହରଣ
ମୁଣ୍ଡ ଜାମିନିରେ ଥିବ ଝାବଡ଼ଙ୍କ ନଜରରେ ଆମ ହସ କାନ୍ଦର ଦିନଗୁଡ଼ିକ
ଭାଇ ମଲାରେ ମଣିଷ, ପାଦେପାଦେ ବିପଦ।

ଜାଣିଛ ତ, ରତନ ଦା' ଛାଡ଼ି ଦେଇଛି ଗୁଜୁରାଟ, ସନା ଫେରିବନି ଆସାମ
ସ୍ଥାନୀୟ ଦେଶପ୍ରେମୀ ତଡ଼ିଦେଲେ ତମ ପାଣି ପବନ ମାଟିକି ଯା'
ପାହାଡ଼ ଝରଣା ବଣ ଜଙ୍ଗଲ ବିଲବାଡ଼ି ବିକୁଛି ସର୍କାର
ବିକ୍ରି ପଇସାରେ ଅୟସ କର ମେଢ଼ ମଣ୍ଡପପରି ଜମେଇ ଦିଅ ଜୀବନ
ଏଠୁ ହଟ, ଆମ ପାଣି ପବନ ଆମକୁ ନିଅଣ୍ଟ।

ଏବେ କୁଆଡ଼େ ଯିବା ହୋ ଚକ୍ରଧର! ଏଣେ ଅଗଣାସାରା ପଡ଼ିଛି ଠା' ଠା'
ଜୀବନ ଯାପନର ବର୍ବାଦ ପକ୍ଷୀବସା, ହାରାମୀଙ୍କ କପଟପଶା
ମଥା ଉପରୁ ଋଣଭାର, ଭେବଳା ଦୁଃଖ, ଆଖି ହଳକରୁ ଅମଡ଼ା ବାଟ
ମାରକ ଦଶା କେହିହେଲେ ନିଅ
ନାଇଁ ନାଇଁ, ସ୍ତ୍ରୀ କହୁଥାଏ ଅଯୋଗ୍ୟ ପିଲାଏ କହିଲେଣି ଜନମ ଦେବା
ସଉକ କି ଫେସନ ନୁହଁ, ନିଜ ବୋଝ ନିଜେ ସମ୍ଭାଳ
ତମେ ଅଛ ତ ଆମେ କିଆଁ ଯିବୁ ନିଆଁ ନଈ ନରକ, ଜାଣିଲତ
ଲୁଣ ଠାରୁ ବଳେଇ ଗଲାଣି ଏମାନଙ୍କ ଗାରିମା ଗଉଁ ହାରାମୀ ଗୁଣ
ଅଥଚ ବିନା ଦୋଷରେ ଭୋଗୁଛି ବିଷାଦଯୋଗ ବିଚରା ପିତୃପ୍ରାଣ।

କିହୋ, ଭାଙ୍ଗିପଡୁଛ କି ଚକ୍ରଧର! ସେମିତି କିଛି ବଡ଼ ଧରଣର କ୍ଷୟକ୍ଷତି
ହୋଇନି ମ, ଏମିତି କେହି କ'ଣ ହଜେଇ ଦେଇନି ଖୋସଣିରୁ ଟଙ୍କା କେଇଟା
ଖୋସାରୁ ମୁଣ୍ଡକଣ୍ଟା, ଜାନି ଜାତରାରେ କାହାର ହଜିନି କ'ଣ କାନଫୁଲ
ତୁଠରେ କେହି କ'ଣ ଛାଡ଼ି ଆସିନି ମୁଦି କି ପାଉଁଜ
ହେଇହେଇ ଆମର ସେମିତି ହଜିଯାଇଛି ଜୀବନରୁ ଅଯଥାରେ ଅଧେ ଆୟୁଷ
ଅଛି ତ ଆଉ ଅଧକ, ଦେଖାଯିବ ଭଲେଭଲେ ବିତୁଛିକି ନାହିଁ ବଳକା ଦିନ
ମିଳୁଛି କି ନାହିଁ ଆପଣା ହକ୍, ଦେଖାଯିବ।

■

ଗୋଟେ ଗାଆଁର ଦୃଶ୍ୟ

ୟା' ଭିତରେ ଶ୍ରାବଣ ଯାଇ ଭାଦ୍ରବ ହେଲାଣି, ଅଥଚ ଫୁଲ ଉଢ଼େଇବାର
ନାଁ ଧରୁନି ଧାନଗଛ।

ବିନା ପାଣିରେ ଅମଳ ହବାର ଚିନ୍ତା କେମିତି କରିବ ରଇତ !
ପାଣି ପାଇଲେ ତ ମଞ୍ଜି ଭେଦି ଶିହରି ଶିହରି ସ୍ୱର ଧରିବ
କଢ଼ର କୁଆଁରାବ
ପରେ ଜାଣି ଫିଟି ପଡ଼ିବ ଶସ ଧରିବାର ଗୋପନ ଗୀତ
ହଇଓ ପଧାନେ !
ଏତେ ଦିନର ଘରୁଆ ଲୋକ କେମିତି ଜାଣୁନା ଏତକ।

ଆଜି ବର୍ଷା ହବାର ଥିଲା ହେଲାନି, ଧୂଳି ଧୂମାଳରେ ମିଳେଇଗଲା
ଉତ୍ତର ମେଘ
କାଲିକି ହବ କି ନାହିଁ କିଏ କହିବ
କେବେ କହିଚି କି ଯକ୍ଷନାରୀ, କାଳିଦାସ, ଅଚ୍ୟୁତ
ମାଳିକା ହେଉ କି ମେଘଦୂତ ଦେଖିଲ ଆଗ, ଅବଶ୍ୟ ପଦିଏ ଅଧିଏ
କଅଣ କିଛି ଲେଖା ଥବ ତ !

ଟିକେ ଭଲକରି ଭେଦ, ଭେଳିକିରେ କି ଭଉଁରୀରେ ପଡ଼ିନା ତ !
ନାଇଁ ମ, ଏ ସନ କେଲୁଣୀ ହାତରେ ଅରହା
ବୁଢ଼ୀ ଚାହିଁବ ତ ଶିକ ଛୁଇଁବ ପାଳକ, ଘିଅ ମହୁରେ ଲୋଟିବ କପାଳ
ଦେଖାଯାଉ କ'ଣ ଫଳୁଚି ଏ ସନ, ସୁଖ ଅବିରତ ନା ଦୁଃଖ ଅପ୍ରମିତ !
ଆଗତ କଥା ଆଜି କାହିଁକି, ଏବେତ କାମ କରୁନି ପାଣିକଳ
ଗହିର ବିଲରେ ଶୁଖିଫାଟି ଗଡୁଚି କେନାଲ

ଫାଇଲ୍ ଭିତରେ କେବେଠୁ ପଡ଼ିଚି ଗାଁ ଲୋକଙ୍କ ଫେରାଦ
କୋଉ ବୁଝିଲା ସର୍କାର, ନିଶରେ ହାତମାରି ହାଲ୍ଲା କରୁଚି ହାରୁ ସରପଞ୍ଚ।

ଶଳା ଅଚଳ ଅଧୁଲିଟେ କଷୁଚି ଦର। ରହ ରହ ବାବୁ ଯାଇଛି
ପାଣି ପାଇଁ ଭୁବନେଶ୍ୱର, ପାଣି ଆସିବ ଅଲବତ୍ ଆସିବ
ୱାର୍ଡ଼ ମେମ୍ବର ରୋବାବରେ ଦୁଲୁକୁଚି ଛକ।

ଏଠି ଚଳେ ବୁଲି ସକାଳର ରକ୍ତ ଚାଉଳ ରାଗରୋଷ ସଂଜକୁ ନାଇଁ
କେବେ ଦେଖିଚ କି ପୁଲିସ୍ ଖାତା, ମିଳିବନି ଧାଡ଼ିଏ ବୈରୀଭାବ
ବରଂ ନାଲିଗାର ପରି ମହୁ ମୁହାଣର ଥିବ ଗୋଟେ ମିତ୍ରପଣ
ଦେଖୁନ, ଆଜି ଦନେଇ ବୁଢ଼ାର ଭୋଜିଭାତ-ଭୁଂଜିବାରେ ଗାଁ ଲୋକ
ପାଞ୍ଚ ଯାଇ ଛଅକୁ ପଡ଼ିଚି ପଙ୍ଗତ।

ଆଜି ନାଚ ପେଣ୍ଡଲରେ ଅଢ଼େଇ ପହରକୁ ଜମିବ ରାବଣ ବଧ
କାଲିକି ନଣ୍ଡା ଦେଉଳରେ ଠାକୁର ଘେନିବେ ମୀନବେଶ
ପରଦିନଠୁ ଆରମ୍ଭ ସପ୍ତାଏ ରାସ
ତେଣିକି ଖଳାରୁ ଉଠୁ କି ନ ଉଠୁ ଧାନ ଗଣ୍ଡାକ
ପଡ଼ିବ ଦୋଳଯାତ, ପାଞ୍ଜିପାଠ
ପରେ ପରେ ଚଇତ ପରବ, ଏତିକିରେ କୋଉ ସରେକି
ଏମିତି ଚାଲିଥିବ ଲକ୍ଷ୍ମୀପୁରାଣ, ମଙ୍ଗଳାଚରଣ, ମନବୋଧ ଚଉତିଶା
ବର୍ଷକ ବାରମାସ।

ଏତେ ମାୟାର ମହମହ ସୁଗନ୍ଧରେ କାହିଁକି ମାତୁଚ ଭାଇ!
ମାୟାତକ କାଲିକି ହବନିତ ଆଖିପାଇଁ ମହରଗ, ଶୋକର ଓହଳ
ମାୟାତ ବେଳେବେଳେ ଉଦୟ ଅବିର ଆଉ ବେଳେ ଅଙ୍ଗାର ଗାର
ଦେଖାଯାଉ, ହେଜୁଚି କି ନାଇଁ ଛାତିତଳ ଚେତୁଚି କି ନାଇଁ ମନଘର।

ଆଜି ଗାଁ ଉପରେ ଉଡୁଥିଲା ହେଲିକ୍ୟାପ୍ଟର, ଦେଖିଚତି!
ଭିତରେ କିଏ ଥିଲେ କେଜାଣି

ଉପରେ ତ ଉଡ଼ନ୍ତି କୃଷ୍ଣ, କ୍ଲିଣ୍ଟନଙ୍କ ପରି ବଡ଼ବଡ଼ ଲୋକ
ହେଲେ ହେଇଥିବ ମୁଖ୍ୟମନ୍ତ୍ରୀଙ୍କ ସହ କୋଉ କମ୍ପାନୀ ମାଲିକ
ଜାଣିଚତି, ଅବେଳାରେ ମୁଣ୍ଡ ଉପରେ ଶ୍ୱେତ ଶାଗୁଣା ଉଡ଼ିବା ଯାହା
ଉଡ଼ାଜାହାଜ ଉଡ଼ିଲେ ବି ତାହା, ବିପଦ ବିପଦ !

ଶୁଣିନା କି ଆଂଚଳିକ ସଂବାଦ, ଏଠି ବସିବ ଗୋଟେ ଇସ୍ପାତ ନିଗମ
ନିଗମତ ନୁହଁ, ଜମି ଜଳ ଜଙ୍ଗଲ ପାଇଁ
ନିଆଁ ଆଉ ନରକର ଯମ।

ଏଠି ଓଡ଼ିଶାର ଗୋଟେ ଗାଁ ଥିଲା, ବର୍ଷ କେଇଟା ଯାଇଥିବ କି ନାହିଁ
କେଉଁ ଚିହ୍ନର ପ୍ରମାଣ ଥିବ ଯେ ଜାଣିବ ପର୍ଯ୍ୟଟକ
ଚାଳଘର, ଝୋଟି ଚିତାର କାନ୍ଥ, ମଥାରେ ଅଧେ ହାତର
ଓରୁଣା ଥିଲେ ତ !

ଏଠି ଗୋଟେ ଓଡ଼ିଆ ଗାଁ ଥିଲା, କେଉଁଥିରୁ ସୂଚନା ପାଇବ ଗବେଷକ
ଖାଣ୍ଟି ଓଡ଼ିଆରେ ବାପା ବୋଉ ପଦିଏ ଡାକର ଚମକ ଥିଲେ ତ !
ଶହେବର୍ଷ ପରେ କେମିତି ବଖାଣିବ ମାଷ୍ଟ୍ରେ, ସମୁଦ୍ର ସନ୍ନିକଟ
ଗୋଟେ ବିଲୁପ୍ତ ଗାଁର ଦୃଶ୍ୟ ପିଲାଏ ଡ୍ରଇଁ ଖାତାରେ ଆଙ୍କି ପାରିବେ ତ !

■

ଜୋତା

ତମ ଭାଗ୍ୟ ସହିତ ମେଳ ଖାଉଚି ମୋ କର୍ମକଷଣ, ଥରହର ବଂଚିବାପଣ
ତମଠି ଯେତେ ଆଘାତ ଅପମାନ, ମୋ'ଠି ଦେଖୁନ
ଭର୍ତ୍ତିଭର୍ତ୍ତି ଛାତି ଭିତର ଭାରିଭାରି କପାଳ, ନିଇତି ନହୁନାଳ ମରଣପାଖ।

ଆମ ଦିହିଁଙ୍କ ଦୁଃଖର ରଙ୍ଗ ବାଇଗଣୀ, ଘନନୀଳ ନା କିଟିମିଟି କଳା
ଅନ୍ଧାର, କଅଣ ହେବ କହିଲ!

ତମପରି ଆମ ଜନ୍ମ ଜାତକରେ ବାଜିଚି ଇସ୍ ଅସହ୍ୟ, ଅସ୍ପୃଶ୍ୟ ମୋହର
ପଚାରି ପାରିବିନାହିଁ ପ୍ରଶ୍ନ ଆଶା କରିବି ନାହିଁ କର୍ମଫଳ
ଦରବାର, ଦପ୍ତର ଦୁଆରେ କେବଳ ଯୋଡୁଥିବି ହାତ ନୋଉଁଥିବି ମୁଣ୍ଡ ଚିରକାଳ।

ଅକ୍ଷର ଅନାବାଦୀ ଉପରେ ଥାପି ଦେଇଚି ଜବର ଦଖଲର ବୁଦ୍ଧିଖେଳ
ଭିଆଇଚି ମାହଲ ମାହଲ ଭୟ, ଭ୍ରମ, ମାୟାମନ୍ଦ, ମତଲବ
ଭାଗ୍ୟ ଭାଗବତ ଭିତରେ ପୋତି ଦେଇଚି କପଟର ବିଜୟ ବୀଜ, ଅଧ୍ୟାଦେଶ
କହିଚି, ପାଦରୁ ଜାତ ମଳି ମହଳ ମଣିଷ ମଳ ମଇଳାରୁ ପୂଣ୍ୟଅର୍ଜ
ଧର୍ମର କୁହୁଡ଼ି ଭିତରେ ସ୍ୱର୍ଗଖୋଜ, ଦଉଡ଼ ଦଉଡ଼
ନିଜ ରକ୍ତ ରେତର ପିଢ଼ିପିଢ଼ି ପାଇଁ ଶବ୍ଦରେ ସଜେଇଚି ସୁଖ, ସୁଖ୍ୟାତି
ଅଚଳାଚଳ ସମ୍ପତି, ସୌଭାଗ୍ୟ ଅମଳର ସୂତ୍ରତକ କେହି ଧୂର୍ତ୍ତ।

ଏବେ ଜାଣିଲ ତ, ଡାଳରେ ଫୁଲ ଫୁଟାଇ କେମିତି ଖଞ୍ଜି ଦିଆଯାଇଚି
ଅପ କଉଶଳର କଣ୍ଟାତକ
ସାରା ବଗିଚା ତ ମାଲିକର, ମାମୁଲି ମାଳିର ପୀଡ଼ାଭୋଗ ଛଡ଼ା କି ଲାଭ କହୁନ!

ଆମର ଆଉ କି ପରିଚୟ, କୋଉ ଗାଈର ଗୋବର ଏଇଅଛି ଏଇ ନାହିଁର
ନଡ଼ନଡ଼ ଶୁଖା ଖଡ ଅଥୟ ଜୀବନ
କେହି କେହିଲେଣି ଆମେ ଗାଁ ତଳ ଗୋଚର ନୋହିଲେ ଲୁଣାନଈ ବନ୍ଧ
ଏଠି କେହି ଛିଡ଼ାଛିଡ଼ା ପରିସ୍ରା କରେ ତ ଗାଇପାରେ ଦୋ' ଅକ୍ଷରୀ ଧଣ୍ଡିଗୀତ
ମନ ଫୁର୍ତ୍ତି ପାଇଁ ଶୋଇପାରେ ଘଡ଼ିଏ ପହଡ଼, କହିପାରେ -
କାହିଁକି ଛୁଇଁଲା ଛିଣ୍ଡାଳୀର ଦେହଛାଇ ମନ୍ଦିର, ମନ୍ଦାର, ବହିପାଠ
ନାହିରେ ଢାଳିଦିଅ ତତଲା ତେଲ ପିଳେହିରେ ନିଆଁଚେଙ୍କ
ବର୍ଷା ହେଉନି ତ, ଠିଆ ଲଙ୍ଗଳା କରି ମରୁଡ଼ି ମଡ଼କ ଅଞ୍ଚଳରେ
ଲଗେଇଦିଅ ସ୍ତନଭୋଗ। ଏତେ ନିର୍ଯ୍ୟାତନାର ଗହୀର ଦାଗ ଭିତରୁ
ତଥାପି କାଉ ପରି ଖୋଜିହେଉ ସକାଳ ଆଲୁଅ, ଆହାପଦ।

ଦିନେଦିନେ ଆଞ୍ଜୁଳାରେ ପହଞ୍ଚିଯାଏ କଷିମେଘ, ଛାତିସାରା ପଦେଅଧେ
ଗୀତଗାଏ ଶିରିଶିରି ଦକ୍ଷିଣା ପବନ
ଦିନେଦିନେ ମୁଣ୍ଡ ମୁଚୁଳାରେ ମହକୁଥାଏ ଆମ୍ବ ବଉଳବାସ
ନୟନରେ ନହକୁ ଥାଏ ସ୍ୱପ୍ନକଢ଼, ନାକ ପୁଡ଼ାରେ ଜଣା ପଡୁଥାଏ
ହେଉପଛେ କ୍ଷଣିକ
କଲିଜା କତିରେ ଭଲମନ୍ଦ କଥା ହଉଚି ଜୀବନ
କେବଳ ବର୍ଷବର୍ଷ ଧରି ମିଳେନାହିଁ ଜହ୍ନ, ଜହ୍ନିଫୁଲ, ଯୁବତୀ ଝିଅର
ଖିଏ ହସପରି ବଂଚିବାର ଅଧିକାର।

ଜୀବନ ମରଣ ମଝିରେ ହେ' ମୋର ପ୍ରିୟ, ତମଠୁ ଝଡ଼ିପଡୁଥିବା ରୋଜ୍‌ରୋଜ୍
ଧୂଳି ଗଣ୍ଡାକ ଆମ ହାଣ୍ଡିରେ ଚାଉଳ, ସୁଖ-ଉତ୍ତାଳ
ପେଟ, ପାଟି, ଜୀବନ ଜଞ୍ଜାଳର ଅଗାଧ ଜଳରେ ସେତକ ସାକ୍ଷାତ ଈଶ୍ୱର
ଏହାଠୁ ହୀନ କୃମିପୋକ କହିବି ହଜାରେ ଥର
ଯିଏ ସଂହିତା, ସିଂହାସନ, ପୋଥି ପୁରାଣରେ କାଳକାଳ
ପୁଲକିତ ମହାମାନ୍ୟ ଗଣ ମର୍ତ୍ତ୍ୟରେ ମହାନ।

କହନ୍ତୁ! କେଉଁ ଦେଇଚିକି ଦେଉଳ ଦୁଆରେ ଇଞ୍ଚେଥାନ, ମୁଣ୍ଡପାଇଁ ମୁକ୍ତିମଣ୍ଡପ
ପୋଖରୀ ଭିତରୁ ବୁନ୍ଦେଜଳ, ଗାଁ ମଝିରୁ ଗୋଟେଘର, ବିଦ୍ୟାଳୟରୁ
ଅ, ଆ, ଇ... ଅକ୍ଷର। କହେକି, ବାହାରେ ଛିଡ଼ା କାହିଁକି
ପିଲାଛୁଆ ମାଇପ ସ' ଭିତରକୁ ଆସ, ପଙ୍ଗତରେ ବସ।

ଭାବୁଥିବ କେଉଁ କବିର କଳ୍ପନାରୁ ଶୁଣଉଚି କବିତାର ଧାଡ଼ି ଗୁଡ଼ିକ
ନାଇଁ ତ ମୂତରେ ପୋଲୁହ ମାଡୁଚି ମାଧିଆ ମୂର୍ଖ
ଦିନ ଆସିବ, ଦିଅଁ ବଦଳରେ ଦେଉଳରେ ପୂଜା ପାଉଥିବ ତମ ଅସରନ୍ତି ତ୍ୟାଗ
ବିରଳ ଆଦର୍ଶ, ତମଠି ଫୁଲ ଚଢ଼ଉଥିବ ଭୋକ, ଶୋଷ, ଅଭାବୀ ସଂସାର

ଦେଖୁନ, ଆସ୍ତେ ଆସ୍ତେ କଅଁଳୁଚି ଅଙ୍ଗୁଳି, ଜିଭ, ସ୍ତନ, ପାପୁଲି, ପାଦ
ଆଉ କିଛି ବର୍ଷ ଲାଗି ଯାଇପାରେ ହାତପଇଠ ହବାକୁ ମୁକ୍ତିର ସକାଳ
ଦେଖିବ, ଆର୍ଯ୍ୟାବର୍ତ୍ତରୁ ଆଜି ପର୍ଯ୍ୟନ୍ତ କୁଟ କପଟର ଯଜ୍ଞଭିତରୁ ଫେରି ଆସୁଥିବ
ଶାସ୍ତ୍ର ଶାସନ ଲୁଟି ନେଇଥିବା ଝାଳ, ରକ୍ତ, ଶ୍ରମର ସୁଖ ହୃଦୟର ହଂସଉଡ଼ାଣ
କୁକୁର ଲାଞ୍ଜପରି ବଙ୍କା ହୋଇଯାଉଥିବ ବ୍ରହ୍ମାଙ୍କ ବେଦ, ଆଦେଶ, ଉଦ୍ଦେଶ୍ୟ
ଅପେକ୍ଷା କର।

■

ଗୋଟେ ବହିର ମୃତ୍ୟୁ

ବହିଟେ ଜାଣି ବନେଇଛନ୍ତି ଆପଣ, ମାନିବାକୁ ହେବ ! କଲମ ମୁନ ସହ
ଆପଣଙ୍କ ବ୍ୟସ୍ତ ମନର କି ତାଳମେଳ, ଅତୁଳନୀୟ !

କହିବେ ତ, କେତେବେଳେ ବୁଝନ୍ତି ଫାଇଲ୍‌ପତ୍ର ପୁଣି ସୃଜନରେ ମଗ୍ନ
ଆପଣଙ୍କର ପୁଣି ଅଛି ନା ସଂସାର, କେବେ ଦିଅଁ ଦର୍ଶନ କେବେ ବିଦେଶଗସ୍ତ
କେତେବେଳେ ସମୟ ମିଳେ ଭାବନା ଲଟାରେ ଫୁଲପରି ଫୁଟନ୍ତି ଆପଣ
ଶବ୍ଦରେ ସାଉଁଟି ଆମ କଲବଲ ସାଧନାରେ ମଜ୍ଜି ଯାଉଥିବା ବେଳେ
ଝରିଯାଉଥିବ ଲୁହ
ବିଭାଗୀୟ ମୁଖ୍ୟ ବୋଲି ଭୁଲିଯାଉଥିବେ ନିଜ ପରିଚୟ, ହଁ ହୋଇଥିବ
ଇଏ ତ କବିର ସ୍ୱଭାବ ।

ଯାହା ଯାହା ଲେଖିଛନ୍ତି ଦୁଧରେ ଚଳେଚଳେ ପାଣିପରି ଆମ ଧୂଳି ଧୂସରିତ
ପେଟ ପାଟଣା, ଘଟ ଘଟଣା ସହିତ ମିଶି ଯାଉଛି ଅବିକଳ
ଶବ୍ଦରେ ସାଜିଛି ବେଶ୍ ଘା, ଘାଇ, ଘଳିଆରେ ବୋହି ଯାଉଥିବା ଆମ ଅରକ୍ଷଦିନ
କହିବେ ତ, କେମିତି ଆମ ଦୁଃଖ ଦୁନିଆର ଗହନ ଗହିରପାଟ
ଜୀବନ ଜୀବିକାର କିଣାବିକା ଅସଜଡ଼ା ହାଟ
ଅନାହାର ଅଞ୍ଚଳରେ କଅଁଳେ ନାହିଁ ସ୍ତନ, ମରଣର ମହକୁମାରେ ମେଳେନାହିଁ
ଯୌବନର ସବୁଜ ଦ୍ୱିପତ୍ର
କେମିତି ଚିହ୍ନିଲ ବର୍ଷକ ବାରମାସ ଲୁହର ନଈକୂଳ ଆମ ଆଖି ହଳକର
କେମିତି ଛୁଇଁଲ କର୍ମ କଷଣର ମେଘବେଶ ଦିନ ଅଦିନର
କେଉଁଠୁ ପାଇଲ ବହିର ମଲାଟ ପାଇଁ ବୋକିଝିଅ କଳା ଦିହର
କରୁଣ ଭିତରୁ ଅଧା ଲଙ୍ଗଳା ଚିତ୍ର

ମାନିବାକୁ ହେବ ଆପଣଙ୍କ ବିବେକ ବୁକୁର ଲୋଡ଼ିବାପଣ ଉଦାରଭାବ
ମନେହୁଏ, କେଉଁ ଜନ୍ମରେ ଜଣେ ହୋଇ ମା' ପେଟର ଭାଇଥିଲ
ଏଥିପାଇଁ ତ ଆପଣଙ୍କ କବିତା ଅନୁମାନର ନୁହଁ ଅନୁଭବର, ନିବିଡ଼ତର।

ସ୍ୱଚକ୍ଷୁରେ ନ'ଦେଖିଲ ନାହିଁ ନଈବଢ଼ି ଦୃଶ୍ୟ, ଉଜୁଡ଼ା ଫସଲ
ବିଲବାଲି ଏକାକାର, ଦଡ଼ମଡ଼ ଘର, ମଥା ଉପର ଖରାବେଳ, ରାତି ଅଧ ଶୀତ
ନଈ ନେଇଥିବା ପୁଅର ବହିଖାତା, ଝିଅ ପାଦରୁ ଅଳତା ନ ବୁଝିଲ ନାହିଁ ସତମିଛ
ମହାମାରୀ କବଳରେ ଦଶମଉଜି, ଦଶମନ୍ତ୍ରପୁରେ ନ ପଡ଼ିଲା ନାହିଁ
ମହାମାନ୍ୟଙ୍କ ପଦ୍ମପାଦ, ଢମପଣ।

କହୁ ନାହାନ୍ତି, କେଉଁ ହେଉଛି କି ପ୍ରଣବ ଅଶୁଦ୍ଧ ନା ଧରା ଦେବନାହିଁ
ଭାବନାର ଜାଲ ଖିଅକରେ କଉ କେରାଣ୍ଡୀ ପରି ଶୈଳୀ ଆଉ ଶବ୍ଦ
ନା ସାରଳା, ବଳରାମ, ଭୀମ ଭୋଇ ବୁଲୁଥିଲେ କି ଅସୀମ ବ୍ରହ୍ମାଣ୍ଡ
ନାଇଁ ଆଜ୍ଞା, ଯେଉଁଠି ବସିଛନ୍ତି ସେଇଠି ଥାଇ ଆପଣ ବି ବ୍ରହ୍ମାଙ୍କ ସମ
ସର୍ଜନା କରି ପାରିବେ ଗଣ୍ଡାଗଣ୍ଡା ବେଦ।

ଆପଣଙ୍କ ଦେହୀ ହେବ ହେବ, ନ'ହେବ କାହିଁକି ? ଉପର ମହଲା
ଅଧା ଆକାଶର ଚାନ୍ଦୀନି ଚଉକିରେ ଆପଣତ ଅଧିଷ୍ଠିତ
ଗଧ-ଘୋଡ଼ା, କାଉ-କୋଇଲି, ବାଘଛୁଆ, ଭୂଆଁ ବିରାଡ଼ିର ଗନ୍ଧବାରି
ଦୂରରୁ ତ ପୁଣି କହି ଦିଅନ୍ତି କିଏ କଅଣ

ଭଲ ଭଲ, ଲଏତ ବିଶେଷ ଗୁଣ ହୁଏତ ଈଶ୍ୱର ପ୍ରଦତ୍ତ
ଆୟତ୍ତରେ ଅଛିମାନେ ବହିଟିରେ ପଛେପଛେ ପୋଷା କୁକୁରପରି
ଲଗାଇ ଦିଅନ୍ତୁ ମୁଣ୍ଡରୁ ସେତକ, ଦେଖିବେ -
ଦିନ କେତୁଟାରେ ସିଦ୍ଧି ପ୍ରସିଦ୍ଧିରେ ଡୁବି ଯାଉଥିବେ ଆପଣ
ବେକ, ଛାତି, ଅଣ୍ଟାସାରା ଓହଳିଥିବେ ନାତି ନାତୁଣୀପରି କେବେ ସରସ୍ୱତୀ
କେବେ ଜ୍ଞାନପୀଠ, ପଦ୍ମଭୂଷଣ କେତେ କଅଣ
ପାରିବେ ନିଶ୍ଚୟ ପାରିବେ, ଆଗକୁ ଅନାଇ ଲାଗି ପଡ଼ନ୍ତୁ ଆପଣ।

ଶାସ୍ତ୍ର କହୁଛି ପଛକୁ ଚାହାଁନ୍ତି ନାହିଁ ବୁଦ୍ଧିମାନ ଲୋକ, କଅଣ ଥିଲେ ନ ଥିଲେ
ସାଧୁ କି ସୌଦାଗର, ଜହ୍ଲ କି ଜହ୍ଲାଦ, ବିଷ କି ସୁବାସ
କେଉଁ ଜାଣିବେ ଜନସାଧାରଣ, ବରଂ କେହି କେହି ପାଳନ କରୁଥିବେ ଜନ୍ମଦିନ
ଆପଣଙ୍କ ନାମରେ ଦିଆ ଯାଉଥିବ ସୃଜନ ସମ୍ମାନ, ଜମ୍ମା ଗୋଟିଏ ବର୍ଷ !
ପୋତିଥିବା କବିତାର ମଞ୍ଜି ମେଲିଥିବ ଡାହିଡାଳ, ଫୁଲଫଳ ପରି ଓହଳିଥିବ
କବିପଣ। ବାଃ ବାଃ, ମଲା ପରେବି ବଞ୍ଚିଲା ପରି ଦୃଶ୍ୟ ହେଉଥିବେ ଆପଣ।

ଭାବୁଛନ୍ତି କି ଗଲାପରେ ଦୁର୍ନାମ ରଟାଇ ଶୁଝେଇବୁ ଛାତିଠୁଳ ରାଗ
ନାଇଁ ଆଜ୍ଞା, ନ'ଦେଲ ନାହିଁ ତଳମାଳ ବିଲବାଡ଼ି ପାଇଁ ହୀରାକୁଦ ପାଣି
ନ ମେଲିଲା ନାହିଁ ସବସିଡ୍ ବିହନର ବୀଜପତ୍ର କୁଆଁକଢ଼
ନେଉଟବେଳକୁ ନେଇଥାଉପଛେ ନକଲି ଔଷଧ ଜିଇଁବା ଓଠରୁ ଚନ୍ଦ୍ରହାସ
ନ ମିଳିଲା ନାହିଁ ଇନ୍ଦିରା ଆବାସ, ପଲିଥିନ୍, ରିଲିଫ୍ ଚାଉଳ
ଅବଶ୍ୟ କଲମ ମୁନ ଆପଣଙ୍କ ମନ ମିଳିମିଶି କବିତାର ଗୋଟେ ଧାଡ଼ି ପରି
ଯଦି ଲେଖିଥାନ୍ତା ଚଉଠେ କାଗଜରେ ଛୋଟିଆ ଆଦେଶ
ଘିଅ ମହୁରେ ଲୋଟି ପଡ଼ିଥାନ୍ତା ଆମ ଅର୍କ୍ଷିତ କପାଳ, ଅଭାବୀ ସଂସାର।

ତଥାପି ନିନ୍ଦିବାକୁ ଲେଉଟୁନି ଜିଭ, ଆପଣ ତ ଜହ୍ଲହୋଇ ଆମ ଚାଳିଘର
ମଉଡ଼ ଓ ଛାତିହାଡ଼ ଅରାକରେ ସାଧ୍ୟ ସାଧନାର ଜୋଛନା ଢାଳିଛ
କଳ୍ପନାରେ ଆହାପଦେ କହିତ ପାରିଛ
ଦିଲ୍ଲୀ କି ଚେନ୍ନାଇ ବମ୍ବେ କି ବାଙ୍ଗାଲୋର ଠାରେ ବେନାମୀ ମହଲ
ବିଦେଶୀ ଗୋଲାପ, ଦାମୀଗାଡ଼ି, ପ୍ଲଟ କିଣା କେଉଁଥିରେ ଆମେ ସିନା ନାହୁଁ
ଆପଣଙ୍କ କବିତାର କାଶତଣ୍ଡୀ କିଆରୀ ଭିତରେ ଅବଶ୍ୟ ଅଛୁ !

କହିବେ ତ, ଉପର ମହଲାରୁ ଖସିପଡ଼ିବା ମାତ୍ରେ ବହିଟିର ଭାଗ୍ୟ
ଆପଣଙ୍କ ପୁରୁଣା ହଳେ ଜୋତା ପରି ପଙ୍କ କାଦୁଅରେ ନିଜକୁ ନିଂଦିନିଂଦି
ମରୁଥିବ, ସରୁଥିବ ଏମିତି ହେବନି ତ !

■

କଟା ହାତର କବିତା

ଏତେ କଅଁଳ ସେ ଓଠ, ସେଥିରେ ଫୁଟିଯିବା କଥା ହସଫୁଲ
ଏତେ ନିରୀହ ସେ ଆଖି ଯୋଡ଼ିକ ଯେ
ଭରିଯିବା କଥା
ଛୋଟ ଏକ ଶିଶିର ଭିଜା ସ୍ୱପ୍ନର ସକାଳ
ବକଟେ ବୋଲି ଦୁଇଟି ହାତ, ଛୁଇଁଯିବା କଥା
କାଗଜଡଙ୍ଗାରେ ଭର୍ତ୍ତି ଅଧ ଓଳିକର ମେଘମଙ୍ଗଳ ।

ସେ ମନ ବାଇଆ ରାଜା, କେଉଁ କହିପାରିଲା କି
ଗୋଟେଥର ନଈପାଣି ନଈକି ଯା',
ମୋ ସିଲଟ ଶୁଖି ଯା'
ଗାଇ ପାରିଲା କି ଅରଣା ମଇଁଷି ରହିଛି ଅନାଇ....
ନା ଗଢ଼ି ପାରିଲା ଖରାବେଳ ସାରା ପଲକ ଓ ପୁଲକର
ଧୂଳିଘର ନା ଆଣି ପାରିଲା ପାଦ ଦରଜ କରି
କଙ୍କି, ପ୍ରଜାପତି, ମୁଠାଏ ଆମ୍ବ ବଉଳ
ସାଇତି ପାରିଲା କି କାଲିର ଯଉବନ ପାଇଁ
ସରି ଆସୁଥିବା ଶୈଶବର ସ୍ମୃତିରୁ ସୁନ୍ଦରତମ ନୀଳକଇଁ
ନା ଛବି ବହିରେ ବହିଯାଉଥିବା ମାମୁଁଘର ଗାଁ ନଈ ।

ନାହିଁ ହୋ, ଛନଛନ ଗୋଟେ ଚମ୍ପାଗଛର ପିଲାଦିନ
ଛୁଇଁବା ଆଗରୁ ମାଟିରୁ ଆକାଶ
କଣ୍ଠାରେ ଝୁଲାଇ ଦେଇଛି କେହି କଟାହାତ
ଜୀଇଁବାର ରକ୍ତରାଣ
ଇଟାଭାଟି, ଲୁଣ କାରଖାନା ପାଚେରୀ ଭିତରେ

ଜଳେଇ ଦେଇଛି ପହିଲି ଜୀବନର ଜୟଗାନ
କେବଳ ମୂଳ ଛାଡ଼ି ସୁଧ ପାଖରେ ବନ୍ଧକ ରହିଛି ଯାହା
ଶିଶୁ ସଂଗୀତର ମାଦଳ ଦେହ
କେଉଁ ଖବର ରଖିଛି କି
ଶ୍ରମ କମିଶନର ନା ଆଣି ପାରୁଛି ଡେଲି ପାସେଞ୍ଜର
କେବଳ ଯାହା ପବନରେ ଖୋଜି ଚାଲିଛି ମା'ର କାନ୍ଦ
କେବେ ଆନ୍ଧ୍ର ତ ଗୁଜରାଟ ...... ରାଜ୍ୟ ପରେ ରାଜ୍ୟ ।

କାହିଁ, କେହି ଜଣେହେଲେ କହିଲେ କି କାହାର ଏ କୁକର୍ମ !

ରକ୍ତ ବଦଳରେ ପ୍ରାର୍ଥନା ପାଇଁ ଲେଖାଗଲା ଯେଉଁ
ବିଶ୍ୱାସର ଗୀତ, ମନ୍ଦିର ପାଇଁ ଗଢ଼ା ହେଲା ଯେଉଁ
ସଂଯମର ଇଟା, ବିବେକରୁ ସମତାର ଈଶ୍ୱର
ସିଂହାସନ ପାଇଁ ଲୋଡ଼ା ହେଲା ଦେଶବାସୀଙ୍କ ଭାଗ୍ୟ
ଆମରି ଭିତରେ ଥାଇ ସବୁକିଛି ଭୋଗ କରିପାରୁଛି
କେହି ମାୟାମଣିଷ
ଅଥଚ ସେମିତି ଦେଶରେ ଥାଇ ଆମେ ବି କେହିକେହି
ନିର୍ଜନରେ କରଯୋଡ଼ି
ନିଜନିଜ ନିରାପଦ ଦର୍ପଣ ଭିତରେ ରଖି ନିଜ ପ୍ରତିଛବି
କହିପାରୁ କେଉଁଥିରେ ଦାୟୀ ନୋହୁଁ, କେବେ'ବି କେବେ'ବି ।

■

(ବି.ଦ୍ର. : 'ଦୁଇ ଶିଶୁ ଶ୍ରମିକର ହାତ କାଟିନେଲେ ଦଲାଲ୍' ଶୀର୍ଷକର ଖବର ପଢ଼ି)

ଆମେ ତିନି ଜଣ

ଭାବୁଛ କି, ସାବରମତିର ମହକିତ ମଧୁର ମୁଲକ
ଛାଡ଼ି ଦେଲୁଣି ଆମେ ତିନିଜଣ !

ନାଇଁନାଇଁ, ଯଦିଓ ଭଲଦିନ ଦେଖି ଖୋଲିସାରିଛୁ
ବର୍ଷବର୍ଷ ଧରି ବନ୍ଦଥିବା କାନ, ପାଟି, ଆଖି
ନିଜ ନିଜର ।

ଏହା ବି ଜାଣିରଖ, କେବେ ବି ନଷ୍ଟକରି ନାହୁଁ
ଅସରନ୍ତି ଲୁହ ଲହୁର ତ୍ୟାଗରେ ସେ'ଦିନ
ମାଟି ଫଟେଇ ଆକାଶ ଛୁଇଁ ଛିଡ଼ା ହୋଇଥିବା
ତିନି ରଂଗର ଗୋଟେ ଜାତୀୟ ଗଛର
ଡେମ୍ଫରେ ଥିବା ପ୍ରେମର କଢ଼, ଦୟା ଦରଦର ଫୁଲ
ମାନବିକତାର ଫଳ, ଏକତା ବାସର ପତ୍ରମେଳ
ବରଂ ଆଗଠାରୁ ଅଧିକ ସଜେଇ ରଖିଛୁ
ଆମେ ତିନିଜଣ ।

ସେ ଦିନର ଦୁଃଖ-ଦୁଆତ, ଲାଠିମାଡ଼, ଦେହ-ଦରଜ
କାରାବରଣର କଷ୍ଟକର ପୀଡ଼ିତ ଜନଙ୍କ
ନିରବ କ୍ରନ୍ଦନ ଭିତରୁ
ମୁକ୍ତି ବିଭୋର ରକ୍ତଲେଖା ଦାବିପତ୍ର
କୋହ, କୁହୁଭରା କ୍ରାନ୍ତିର ସଂଗୀତ

ଦାଣ୍ଡିଲୁଣର ପହିଲି ଭୋଗ ଭିତରେ ଗୋଟେ-
କଏଦୀ ଜାତିର ସଜଳ ବୃତ୍ତାନ୍ତ
ସଜାଇ ରଖିଛୁ ନିଜ ନିଜ ହୃଦୟରେ ଆମେ ତିନିଜଣ ।

କେବେକେବେ ପତାକା ଉଡ଼ିବାରଦିନ ସଂଚିତ ସେହି
ସତୀର୍ଥମାନଙ୍କ ପାଦଧୂଳିରୁ ଘେନିଥାଉ
ଧୂଳିବେଶ । ମନେପକାଇ-
ରକ୍ତ, ହାଡ଼, ମାଂସ ଅଜାଡ଼ି ସ୍ୱରାଜ୍ୟର ଗାତ-ଗାଡ଼
ପୋତି ପକେଇବାର ସଂକଳ୍ପ
ଅନ୍ଧାର ଆଡ଼େଇ ଉଦୟରାଗର ସ୍ୱପ୍ନତକ ଗୀତ କରି
ଗାଇବାକୁ କେବେବି ଭୁଲିନାହୁଁ
ଆମେ ତିନିଜଣ ।

ଦେଖୁନ, କ୍ରମେକ୍ରମେ କେମିତି ପାଲଟିଗଲୁଣି
ଜଣେଜଣେ ଗାନ୍ଧୀମଣିଷ
ଅଥଚ ସାବରମତି ବାହାରେ ଏବେ ମାଳମାଳ ମିଳିଲେଣି
ମଣିଷରୁ ମାଙ୍କଡ଼ ।

■

ନିରୁଦ୍ଦିଷ୍ଟ ପ୍ରଜାପତି

କୁଆଡ଼େ ଗଲ । କାହିଁ, ଏବେ ତମର ଦେଖା ମିଳୁନି ତ !

ସେଇ ଯା' ଦେଖା ସେଇ କେତେଦିନ, ମଥା ଉଚ୍ଚର
କଣ୍ଟେଇକୋଳି ଗଛ, ବାରମାସୀ କନିଅର, ଟଗରଡାଳ
ନତି ନାନୀର ହାତ ପାଆନ୍ତରେ କେଉଁ ଛୁଇଁ ପାରିଲି କି
ନା' କଷ୍ଟ ଜାଣି କଦବା କେମିତି ତମେ କେଉଁ ଧରା ଦେଲ
ଯାହା ଯାହା ଘଟି ଯାଇଛି ତମେ ଜାଣ, ଜାଣିଛ ବି-
କେମିତି ଛନ୍ଦି ହୋଇଛି ଶୈଶବର ପାଦ, ଆଙ୍ଗୁଳି ସାରା
ଦରଜ, ରକ୍ତ ଦାଗ, ଆଖି ଦୁଇଟିର ଦରଭିଜା ଦୁଃଖର
ଗୀତ ଦୁଇପଦ ।

ଯା', ଆଉ ହେବନି କହି ଅଭିମାନର ବହି ବସ୍ତାନୀରୁ
ଫୋପାଡ଼ି ଦେଲି ତମ ଚିତ୍ର, କଅଁଳ ମନର ଫର୍ଦ୍ଦେ କାଗଜରୁ
ତମ ନାଁ ତଳେ ଟାଣିଦେଲି ଅପଢ଼ର ନାଲିଗାର, ସେବେଠୁ ବି
ନତି ନାନୀର ଆଡ଼ଆଡ଼ ନୟନରୁ ଲିଭିଗଲାଣି ତମ ଦୃଶ୍ୟ
ମୁଁ ବି ଅଜାଣତେ ହଜେଇ ସାରିଛି ଅଳି ଅଝଟ, ବାଲ୍ୟକାଳ ।

ତଥାପି ତମେ କେଉଁ ଛାଡ଼ିଛ କି ! କେବେ ଛାତି, ଛାତତଳ
ପକେଟ, ପାସ୍‌ବୁକ୍, ପରିବା ବ୍ୟାଗ୍, ଓଦାଆଖି ଭିତରକୁ
ବେଳ ଅବେଳରେ ପସିଆସ
କେବେ କେବେ ଦରପାଚିଲା କ୍ଷେତପରି ମୁଣ୍ଡ ଉପରେ ମୋର
ଡେଣାଝାଡ଼ି ଉଡ଼ିବୁଲ ରସିକନାଗର

କେବେ କେବେ ରାତି ଅନ୍ଧାର ଏକ ନାଁ ନଥିବା ନଈରୁ ତମେ
ନିଦର ନଉକାରେ ବସିପଡ଼, ରାଣ ରଖ
ଧରା ଦେଇନାହଁ ବୋଲି ଡେଣାଯୋଡ଼ି କ୍ଷମା ମାଗ
ନାଇଁ ନାଇଁ ଏମିତି କରନି, ପଛକଥା ଭୁଲିଯାଅ କହି
ପିଠିରେ ତମର ବୁଲାଇ ଆଣିଛି ସପନର ଶହେବାର ସରାଗ ହାତ ।

ଏବେ କେଉଁଠି କେମିତି ଅଛ, ଛାଏଁ ଚାଲିଗଲ ନା ହଟେଇଦେଲେ
ଏଠୁ ହଟ କୋଉ କାର୍ଖାନା ଲୋକ
ହଁ ହେଇଥିବ, ତମ ନିରୀହ ଇଚ୍ଛାର ଭିଟା ଉପରେ ନିର୍ଦ୍ଦୟ କେହି
ଲଦି ଦେଇଥିବ କ୍ରେନ୍, ବୋଲଡୋଜର, ଭୟ-ଭୀଷଣ
ଟ୍ରକ୍ ଡାଲାରେ ରାତାରାତି ଉଠେଇ ନେଇଥିବ ତମ ସ୍ୱପ୍ନର ଗଛ
ବଂଚିବାର ଚେରମୂଳ, ଆଶାର ଫୁଲଫଳ ପତ୍ରମେଳ
ଯେମିତି ଉଠେଇ ନେଇଛି ଜଗତ ଉଦ୍ଧାର ସଞ୍ଜ ଭଜନ, ପକ୍ଷୀ ଜଣାଣ
ଲକ୍ଷ୍ମୀପୁରାଣ, ଆହେ ନୀଳଶଇଳ.... ଗୋଟେ ଗାଆଁର ।

ଏବେ ତମେ କେଉଁଠି ଅଛ, ଥଇଥାନ କଲୋନୀରେ
ନା କେଉଁ ଦୂର
ଭଙ୍ଗା ଡାକଘର ଛାତ ଉପରେ ଉଧେଇ ପାରୁନଥିବା
ପୋଲିଓ ରୋଗୀପରି ଓସ୍ତଗଛ, ପରିତ୍ୟକ୍ତ ଲୁହାଖୁଣ୍ଟ
ଟେଲିଫୋନ୍ ତାର, ଟିଣ ଛାତ
ଦେବୀ ବିସର୍ଜନର ଛଣପଟ, ଭଙ୍ଗାମେଢ଼ ଆପଣେଇଛ
ନା' ରାଜପଥରେ ଉଡ଼ୁ ଉଡ଼ୁ ଗାଡ଼ି ମଟର ମାଡ଼ରେ ଛିଡ଼ି ପଡ଼ିଛି
ଡେଣା ହଳକ । ହଁ, ଆଜି କାହିଁ ଭାରି ମନେପଡ଼ ।

ତ' ଯାଏ, ଅପୂରଣୀୟ କ୍ଷତର କ୍ଷତିରେ ହୁଏତ ପଡ଼ିଥିବ
ତମର ସେ ଡେଣା ପିଟିବାର ବେସାଲିସ୍ ଶବ୍ଦ
ଯାଏ ଛୁଇଁ ଦିଏ, ସେତକ ହିଁ ତମର ବିଦ୍ରୋହ ।

■

ଦେଶ

ଏଇଟା ଖଜୁରିଗଛ ମୂଳରୁ ପାହାଚ ପାହାଚ ବାଗରେ ଚଢ଼
ଚଢ଼େଇ ଦେଲ, ଧିରେ ଧିରେ ସେମାନେ ଛୁଇଁଗଲେଣି ଅଗ
ହେଲା ତ, ପିଣ୍ଡା ଦେଲ ମାନେ କହିଲେଣି ଘର ଆମର
ଏଣିକି ସମ୍ଭାଳ !

ନାଇଁ କରୁଛି ଦେଲ, କୁମ୍ଭୀରକୁ ନଇଯାକର ମାଛ, ମାଙ୍କଡ଼କୁ
ଜାମୁକୋଳିଗଛ, ବାସ୍
ଦିହିଁଙ୍କ ଭିତରେ ମେଳ ଖାଇଲା ଜାମାଯୋଡ଼, ଆଖିଠାର
ଚୋର ତସ୍କର ଗୁଣ, ଏବେ ଦେଖୁନ -
ବାଡ଼ ଖାଇଲା କ୍ଷେତ ପରି, ଚୂନାକୁ ଗୁଡ଼ ବଳେଇଗଲା ପରି
ଦାଣ୍ଡରେ ହାଙ୍କୁଚି ଶଳେଙ୍କ ଉତ୍ପାତ, ବି ଦିନ୍‌ରକ୍ତ
କେବେ ପୁଲିସ୍ କହୁଛି ପାନଛେପ, ତ ପ୍ରେସ୍ ଲେଖୁଛି
ସୁନ୍ଦରୀ ପାଦର ଅଳତା ଦାଗ ।

କେଉଁ ମାନିଲ ମନା, ଦେଇଦେଲ ଖଳବୁଦ୍ଧିର ପାଟି ପାଇଁ
ସୁମଧୁର ସଂଭାଷଣ ପୁଣି ପେଟପାଇଁ ବିଷ-ଭୀଷଣ
ଚା' କପରେ ଝଡ଼ପରି ରାଣ୍ଡିପୁଅ ଅନନ୍ତାମାନଙ୍କୁ ମାମଲତିର
ମୁଦ୍‌ଗର, କାଣି ବିଲେଇକି ଶିକା ଛିଡ଼ି ପଡ଼ିବାର
ମହୁ, ମହକିତ ଭାଗ୍ୟ
ହଟିଆଙ୍କୁ ହରିହାଟ, ଧର୍ମଗ୍ରନ୍ଥ; ଲୁଟେରାଙ୍କୁ ଟଙ୍କାଘର
ରିଲିଫ୍ ଶଗଡ଼, ଦାରିଦ୍ର୍ୟ ଦୂରୀକରଣ ଯୋଜନାର ନାଭିନାଡ଼
ଚୁଡିଆ ଓ ଚାଟୁକାରଙ୍କୁ ଚିତ୍ତଚୋରୀ ଗୀତ
କଳାବଜାରୀକୁ ବଳ, ବୟସ, ବିଳାସର ବିଗ୍‌ବଜାର
ଚାରିଶବିଶ୍‌କୁ ସିଂହାସନ, ସିଂହବେଶ ।

ଦେଲ ବୋଲିତ ସେମାନେ ନେଇଗଲେ ଗାଁ, ଗୋଧୂଳି
ଗ୍ରାମଦେବତୀ ପୁରୁଷ ପୁରୁଷ ଧରି ଝାଳସର୍ସର ଭିଟାମାଟିର
ବକଟେ ବୈକୁଣ୍ଠ, ଆମ ଜିମା ଜଙ୍ଗଲ ଉପରେ କେବେ ଚୋଟ
ତ କେବେ ଲୁଟି ନେଲେଣି ନହୁଲୀ ନଈର ସବୁତକ ଜଳ
ଲିଭେଇ ଦେଲେଣି ପିଲାଙ୍କ ଆକାଶରୁ ନୀଳସରଗ, ସୁନାଜହ୍ନ
ସାହିରୁ ବାଡୁଅ ଚିହ୍ନ, ବେଶୀ ବାଧୁଛି ଜାଣ-
ନେଲେ ବୋଲି ବାପର ନିରୀହପଣ, ବୋଉର ଲକ୍ଷ୍ମୀପୁରାଣ
ଭଉଣୀର ସ୍ତନ, ଶେଷରେ ଜୁଆନ୍ ଭାଇର ହାତ ହଳକ ।

ତମକୁ ମିଛ ମୋତେ ସତ, ଯେଉଁଠି ଭାବୁଛି ଏଇଠି ରଖିବି ପାଦ
ସେଇଠି କୃଷିରଣ ଛନ୍ଦି ଦେଇଛି ଡମ ମେହେନ୍ତରର ହାତଗୋଡ଼
ପଡ଼ିଛି ବି କପାଚାଷୀ କର୍ମା କହଁରର ଶବ, ଭିଟାମାଟି ପାଇଁ
ପୁଲିସ୍ ଗୁଳିରେ ଟଳି ପଡ଼ିଥିବା ପୁଅ
ମା'ର ପଣତରେ ଲେଖିଛି ରକ୍ତର ଗୀତ
ଯୁଆଡ଼େ ଚାହିଁବ ଦିଶୁଛି ଚାରିଆଡ଼ ମାଇକଞ୍ଚ, କନ୍ଧମାଳ
କଳିଙ୍ଗ ନଗର, କାଶୀପୁର, କୁଜଙ୍ଗ ଅଂଚଳ.. ରକ୍ତ.. ଖାଲି ରକ୍ତ
ତା' ହେଲେ ତମେ କେଉଁଠି ଅଛ, କହିବ ତ !

ତମେତ ସେମାନଙ୍କର ବଢ଼େଇଛ ପାପର ଶୈଶବ, ଶିଖେଇଚ
ଶାସନ ଓ ଶୋଷଣର ଅସୀମ ଅରାଜକ
ଟିକେ ଅଟକଉନ, କହିଲେ କେଉଁ ଶୁଣୁଛ !

ସବୁତ ଦେଲ, ପିଲାଙ୍କ ବେଲୁନ୍ ପାଇଁ ପବନ ଛଡ଼ା ତମଠି
ରହିଲା କ'ଣ, ଦେଖିବତ !
ନିର୍ଜନ ଜନପଦରେ ଦଉଡୁଛି ତମର ଅସହାୟ ଅସଂଖ୍ୟ ପାଦ
ଯେହେତୁ ତମଠି ବାଜି ସାରିଛି ସେମାନଙ୍କର ପହିଲା ଚୋଟ
ଏବେ କହିବ ତ, ଦେଶ ହୋଇ ରହିବ ନା' ସେମାନଙ୍କ ପକେଟରେ
ସ୍ୱପ୍ନ ଓ ସମ୍ବଳ ହେବ ।

■

ଠୁଣ ମଣିଷର କାବ୍ୟପାଠ

ନିଜକୁ ନିନ୍ଦିଛି ବେଶ୍, ନାଇଁ ତ ଫେରେଇଦେବି ଡେଣାହଳକ
ଯୋଡ଼ିଚି ହାତ, ଆମଭଳି ଛୋଟଜନଠି କେମିତି ଗଜୁରିଲା ଏତକ
ରହିଯାଇଛି ରହସ୍ୟ ହୋଇ ଭେଦି ପାରୁନି ମୂର୍ଖ ମନ
କାହାର ପେଷଣ କି ରୋପଣରେ ଖୁଉବୁ କଲବଲ କରୁଛି
ଡେଣା ହଳକ ।

ଜାଣେନାହିଁ ପ୍ରାର୍ଥନା କି ପ୍ରଭୁ ବନ୍ଦନା, କି ଧନ ଜନ ମାନ
କମେଇବାର କଳା କଉଶଳ
କାଳକ ମୂର୍ଖ ବୋଲି ଭ୍ରମଉଛି ଥାନରୁ ଅଥାନ, କେବେ କହୁଛି
କୁହୁଡ଼ି ଭିତରେ ପାଣି ଖୋଜ, କହୁଛି -
ମୃତ ନଈରୁ ନୀଳକଇଁ ତୋଳିଆଣ, ନୀଳଶୂନ୍ୟରେ ପହଞ୍ଚାଇ
କହୁଛି ସଂଚିତ ସ୍ୱପ୍ନରେ ଲଗେଇ ଦେ'
ଜୀବନ ଜହ୍ନେଇଦେବାର ଟିକେ ରୋମାଞ୍ଚ-ସ୍ୱର ।

ବ୍ୟାଧ ବୋଲି ତ ପେଟପାଇଁ ମୃଗଶୀକାର ଛଡ଼ା ଆଉ କି ଉପାୟ
କାହିଁକି ଯୋଡ଼ହସ୍ତେ ଜଣେଇବି ପାଦତଳେ ରଖ, କି ଦର୍କାର
ସଂସାର ଦାୟରେ ଦାୟୀ ବୋଲି ତ
ଭାଗ୍ୟ ଦୁଆରେ ହାତଟେକି ପଜେଇ ରଖିଥାଏ ଧନୁଶର
ଜାଣେନା ମୃଗପିଲାଙ୍କ ଛେଉଣ୍ଡ ସମୟର କ୍ଷତ କେତେ ଗଭୀର !

ମୋତେ ଭୁଲାଇ ପାରେନା ଲକ୍ଷ୍ୟସ୍ଥଳ, ଶର ନିକ୍ଷେପ
ମୋ ପିଲାଙ୍କ ପେଟ କଲବଲ ତହୁଁ ବଡ଼, ତହୁଁ ବଡ଼ -
ଛୋଟ ଜୀବନର କଷଣ, ବଂଚିବା ବିଷୟ କ୍ଷଣୁକ୍ଷଣ ବି ଆନ
ମୋ ଥରହର ଭୋକ ମୁହଁରେ ପାହାର ଦେଇ

ଛଡ଼ାଇ ନେଉଥିବା ଆହାରର ଅର୍ଥ ଅନର୍ଥ ଭିତରେ ମୁଁ ନାହିଁ
ବିପଦ ତାରି କେହି ଉଦ୍ଧାରିଲା ବୋଲି ବୋଲାଇଲା ଦୟାମୟ
ମୋର କି ଦୁଃଖ ଗଲା, କାହିଁକି ଗାଇବି ଜଗତରେ ଯଶଗାନ ।

ମୋତେ ଯେଉଁଠି ନେଇ ପହଞ୍ଚେଇଲେ ବି ମୁଁ କାଳକ ମୂର୍ଖ
ଜାଣେନାହିଁ ଆକାଶରୁ ତାରା ସାଉଁଟିବାର ସୂତ୍ର
ଜାଣେନାହିଁ ଫୁଲହାଟ ଖର୍ଦ୍ଦି କରିବାର ମୂଳଚାଲ
ବୁଝି ପାରେନାହିଁ କେମିତି କାଣିଆଙ୍ଗୁଠିରେ ଟେକିହୁଏ ଗିରିଗୋବର୍ଦ୍ଧନ
ଶୂନ୍ୟରୁ ଶାଢ଼ୀ ଲମ୍ବି ଆସି କରିପାରେ ଲଜ୍ଜା ନିବାରଣ
କେମିତି ଚକ୍ରପେଷି, ନକ୍ରନାଶୀ ଉଦ୍ଧାରି ହୁଏ ଗଜରାଜ
ଅଥଚ କୁମ୍ଭୀର ଭୋକ କେଉଁ ବୁଝିଲା କି ଜଗଦୀଶ୍ୱର !

ମୁହିଁ ବ୍ୟାଧ, ମୃଗ ଶୀକାର ଛଡ଼ା କି ଜାଣିବା କୋଉ ଭକତର
ଭକତି ଭାବର ଲୁହ ପୋଖରୀରେ ଫୁଟିଗଲା ପ୍ରଭୁପଣ
ମୁଁ ତ କାଳକ ଧୂଳି ଧୂସର ଭାଗ୍ୟର ଗୋଟେ ଅଙ୍ଗାରମଣିଷ
ମୋଓଠି ଆଶାର ମଞ୍ଜି ମେଲିପାରେ କି ବୀଜପତ୍ର, ମୁହିଁ ବ୍ୟାଧ
ମୃଗ ଶୀକାର କରିବା ମୋର ଜନ୍ମଗତ ଅଧିକାର
ଏତକ କେହି ଛଡ଼ାଇ ନେଇ ଯଦି ବୋଲାଉଛି ଦୟାମୟ
ତଥାପି ତାହାର ଦୁଆରେ ନୁହେଁ ମୁଁ ଅନାଥ, ମୁହିଁ ଦୃଢ଼ ସମର୍ଥ ।

ନାଇଁ ନାଇଁ ମୋତେ ଫେରାଇଆଣ ଭ୍ରମ ଓ ଭଉଁରୀ ଭିତରୁ
ଫେରାଇ ଆଣ ଜଳ-ଜଳାତଙ୍କ, କିନାରା-କାନ୍ତରା ସୀମାନ୍ତରୁ
ଗାଇପାରିବି ନାହିଁ ଦୟାମୟଙ୍କ ସାମ୍ରାଜ୍ୟରେ ପଦିଏ ଜଣାଣ
ଦଉଡ଼ି ପାରିବି ନାହିଁ ପିଠିରେ ବୋଝ କରି ଦଶ ଅବତାର
ମୁହିଁ ବ୍ୟାଧ, ନିତିନିତି ଲୋଡ଼େ ମୃଗ ଶୀକାର
ମୃଗ ପିଲାଙ୍କଠୁ ମୋ ସଂସାର ତହୁଁ ବଡ଼, ବଂଚିବାର ସେତକ କାରଣ ।

ଆମଭଳି ଅରଣ୍ୟ ଅନ୍ଧାର ଜନଠି ଡ଼େଣାହଳକ ରହିପାରେନାହିଁ
ବେଶିଦିନ କି ବିଶ୍ୱାସର ବାସଭୂମିରେ ଆଦୌ ନାହିଁ ପ୍ରୟୋଜନ
ଭାବୁଛି, ଫିଙ୍ଗିଦେବି ନିଆଁ ଆଉ ନଈକି ମାରାତ୍ମକ ଡେଣା ହଳକ ।

■

ଡୋମ୍ବୀର ପିଲା ବୋଲି ତ !

କୋଉ କହିପାରୁଛି କି ମୋର ଛାଇରୁ ଉଠାଇନିଅ ତୁମର ଖ୍ୟାତି
ଖତିଆନର ଖଳପାଦ ।

ମନେଥିବ, ତୁମର ଉଚ୍ଚାକାନ୍ଥ ଆଟମାଠ ମଥାନ ଠୁ ଛୋଟକରି
ଗାଁ ଶେଷରେ ଡରିମରି ଛିଡ଼ାହୋଇଛି ଯେଉଁ ଘରଖଣ୍ଡିକ
ମନାଅଛି, ଭିତରେ ରହିବନାହିଁ ନିଆଁ ଲୁଣ, ଶସ୍ୟ-ଅମାର
ତୁଳସୀମାଳ, ଗଙ୍ଗାଜଳ, କଉଡ଼ି, ରୁଦ୍ରାକ୍ଷ, ଗୀତା କି ଗୀତଗୋବିନ୍ଦ
ଚାଟି ବଦଳରେ ଲାଗିବ ନାହିଁ ଜାଉଁଳିକବାଟ, ମଉଡ଼ରେ
କଖାରୁଡଙ୍କପରି ଡଙ୍କେଇବନାହିଁ ସତ ସପନର ଆଗତଦିନ
ଫୁଟିବ ନାହିଁ ମାନ ମହତର ବାଡ଼ୁଅଫୁଲ, ଏମିତି ଏକ ଅଧା-ଅଧୁରା
କଟକଣାର ଘର ଭୟର ଭୂମି ଉପରେ ସାରାବର୍ଷ ଥରହର
ସେହି ଘରର ପିଲା ମୁଁ , ବାପାର ନାଁ ଚଣ୍ଡବୋଲି କେହିକେହି
ମୋତେ ବି ଡାକନ୍ତି ଚଣ୍ଡାଳ ।

ପୁରୁଷ ପୁରୁଷ ଧରି ତମର ବୋଲ ମାନି ଏବେବି ଛିଡ଼ା ହୋଇଛି
ବିଦ୍ୟା, ବୁଦ୍ଧି, ବିଲ-ବାଡ଼ି, ବିହନ ବିହୀନ ସେହି ଭୟାର୍ତ୍ତଘର
ସେହି ଘରର ପିଲା ମୁଁ , ପାଦତଳେ ମାଟି ମଥା ଉପରେ ଆକାଶ
ଅଥଚ କହିପାରିଲିନି ଗାଁ ମୋର, ଡୋମଘର ପିଲା ତ !

ସେହି ଘରଖଣ୍ଡିକ ପଚାମଡ଼ା ଗନ୍ଧରେ ଭଣଭଣ, ଅସ୍ପୃଶ୍ୟର ବାସ
ଦରଆଉଜା ଦ୍ୱାର ଡେଇଁ ଭିତରକୁ ପଶିଆସେ ରତିରଙ୍କ
ଭୟଙ୍କର ଆଖି-ଅଶାଳୀନ, ଦାନ ଦକ୍ଷିଣା ଆଳ ଓ ଅଳିର ଲୋମଶହାତ
ନଗର ବାହାରେ ମୋ ମା' ଡୋମ୍ବୀର ଘର ବୋଲି ତ !
ଜହ୍ନଆଲୁଅର ପଗଡ଼ିବାନ୍ଧି ଗଳାରେ ଲମ୍ବାଇ ତାରାଫୁଲହାର
ତେଜି ପଇତାର ପଦ୍ୟ ମଦନରେମୋତି କାପାଳିର ଛିଡ଼ୁଥିଲେ ଲାଙ୍ଗ

ସଙ୍ଗଲୋଡ଼ି ଯୋଗିନୀ ଯୋଗିନୀ ଡାକ ଭେଦିଯାଏ ମହିମଣ୍ଡଳ
ଜାଣି ଭଣିଲେ ପଦ ପରେ ପଦ, କାହ୍ନୁପାଦ ।

ଇତରକୁଳରେ ଜାତ ବୋଲି ତ କି ହେବ ମୋକ୍ଷ, ମହର୍ଷି-ଆଶୀଷ
କି ହେବ ଆକାଶଦୀପ ପାଇଁ ଘିଅ, ଦେବୀପୂଜା ପାଇଁ ବାସ୍ନାଚାଉଳ
ବରଂ ଉଚ୍ଚବଂଶର ବୀଜରଜ ଭିଜାର ବସନ, ଗାଁ ମଳ ଦେଇଛି
କର୍ମ ବଦଳରେ ଯେତିକି ଭାତ ଦେଇଛି କି ଦିଅଁ ନା ଦେଉଳ
ଢୋଲ ବଜେଇବାର ସ୍ୱର ଛୁଇଁଯାଏ ଗାଁ ଭିତର ନାଭିକମଳ
ଅଥଚ ପାଚିଲାଧାନର ଲକ୍ଷ୍ମୀବେଶ, ପୋଖରୀଜଳ ଛୁଇଁଲା କି
ମୋର ଦୁଃଖୀ ଦୁଇହାତ, ଡୋମଘର ପିଲା ତ -
ଅକ୍ଷରକେନାରେ ବେଧଫଳ, କାଳର କୋଳରେ ଅନାମଧେୟ ।

କାଉଁରୀହାଡ଼, ଢୋଲ ଆଉ ଖାଡ଼ି ଦି'ପଟ ଛୁଇଁ ଦେଲେ ହାତ
ମନେପଡ଼େ ମୁଣ୍ଡପୋତା ଖେଳ କେମିତି ହୋଇଛି କାଳ
କେବେ ଦେଠପା, ଦାଦି କେବେ ବାପାଙ୍କର
ହେଲେ ସାପକୁ ଦଉଡ଼ି ଭାବି କାହାର ଶବଟିଏ ମଣି କାଠଗଡ଼
ବାପା କି ବୋଲାଇଛି ବାଚାଳତାର ବିଲ୍ୱମଙ୍ଗଳ
କେଉଁ ଯକ୍ଷନାରୀ ବିରହରେ କେବେ କାମନାର କାଳିଦାସ
ମେନକାର ରୂପ ଲାବଣ୍ୟରେ ବାପା କି ବାସନାର ବିଶ୍ୱାମିତ୍ର
ନାଇଁ ନାଇଁ, ବାରିଛି କେବଳ ବାରବାର ତାଙ୍କ ଅବଶୋଷ
ବ୍ରାହ୍ମଣପିଲାଏ ମାଙ୍କଡ଼ ମାଇଲେ କାହିଁକି ଲାଗେନି ଦୋଷ ।

ସେଇ ମୋର ବାପା ! ବେତା ବାଇଆ, କାଞ୍ଚୁଲା-କୁଲା ବଦଳରେ
ବାଉଁଶରୁ କେବେ ତିଆରିନି ବଂଶୀ
ଏଥିପାଇଁ ଗର୍ବର ଗୋଟେ ତାଳଗଛ ଭାବଭୂଇଁରୁ ଛୁଇଁଛି ଆକାଶ
ମଳାମଣିଷ, ପଶୁ, ମଳ ସଫାକରି ଆଜିର ଯୁଗରେ ମୋର ବାପା ବି
ଗାନ୍ଧୀମଣିଷ, ଏତିକି ଅବଦାନ କାହାର ଅଛି କହୁନ
ସେହି ବାପାଙ୍କ ପରି ଜାଣିପାରିଲିନାହିଁ ଜୀଅଁଳଗୁନ୍ଥି ମାଛଧରିବାର ସୂତ୍ର
ବାଘବକ୍ରି ଖେଳ । ଛାଡ଼ ହୋ, ମୁହିଁ ଡୋମ୍ବୀର ପିଲା ତ !

■

ଦେବୀ ଗଢ଼ଣର ପଞ୍ଚଦିନ

ମାଟି କାଦୁଅ ଛଣପଟରେ କୁଟକମକରି ଯେମିତି ଗଢ଼
ବେଶ-ଭୂଷଣ ଆବରଣ ଭେଦି ପଶିଯାଏ ହାଟ-ବଜାର
ପ୍ରସାଧନ ସାମଗ୍ରୀ ମାଲିକର ଆଖି-ଆୟ, କାମଜର୍ଜର
ଆଇଁଷଗନ୍ଧ, କେହି ଅଟକେଇ ପାରିଛି କି କହୁନ !
କେଉଁଠି ଫୁଟିଛି ହାଡ଼ଫୁଲ, ଭଉଁରୀ ଭିତରେ କେଉଁଅଂଶ
ପାଲଟିଅଛି ନାଭିକେନ୍ଦ୍ର, ଶରୀରର ନିଭୃତତମ ଦ୍ୱାର
କେତେ ସୁନ୍ଦର ଚମତ୍କାର ଚମରଙ୍ଗ, ବୟସ-ବାସ
ବର୍ଣ୍ଣନା ବି କରିପାରେ ଅନ୍ଧ ପୁରୁଷର ପାପପଣ
ଆଳି-ଅଳଙ୍କାର, ଆଭୂଷଣ ଭିତରେ ଯେତେ ଖୋଜାପଡ଼େ
ଲଙ୍ଗଳାଦେହ, ସେତିକି ନାରୀ ନୁହଁ ।

ନାରୀଦେହ ପାଖରେ ସହଜରେ ପହଞ୍ଚିବାକୁ ହେଲେ
ଦିନ ବଦଳେଇ ରାତି କରିବାର ପଡ଼େନି ପ୍ରୟୋଜନ
ନଈକି ନଅର କରିବାର ପ୍ରୟାସ, ଆତ୍ମୀୟତାର ଅଶ୍ରୁପାତ
ଭ୍ରମରମନ କି ବଂଶୀସ୍ୱନ ହୁଏନି ଦରକାର
ଅଛି ତ ଦାନ୍ତ ନଖର ବଳ, ପାଶବିକତାର ସମ୍ବଳ
ନାରୀଦେହ ପାଖରେ ପହଞ୍ଚିଯାଇପାରେ, ଏମିତି କି
ସତରବର୍ଷ ସାତମାସର ନାବାଳକ
ପେଗମଦ, ଗୋଟେ ସିଗାରେଟ୍ ଦାମ୍‌ଠାରୁ କେତେକମ୍
ନାରୀର ମୃତ୍ୟୁ, କହିଦେଇପାରେ କାମୁକ କାପାଳିକ ।

ନଦୀକୂଳ, ତୋଟାମାଳ, ବିଲ-ବଣ ନିର୍ଜନରେ ଏକ୍ଲାପକ୍ଷୀପରି
ଗାଉଥିଲେ ଖୁସିବାସୀର ଗୀତ, ସେତେ ସହଜ ନୁହଁ
ପାଦପାଇଁ ପାରିହେବା ପାଞ୍ଚମିଟର ପଥ
ସାରାପୃଥିବୀର ଫୁଲମାନଙ୍କ ପରି ହେଲେ ବି ଶ୍ରେଷ୍ଠ ସୁନ୍ଦର
ବୃନ୍ତରେ ରହିପାରିବ କେତେବା ସମୟ ! ଛଡ଼ାଇ ଆଣିପାରେ
ଯେକୌଣସି ମୂହୁର୍ତ୍ତରେ ନୃଶଂସହାତ ।

ସେହି ନାରୀ ମରୁଭୂମିରେ ଅଟକିଗଲେ ଗୋଟେଦିନ
ଖୋଜିହୁଏ ମେଘ, ପଛେପଛେ ଗଛବୃଛ, ନଈର ପାଣି-ସଜ
ଜହ୍ନ, ଫଗୁଣ ସଂଜ, ପକ୍ଷୀ କଳରବ
ବିସ୍ତୀର୍ଣ୍ଣ ବାଲିପ୍ରାନ୍ତର ପାଳନକରେ ମାଟିପର୍ବ
ଏତିକିବେଳେ ଜଗଦ୍‌ଗୁରୁଙ୍କ ଆସ୍ଥାନ ହୁଏ ଟଳମଳ
ନାରୀର ଅବଦାନ ଉପରେ ଆରମ୍ଭ ହୁଏ ଅଶ୍ୱମେଧଯଜ୍ଞ
ବଜ୍ର ଓ ବିଜୁଳି ନାଦ ପରି ମନ୍ତ୍ରପାଠ ଘୋଷଣା କରେ
ଯେଉଁ ଧାଡ଼ିରେ ରଖାଯାଇଛି ଶୂଦ୍ର, ମଳ ଓ ମୁର୍ଦାର
ସେଇଠି ଯୋଡ଼ିଦିଅ ନାରୀଦେହ ।

ପୂଜାମଣ୍ଡପରେ ଯିଏ ଛିଡ଼ା ହୋଇଛି ମାଟି ଗଢ଼ଣର, ସିଏ-
ସେହି ନାରୀ ସବୁ ଅନ୍ତିମତାର ଅବଶେଷ
ଯାହାର ଛାତିତଳେ ଅଛି ମୃତନଈ, ଟାଙ୍ଗରପାହାଡ଼, ଥୁଣ୍ଟାଗଛ
ନିଃସଙ୍ଗତାର ନୀଡ଼, ଅସହାୟତାର କାନ୍ଦବୋବାଳ
ଯାହାର ରେଡ ଚିହ୍ନଟ ଫ୍ରକ୍, ପଟେଚପଲ, ଗୋଟେ କାନଫୁଲ
ଟ୍ରଙ୍କ୍ ଭିତରେ ଅଛି ଅଦାଲତରେ ହେବାକୁ ପ୍ରମାଣ
ଧର୍ଷିତାର, ସିଏ ଦେବୀ ନା ଦାମିନୀ କହିବ ତ !

ରକ୍ତ ମାଂସ ହାଡ଼ର ନାରୀଦେହଠାରୁ କେତେବଡ ହୋଇପାରେ
କେଉଁନାମ କେଉଁ ପରିଚୟ
ହଜାରହଜାର ବର୍ଷ ହେବ ଗଭାରେ ତା'ର ଓଜାଡ଼ି ପଡ଼ିନି
ଯେତିକି ଫୁଲ ଓ ଫଗୁଣ, ବର୍ଷା-ବିଳାସ

ଗୁପ୍ତାଙ୍ଗ ହୋଇଛି କ୍ଷତ ବିକ୍ଷତ ରକ୍ତ ଜର୍ଜରିତ ବରଂ ଅଧିକଥର
ଯେତିକି ମିଳିନାହିଁ ଗାଲ, ଗଳା, ଗ୍ରୀବା, ଗବାକ୍ଷ ପାଇଁ ଚୁମ୍ବନ
ଉଜାଡ଼ିଛି ଢେର୍ ଦାନ୍ତ, ନଖ, ଲିଙ୍ଗ ଆଘାତର ପଶୁପଣ ।

ବର୍ବରତାରବାଡ଼ କ୍ଷେତ ଖାଇଯିବାପରି ଅମାନବିକତାର
ଶେଷପଦ ଛିଡ଼ା କରାଇଛି ମଥାନତ କରି କେବଳ ନାରୀକି
ଆଦେଶ, ଉଦ୍ଦେଶ୍ୟ ମାତ୍ରେ ହିଁ ନଙ୍ଗଳା ହେବ ।

ଏବେ ତା'ର ନାମ ରଖିପାର ଦେବୀ କି ଦାମିନୀ, ମୂର୍ତ୍ତିଗଢ଼ ।

■

(ବି.ଦ୍ର: ୧୬- ଡିସେମ୍ବର, ୨୦୧୨ ରେ ଦିଲ୍ଲୀର ଏକ ଚଳନ୍ତା ବସ୍‌ରେ ପାରାମେଡ଼ିକାଲ ଛାତ୍ରୀ ଗଣବଳାତ୍କାରର ଶୀକାର ହୋଇ 'ଦାମିନୀ' ରମର୍ମନ୍ତୁଦ ମୃତ୍ୟୁର ପ୍ରତିବାଦରେ ଏହି କବିତା)

ପନ୍ଦରବର୍ଷ ତଳେ ବିକ୍ରି ହୋଇଥିବା ଝିଅ

କେତେକମ୍ ହୋଇପାରେ ଗୋଟେଛେଳି ଠାରୁ ଝିଅର ଦାମ୍
ନିଆଁ ଠାରୁ କେତେବେଶି ଜାଳିପାରେ ଦାଉଦାଉଭୋକ
ପିଲାବିକି ଜାଣିଯାଏ ମା', ଜାଣି ବି ଯାଏ ସବୁମୂଳର ଚେର ହିଁ ଭାତ
ବର୍ଷବର୍ଷ ଧରି ଚାପି ରଖିଥିଲେ ପଣ୍ଡିତବର୍ଗ, ଯଦିଓ-
ସାଫ୍‌ସାଫ୍ ଲେଖିଛନ୍ତି ଆଦ୍ୟ ଓଁକାର ଅର୍ଥ, ଉହ୍ୟ ରହିଯାଇଛି ଭାତ ।

ପ୍ରାର୍ଥନାର ବୀଜ ଓ ବୈଦୁର୍ଯ୍ୟ, ଅଭ୍ୟସ୍ତ ମାଟିର ମର୍ମଭେଦି ଶସ୍ୟମନ୍ତ୍ର
ଜନପଦ ଉପରେ କରିପାରେ କାହାଣକାହାଣ ମୃତ୍ୟୁ-ଚାଷ
ଭୋକଭୂଇଁ ଫାଡ଼ିବିଦାରି ଛିଡ଼ା କରିପାରେ ନିଜର ଯୋଦ୍ଧାବେଶ
ହିଁ, ଭାତ ହିଁ ଭାତ
ଭାତର ରାଜୁତି ତଳେ ମୁଣ୍ଡପାତି ଛିଡ଼ା ହୋଇଛି ଇତିହାସ ।

ମନେଥିବ, ପନ୍ଦରବର୍ଷ ତଳେ ଖୁବ୍ ଦୋହଲେଇଛି ଦିଲ୍ଲୀ-ଦର୍ବାର
କଳାହାଣ୍ଡି, କାଶୀପୁର ଆକାଶର ଧଳାବଉଦ ସମ
ସେଇଠିକି ଉଡ଼େଇ ଆଣିଛି ଜାତିସଂଘ ଉଦ୍‌ବେଗର ଉଡ଼ାଜାହାଜ
ବର୍ଣ୍ଣନା କରିଛି ବିଶ୍ୱ ଗବାକ୍ଷ ଉପରେ ଜଣେ ମା'ର ଭୋକ
ଝିଅ ବିକ୍ରିର ଅଶ୍ରୁ ସଜଳ ବିଦାୟ-ବିଷୟ ।

ପଙ୍କ ତଳୁ ଫୁଲ ଫୁଟିବାର ଗୁମର ଉଠେଇ ଆଣୁଥିବା ଆମ ରାଜ୍ୟର
ବୁଦ୍ଧିଜୀବୀ ଗଣ, ପ୍ରତି ଘଟଣାର ମେଘଖଣ୍ଡ, ବଜ୍ର ବିଜୁଳୀ ପଛରେ
ଧାଉଁଥିବା ଖବରକାଗଜ, ଦୁଷ୍ଟ ସମୟର ଧାଁ-ଦଉଡ଼ର

ଅନୁସରଣ କରୁଥିବା ବିରୋଧିଦଳ, ମାଛପେଟରେ ରତ୍ନମୁଦିର
ସନ୍ଧାନ କରି ଅୟସ କରୁଥିବା ସର୍କାର ଧୂମ୍ ଧୂଳି ଉଡ଼େଇଲେ ଅବଶ୍ୟ
ଝିଅବିକ୍ରି ଖବର ଉପରେ ସେଦିନ ।

ସେଦିନ ବି ସହର ନଗର ସଭାଗୃହରେ ଭାତ ଶୀର୍ଷକ ସଂପର୍କରେ
ଓଜାଡ଼ି ପଡ଼ିଥିବା ସମବେଦନା ସମ୍ବଳିତ ଅଭିଭାଷଣର ବିଶ୍ୱାସ
କେବେଠୁ ଚୋରିକରି ନେଲାଣି କେହି ବଦ୍‌ମାସ୍
ଭାତ ପାଇଁ ବସିଥିବା କମିଶନ୍ କେବେଠୁ ହୋଇସାରିଲାଣି
ପୋତିହୋଇ ପଡ଼ିଥିବା ସାପର ଗାତ, ପରିତ୍ୟକ୍ତ
ଝିଅବିକ୍ରି, ଭାତ-ପ୍ରସଙ୍ଗ ଆଉ ମନେ ପକାଏନାହିଁ ଅବୀଜା-ଦେଶ
ଚଉକି ଉପର ଚତୁର ମଣିଷ ।

ପନ୍ଦରବର୍ଷ ପରେ କବିତା ଭିତରେ ପ୍ରବେଶକରି ପାଲଟିଯାଇଛି ସିଏ
ଲୁହର ନଈ, ଗୋଟେ କୋହର ଆକାଶ, ପତ୍ରଝଡ଼ା ବେଶ
ବିକ୍ରି ହୋଇଯାଇଥିବା ନୁଖୁରା ଝିଅ ।

ବିକ୍ରି ହୋଇଯିବା ପରେପରେ ଆଉକି ଲୋଡ଼ାହୁଏ ଜାତିଗୋତ୍ର, ପିତୃବଂଶ !
ଯେମିତି କୁକୁଡ଼ା, ବତକ, ଘୁଷୁରି ନାମ ବିହୀନ ସେମିତି ବିକ୍ରିଝିଅ
ଭାବୁଛ କି, ପିଠିକି ମିଳିଥିବ ସ୍କୁଲ୍‌ବ୍ୟାଗ୍, ଝିଲ୍ଲି ଝାଲେରି ଫ୍ରକ୍
ନାହିଁ ହୋ ! ଛିଣ୍ଡାଚପଲ, ରଦିକାଗଜ, ପ୍ଲାଷ୍ଟିକ୍‌ଖୋଳ, ଫିଙ୍ଗାବୋତଲ
କାନ୍ଧ ପିଠିରେ ବୁହାଇବୁହାଇ ଖରାବେଳ ସାରା ହଜେଇଥିବ
ଝାଳସର୍ସର ଶୈଶବ, ଧୂଳିଝାଡ଼ି ପୋଛିଦେଇଥିବ ଛାତିର ମାଂସକଢ଼
ଖୁବ୍ ରଙ୍ଗ ହେଉଥିବ ଦଲାଲର ଅସଭ୍ୟ ହାତ, କାମଜର୍ଜର ଆଖିହଳକ
ଜାଣି ଅଜାଣିର ମୁହଁ ମୋଡୁଥିବ ବିକ୍ରିଝିଅ ।

ଭାବୁଚ କି, ଗଜଦନ୍ତ ପଲଙ୍କର ଅବା ବିଗ୍‌ବଜାରର ମଜ୍ଜା ନେଉଥିବ
ନାହିଁହୋ, ବିକ୍ରିଝିଅ ମାନଙ୍କ କପାଳ ଉଜୁଡ଼ାକ୍ଷେତ କାଳକ କାନ୍ଦକାନ୍ଦ
ଚମ୍ପାଫୁଲ, ଜହ୍ନରାତି, ଚନ୍ଦନ ବାସର ପ୍ରେମ ସାତସପନ
ପୋଲତଳ ଅସ୍ନା-ଅନ୍ଧାର, ରେଲ୍‌ଷ୍ଟେସନ୍, ମଣିଷଙ୍କ ମଳମୂତ୍ର ଭଣଭଣ

ଭିତରେ ହଜାରେଥର ଛାତି କ୍ଷତ ବିକ୍ଷତ ରକ୍ତ ଜର୍ଜରିତ
ଆଜନ୍ମ ଘା'-ଘଲିଆରେ ଖୁନ୍ଦିହୋଇଥିବ ସ'ସ୍ର ଘଇତାପଣ
ଦିନ୍ ମଲମ ଲଗେଇ ଛଡ଼ୋଉଥିବ ଗୁପ୍ତାଙ୍ଗ-ଦର୍ଜ, ଜାଣି ବି ଯିବଣି
ଦିନ୍ ଚୋଟ, ପାଦପାଇଁ ଅଛି କଣ୍ଟା ଝଟାର ବାଟ-ଅବାଟ
ଦେବୀ ହେଲେ ତ ଥରଟିଏ ଶାଢ଼ୀ ଉତ୍ତାରିବ, ଦାରୀ ହେଲେ ନିତି
ନଙ୍ଗଳା ହେବ ।

ବିକ୍ରିଝିଅ ହୋଇପାରେନାହିଁ ମୋହିନୀ, ଯକ୍ଷନାରୀ, ସିନେସୁନ୍ଦରୀ
ସିଏ ଦୋଚାରୁଣୀ, ମାଲ୍ୟାଣୀ, କାମିନୀ, ହୀନୀ, ହସ୍ତିନୀ
ବିକ୍ରି ହେବାଠାରୁ କହି କୁହାଉଛି ଦଲାଲ, କହୁଛି ନେ'-
ବୀର୍ଯ୍ୟର କିରଣ୍ଟ, ନେ' ଡହଯାକ, ଅମଣିଷ କ୍ଷରଣର ପାପପାତ
ନିଏଲୋ ଛିଣ୍ଡାଳ, ନେ' ଲାଳସାର ଲାଳ।

କେହି ପ୍ରଶ୍ନ ପଚାରିଲେ ପନ୍ଦରବର୍ଷ ତଳେ ଗୋଠରୁ ନିଖୋଜବଳଦ
ବୃନ୍ତରୁ ଝଡ଼ିଥିବାଫୁଲ, ଶ୍ରାବଣସଂଜରେ ଉଡ଼ିଯାଇଥିବା ବଗହଳକ
ବାଘ କବଳରୁ ଖସିଆସିଥିବା ମୃଗ, କୁମ୍ଭୀରପାଟିରୁ ଗଜ
କେମିତି ଥିବାର ଅଛି ଉତ୍ତର, ଅଥଚ କଥା ଉଠିଲେ ବିକ୍ରିଝିଅର
କାଳର ପ୍ରବାହ, ଆମ ଲୁହର ଦାତାପଣ, ବିବେକର ଧର୍ମରାଣ
ବାସ୍ତବତାର ବିଶ୍ୱାସ, ଅଠରନଳାରୁ ଦିଶୁଥିବା ନୀଳଚକ୍ର ପରି
ସଭିଏଁ ନିରବ, ଅର୍ଥବ । ଧିକ୍, ଧିକ୍କାର...

ସେହି ଝିଅ ଛେପଖଙ୍କାରରେ ହଠାତ୍ ପୋତିପକାଇଥିବ ଚିତ୍‌କରି ଦେହ
ନିଜହାତରେ ଦଳି ମକ୍‌ଚି ଛାତିଉପର ଯୌବନଫୁଲ
ଜଙ୍ଘସନ୍ଧି, କୋରଗାତ, ନାଭି-ନଭ ନଖରେ ବିଦାରି କହିଥିବ ଧ୍ୟାତ୍
ମାଟିରେ କଚାଡ଼ି ଦୁମୁଦୁମୁପାଦ ଘୃଣାର ପୁଜପାଣିରେ ଓଦାକରି
ବାଇଜାଦେଶ, ମାଟିକି ମା' କହି ଶୋଇଯାଇଥିବ ।

ସେତିକି ତା'ର ବିଦ୍ରୋହ, ଗୋଟେ ନିଆଁଗୀତ ନିର୍ମାଣର ପ୍ରଥମପଦ
ଯେଉଁଥିରେ ସ୍ୱର ହୋଇ ଫୁଟୁଥିବ ଗବଗବ ଭାତ । ■

ଆଖି

କେମିତି ଲାଗେ, ଆକାଶମାର୍ଗରୁ ଆରତ ନଳିନୀ ବନ
ଶୋକ-ଅଗଣାରେ ନିର୍ଜନର ଝରାପତ୍ର
ପ୍ରିୟପକ୍ଷୀ ଡେଣାରୁ ଉଜୁଡ଼ା ପର, ଡେଙ୍ଗା ତାଳଗଛ
ଝଙ୍କା ବରଗଛ ପରି ଛୋଟବଡ଼ ପାପ ।

ତମ ସଂଚିତ ଦୃଶ୍ୟଭୋଗ ସତ୍ୟ ସଂହିତାର ଭାଷାହୋଇ
ଛୁଇଁ ପାରିଲା କି ଜନପଦ
ଛାତି ପରେ ଛାତି ଭେଦି ହୋଇପାରିଲା କି ପଟୁଆର !

କିଛି ବି ପାରୁନ, ଅଛି ମେଘମେଘ ଆକାଶ
ଅଥଚ ଜଳ ଅଭାବର କଷ୍ଟ ଭୋଗ କରୁଛି
ବଗିଚା ଭିତରେ ଫୁଲଗଛ
ନଈବାଲି ସାରା ଆଷାଢ଼ ଶ୍ରାବଣର ବିଛେଇ ପଡ଼ିଛି
ଖରା ଛାଇ ଖେଳ, ଏଣେ ଶେଷ ନିଃଶ୍ୱାସ ନେଇପାରୁନି
ଅଭୋଗୀ ମାଛ
ସିନା ଜାଣିଛ, କୋଉ ଦୂରେଇ ପାରୁଛ କି ଦୁଃଖ-ଅପ୍ରମିତ ।

ତମେ ତମ ବାଗରେ ଥାଅ, ଥାଇ ବି କୋଉ ସାକ୍ଷୀ ହେଲ
ନା ଦେଖାଇଲ ସାମର୍ଥ୍ୟ ।

କ୍ଷୀରି ପୁରିରୁ ସୁଖ ଉଠୋଉଛି ହାତ, ଜୋତା ଭିତରେ
ପ୍ୟାର୍‌ପ୍ୟାର୍ ଗୀତରେ ବିଭୋର ପାଦ
ବର୍ଷା-ବର୍ଷଣ ସଞ୍ଜ, ବୈଶାଖ ମଧ୍ୟାହ୍ନ, ଶୀତ ସକାଳ

ଜାଣି ନଥିବା ଲୋକର ଥାଏ ବି ଘର
ଏମାନଙ୍କ ସହିତ କେମିତି ଭାବ ଯୋଡ଼, ଜାଣିନି ମ !

ରୁହ, ଶେଷକଥା ପଦକ କହିସାରେ ଯିବା । ତମେ ଯିବ
ମଧ୍ୟ ନିଶିଥରେ ସ୍ୱପ୍ନ-ସହର କାନ୍ଥରେ ଦେଖିଯିବା ପାଇଁ
ମନ ସ୍କାମନାର ଶହଶହ ବିଜ୍ଞାପନ
ନିଷ୍ଫଳ ଇଚ୍ଛାର ଶବ ଧରି ମୁଁ ଯିବି ଖୋଜିଖୋଜି ଦୂର ଏକ
ଧୂସର ଶ୍ମଶାନ ।

ଏଥର ଉଠିବା ତ, ଚାଲ । ପୁଣି କଥା ହେବା ଏଇଦିନ
ଆରବର୍ଷ, ବଂଚିଥିଲେ ତ !

■

କାଳକ ମୂଢ଼ ବୋଲି ତ !

ଭଲା ଭଣ୍ଡେଇଲ ହୋ' ଜଜମାନ, ନେଲ ଶ୍ରୀମନ୍ଦିର
ଦେଲ ସ୍ୱର୍ଗଦ୍ୱାର ।

ପଚାଷଢ଼ା ମଡ଼ାର ଥାଏ କି ମଣିମା ଡାକ, ପକେଟଭର୍ତ୍ତି
ଅର୍ଜ୍ଜନ, ଥାଏ କି ସୁଖ ସଡ଼କରେ ପାଦ ଯୋଡ଼ାକ
ଉଡୁଥିବା ଯାଏ ହଂସ ତୁମର, ଅଚଳ ହଂସା ଆମର
ଜନ୍ମରୁ ଅପୂର୍ଣ୍ଣ ବୋଲି ତ ଏତିକି ଦୋଷରୁ ତମେ ଚୋରିକର
ମହୁମୁହାଣ, ସୁଖଫୁଲ
କାଳକ ମୂଢ଼ ବୋଲି ତ ତମେ ଜାଣି ଜିଣିଲ ।

କେବେ ମାଙ୍କଡ଼ର ଖେଚଡ଼ଗୁଣ ତ ବାମନବୁଦ୍ଧିର ବେପଥପଣ
ଜୀଇଁଥିବାଯାଏ ଦେଖେଇବ ମୋକ୍ଷ-ପଥ, ବାଲିରଥ
ବୁଲେଇ ବୁଲେଇ ବିଭ୍ରମରେ କୁହୁଡ଼ିଘର
ଖଞ୍ଜାରେ କଣ୍ଠସ୍ଥ କରିନିଅ ପତିତର ପ୍ରାଣପାଠ, ତେଣିକି
ଭଜୁଥାଉ ନିରନ୍ତର, ତମର କୋଉ ଥାଏ କି ଚାଷ
ତଥାପି ଓଠରେ ଥାଏ ଶସ୍ୟଗୀତ, ଭାତ ହୋଇଯାଏ କୈବଲ୍ୟ
ତମେ ଜାଣି ଜୀବନରୁ ମଜା ଉଠେଇଲ ।

ତମେ ନେଲ ହସର ହସ୍ତାକ୍ଷର, ଆମର ଆରତ ନଳିନୀବନ
ଅଙ୍ଗାରପାଉଁଶ ଆଖି ଭିତରେ ଯେତେ ତିଆରୁଛି କାନ୍ଥ
ଅଧା ଭାଙ୍ଗୁଛି କାନ୍ଦ ବୋବାଳ
ଆରଅଧକ ଧୂଆଁ ଧୂମାଳରେ ଟଳମଳ, କେତେସହିବ କହୁନ !

ମଡ଼ା କି ଯାଏ ସ୍ୱର୍ଗପୁର ! ଥାଏ ଅଙ୍ଗାରପାଉଁଶ, ତଳୁ ଧୂଳିଧୂସର
ପାପତକ ଉଠାଏ ଅସ୍ତ୍ର କରେ କଲବଲ
ଆଶା ଅପୂରଣ, ଟଙ୍କା ମୋହ ଛିଣ୍ଡଉଥାଏ ଆମ ଛାତିତଳୁ
କଳିଜାକଢ଼ ।

ଦିନେ ଦିନେ ଶରଧାବାଲି ଡେଇଁ ମାଡ଼ିଆସେ ସମୁଦ୍ର, ଧୁଏ-
ଅବସୋସ, ଅଭିଳାଷ, କରୁଣ-କୁହୁଡ଼ିଘର
କାଳକ ଆମେ ସେତକର ସାକ୍ଷୀ-ମଣିଷ ।

ତମଯାଏ ଗଲାଣି କି ଲୁଣା ଜୁଆର ନା ଡେଇଁଛି ଆଖିଦାଢ଼
ସିଂହଦ୍ୱାର ନା ସିଂହାସନ
ନାହିଁ ହୋ, ତମପାଇଁ ଅବିର ବୋହିଆଣେ ଫଗୁଣ ପୁତ୍ର
ରଂଗୀନ ସ୍ୱପ୍ନ ଓଜାଡ଼ି ଦିଏ ପକ୍ଷୀରାଜ, ସାରାରାତି
ମଥା ଆଉଁସି ଦିଏ ଦେବଦାସୀ ନୂପୁର ଗୁଞ୍ଜନ
ତା'ଥେଇ ତା'ଥେଇ ସ୍ତନଚୂଳ ଉପରେ ତମନିଦ
ମହକୁଥାଏ ମନ ମୈଥୁନ ।

ଆମେ ଗନ୍ଧ, ଗନ୍ଧ ଆମ ଜୀବନର ଦିବ୍ୟଭୋଗ । ଏତକରୁ
ଯାହା ବଂଚିବା କଥା, ସାକ୍ଷୀ ସମୁଦ୍ର
ମଲା ମଣିଷର ଆଖି ଅଂଚଳ ।

ଭଲ ଭୋଗେଇଲ ହୋ ଜଜମାନ, ନେଲ ରତ୍ନଭଣ୍ଡାର
ଦେଲ ଶୋକ ସଂଗୀତ, ଉଜୁଡ଼ାଲୋଭ
ମାୟାପୀଡ଼ିତ ମାନସାଙ୍କ, ଏଥିରେ ବଂଚି ହେବ ତ !

■

କ୍ଷଣିକେ ଭରପୂର ତ କ୍ଷଣିକେ ଛାରଖାର

ବିଳମ୍ବ ହେଲେ ବି ଜାଣିପାରିଲି ତ, ତମ ଛଳଛଦ୍ମ ବହିଖଣ୍ଡିକର
କାମ ଓ କରାମତିର ଆଦିମ ଆଚରଣ, ଗରଳ-ଗୁଣ
ଜାଣିଲା ବେଳକୁ ତାଡ଼ିତୁଡ଼ି ଧରିଲାଣି ଭୂଇଁତଳ, ଚିରିଚାରି
ଛୁଇଁ ସାରିଲାଣି ଅଧା ଆକାଶ,
ବଳି ପଡୁଥିବା ମଣିଷ କି ମଇଁଷି ବେକରେ ପହିଲା ଚୋଟପରି
ଦୁଶୁଛି ଜଳଜଳ, ଅଲିହା ଅକ୍ଷର ଭିତରେ
ତମ ଆରକ୍ତ ଆଦେଶର ଦାଢ଼,ଉଦ୍ଦେଶ୍ୟର ମୁହଁତୋଡ଼
କହିଛ,ମୋ ରକ୍ତାକ୍ତ ହେବାର ଦିନଗୁଡ଼ିକ
ଘା' ଭିତର ଗନ୍ଧପରି ଅପବିତ୍ର,ସେଇ କେତେଦିନ ମୁଁ କାହାର ନୁହଁ, ହୀନ ।

'ନମଇଁ ନୃସିଂହ ଚରଣ....', ଗୀତା, ଗୀତଗୋବିନ୍ଦ
ଏହିପରି କେତେକେତେ ଲିଖିତ ତାଲିକାର ଉଦ୍ଦଣ୍ଡ ବାରଣ ।

କେଜାଣି କେବେ ଭଣିଥିଲ,କେତେ ପିଢ଼ିର ହେବ ବହିଖଣ୍ଡିକ ତମେ ଜାଣ
ଝଡ଼ି, ବଢ଼ି, ମରୁଡ଼ି ଠୁ ଏତେଟାଣ ବୋଲି ତ
ଜାଳି ପାରିନି ନିଆଁର ବହଳ କି ଭିଜେଇ ପାରିନି ଜଳ ଗହଳ
ହାତରୁ ହାତ, ବାକ୍ସରୁ ବାକ୍ସ ବୁଲୁଥାଏ ସଚରାଚର ତମ ମୟାପାଠ
କେବେ କେଉଁଦିନ ଆଡ଼ଆଡ଼ ନୟନରେ ନାହିଁ କରିଦେଇଛି କି
ତମ ରଞ୍ଜାରେ ଲଟାହୋଇ ଲଟେଇଥିବା ଛାର ମାଇପିଲୋକ, କହୁନ !

ଆଖିର ଅତଳରୁ ଧୈର୍ଯ୍ୟର ପାଣିକାଢ଼ି ଧୋଇଦେଉନି କି ତମ ନିର୍ମମପାଦ
ବିଶ୍ୱାସକୁ ବିଚଣାକରି ବିଞ୍ଚୁଛି ତମ ସନ୍ଦେହର ଡହକୁ ବରାବର
ସଧବାର ସୀମାର ଚୁଲିରେ ସଂଘର୍ଷର ଗୋଡ଼ହାତ ଜାଳି ରାନ୍ଧିଛି ବି
ତମ ପାଇଁ ସଫାସୁତୁରା ସୁଖରଭାତ
ଶେଯସୁପାତୀରେ ସଜେଇଛି ମାଳତୀଲତା ପରି ତଟକା ତଟକା ସତୀପଣ
ତମ କଳକଉଶଳ ମୁକୁଟରେ ମାନିଛି ବେଶ୍ ମୋ କରୁଣ କରମର
ଦରମଲା ମୟୂରଚୁଳ,

ଗଳାରେ ତମ ଗଳେଇଦେଇଛି ସଜ ସକାଳର ସୁନ୍ଦରସମ
ମୋର ପୀଡ଼ା ଆଉ ପରାଧିନତାର ଦହଗଞ୍ଜ କଲିଜା ଫୁଲର ହାର
ଏଇଥିପାଇଁ ତ ଇହକାଳ ପରକାଳର ତମେ ପ୍ରଭୁ, ସ୍ୱାମୀ, ଦେବତା, ନାଥ-
କେତେକେତେ ଆରାଧ୍ୟ ଉପାଧିର ହୀରାକୁଦ ବନ୍ଧପରି
ଝଟକୁଥାଏ ତମ ମର୍ଦ୍ଦପଣ ।

କେଉଁଥିରେ ଊଣା କରିଛି କି ତମ କାମନାର କନକ ମୁଲକରେ
ଦେଖୁନ,ଅରକ୍ଷ୍ୟ ଭାଗ୍ୟ ମୋର ଅଜନ୍ମ ଆଜ୍ଞାବହ
ଯେମିତି ଚାହିଁଛ ସେମିତି ପରଶି ଦେଇଛି ମାଇପି ବେଶ
କେବେ ପିଆଲାରେ ଅଙ୍ଗୁରରସ, କେବେ ବଳ ଆଉ ବିଳାସର
କୋଠରୀ ଭିତରେ ବଉଳବାସ, କେବେ ଖୁସିଭର୍ତ୍ତି ପୋଖରୀ ଭିତରେ
ମାଣିକମାଛ କେବେ ପୁଣି ମଜାମଜ୍‌ଲିସ୍ ଭୋଗର ଭୂମିରେ ଫଳନ୍ତିଗଛ ।

ପସନ୍ଦର ଶାଢ଼ୀ ସାୟା, ବ୍ଲାଉଜ୍ ପିନ୍ଧାଇ ବାରଲୋକରେ କହିଛ
ଇଏ ମୋ ସୁନ୍ଦରୀ, ଭୋଗିଛ ଭୋଗେଇଛ
ଘର ମଉଡ଼ରେ ଏକ୍‌ଲା ଖ୍ୟାତିର କହ୍ନିଫୁଲ ପରି ଜଣେଇଦେଇଛ
ଇଏ ମୋ ସୁନାର ସଂସାର, ଏବେ କହୁନ-
କେବେ କହିଛି କି ନାଇଁ ନାଇଁ ଏହା ଲୁହାରଗାରଦ ଯନ୍ତ୍ରଣାଜର୍ଜର
ଜାଣୁଥିଲେ ବି ତଥାପି ଘୋଷିଛି ଖାସ୍ ତମନାମ କଏଦୀ ଜୀବନ ମୋର
ତମେ କହିଛ ନା, ସେହି ବହିଖଣ୍ଡିକ ବ୍ରହ୍ମାଙ୍କ ସ୍ୱୀକୃତ ମାନିଲେ ଭଲ
ନୋହିଲେ ନର୍କକୁ ଗଲ ।

ଏଇଥିପାଇଁ ତ ନିଆଁରେ ଜାଳ, କେବେ ଜୁଆରେ ବାଜି ଲଗାଇ ମୋତେ ବରବାଦ୍
କର, ତମେ ସେଇଲୋକ
କେବେ ଗୋଇଠାମାରି କହିଦିଅ ପୂତନା ପୁଣି ଗୋଡ଼ଧରି କୁହ ପ୍ରିୟତମା ।

ତମେ ସେହିଲୋକ, ଥିବଥିବ ଉପମାରେ ପୋତି ପକେଇବ ! କେଶକୁ
କହିବ କଅଁଳମେଘ, ନୟନକୁ ନୀଳନଦୀ, ନାଭିକୁ ନକ୍ଷତ୍ର
ପାଦକୁ ପଦ୍ମ, ଅଧରକୁ ଅଧାଚାନ୍ଦ
ଡାହଳ କୁକୁର ପରି ସ୍ତନଝାଳ, ଧୂଳିବହଳ ଦୁଇଗାଲ,
ମଳିମହଳ ପେଟ ଚାଟି ଚାଟି
କହୁଥିବ ଯକ୍ଷନାରୀ, ସ୍ୱର୍ଗପରୀ, ମନର ମାନସୀ...
ତମେ ସେଇଲୋକ, ଥିବଥିବ ନାଭିରେ ନିଆଁ ଲଗେଇବ, ଗାଲଟାଣି
ଚୁଟିଝିଙ୍କି ଶସ୍ୟଳ ଛାତିରେ ଛବି ଉଜାଡ଼ିବ
କହୁଥିବ ଇଏ ଡାହାଣୀ, ପିତାଶୁଣୀ ପ୍ରେମ କଅଣ ଜାଣିନି, ଛି.... ।

ଛାର ମାଇପିଲୋକ କ୍ଷଣିକରେ ଭରପୂର ତ କ୍ଷରିକରେ ଛାରଖାର,
ଅଶରଣୀ ଜୀବନ ମୋର
ଏୟା ତ ! ନାଇଁ ନାଇ, ନାରୀ କି ନଦୀ କହିବା ବନ୍ଦକର
ଏଣିକି ତମେ ରଂଜାନୁହଁ କି ମୁଁ ଲତାହୋଇ ତମଠି ନେବିନି ଆଶ୍ରୟ
ଭାବୁଛି କି, ପେଡ଼ି ଭତରେ ସାପ, ଦର୍ପ ଭିତରେ ପାପପରି ଜଣାପଡୁନାହିଁ
ତମ ବହି ଭିତରେ ଥିବା ମାୟାପାଠ, ମିଛମନ୍ତ୍ର, କପଟର ଶବ୍ଦ ବେଶ
ଦେଖୁନ, ଅନ୍ୟା ଅଗ୍ନିକା ଆଧୁନିକା ମଲାଟ ଉପରେ ଲେଖିଲେଣି
ଇଏ ବହି ନୁହଁ, ଅଂହ ଆକଟର ଗିଲାସେ ଗରଳ, ମାର...
ଗୋଇଠାମାର ନିଆଁରେ ଢାଳ ।

■

ନାରୀ : ନ'କହ ନ'କହ

ଯାହା ଭାବିଥିଲି, କେଡ଼େ ମିଛ ହୋଇଗଲା
ସେଦିନର ଦୂର ସେଇ ଆଶା ଅନିଶାର ମେଘଖଣ୍ଡ
ଉଡ଼ି ଯାଇଥିବା ଛୁଇଁ ଛୁଇଁ ପୂର୍ବ ଆକାଶ
ସ୍ୱପ୍ନର ସାରସପକ୍ଷୀ ମନ ମିଳନର
ଜାଣିଲି ସତ ବଦଳରେ ସଭିଏଁ ବହିର ଚିତ୍ର
କଅଁଳଘାସର ପ୍ରାନ୍ତଉପରେ କାମନାର
କାକର ଟୋପାକ ହାତ ପାଆନ୍ତାରେ, ଶେଷରେ
ସେତକ ବି ଶୂନ୍ୟଠୁଳ, ନାଇଁଲୋ ଲଳିତା !
ପଣ୍ଡିମାଖରା ପରି ସବୁତ କ୍ଷଣିକ
ମଥା ଉପରେ ଥାଇ ବି ଘରଯାକର ଛାଇ
ତଥାପି ଛାତି ଭିତରେ ବୁଲୁଥାଏ
ମରୁବାଲିର ଡହ, ଦିନ ଦିନ ପ୍ରତିଦିନ ।

ନଈକୂଳେ ହଜେଇଥିଲି ଯେଉଁ କିଶୋରୀମନ
ଦିନେ ଫେରି ଆସିଲା ନିନ୍ଦାର ଓଢ଼ଣା
କାନ୍ଦରଗହଣା, ରକ୍ତର ଅଳତା ନାଇ
ଭସେଇଥିଲି କାର୍ତ୍ତିକରେ ବିଶ୍ୱାସର ବୋଇତ
ଭାବିଥିଲି ଫେରିଲେ ଆଣିବ
ପ୍ରେମ ଫୁଲକର ଚନ୍ଦନ ବାସ, ଉପବନ-
ଆଳାପର ମଧୁର ଉଲ୍ଲାସ

ଆଣିଥିବ ଜହ୍ନ ଉଇଁବାର ତିଥି ଓ ତାରିଖ
ତାହା ବି ମିଛ, ଖାଲି ନିଆଁଧାସ
ବୈଶାଖ ମଧ୍ୟାହ୍ନ, ଥୁରୁଥୁରୁ ଅଦିନ ଶୀତ
ସାରାଜୀବନ ନର୍କଭୋଗ ପାଇଁ ଆଦେଶ ପତ୍ର ।

ଭାବିଥିଲି ପଲ୍ଲବରେ ପୂରିଯିବ ବକ୍ଷଭାଗ
ଛୁଉଁଥିବ ମନ୍ଦ ମଳୟ, ନାଇଁଲୋ ଲଳିତା !
ଛୁଇଁ ରହିଲା ସାରାକାଳ ପ୍ରଳୟ-ପ୍ରକୋପ
କଳ୍ପନାର ଲବଙ୍ଗଦ୍ୱୀପରେ ଲଗାଇଥିବା ଗଛ
ହୋଇଯାଏ ପରର ପଲଙ୍କ
ମରମର ମୂଳକରେ ପଡ଼ିଥାଏ ଖାଲି ଝରାପତ୍ର
ସରିଗଲି ସିନା, ଅଥଚ ଜାଣିପାରିଲିନାହିଁ
ଶାଢ଼ୀ ବାରହାତ ଭିତରେ ଏ'କି ଜୀବନ
ଏତେ ଅନିଭୋଗ !

ସଜେଇଥିଲି ଯେଉଁ ଦେହ ଦ୍ୱାହିର ନାଟ୍ୟଶାଳ
ଆଖିଲୁହ ବଦଳରେ ଉଛନ୍ନ ଅଶିଣରୁ
ଆଣିଥିଲି ହସର ବଉଦ
କୋହଦେଇ ଖର୍ଦ୍ଦି କରିଥିଲି ସମୟଠୁ
ପ୍ରେମ ଆଉ ପ୍ରୀତିର ପାର୍ବଣ
ଅର୍ଘ୍ୟ କରିଥିଲି ଟଗରଫୁଲ ପରି ସତୀପଣ
ସଭିଏଁ ଭୋଗକଲେ ଅଥଚ କେହିବି କହିଲେ ନାହିଁ
ଟିକେ ଶାନ୍ତିରେ ଶୋଇପଡ଼
ଲୋ ଲଳିତା, ଯେତେ ଦେଲି କେତେ ପାଇଲି
ହିସାବ କରି କେବେ କହିବୁ ତ !

■

ଶୀତ ସକାଳର ସଂଗୀତ

ଖୁଉବ୍ ଛୁଇଁଯାଉଛି ଶୀତ । ହଁ ମ, ଏ'ବର୍ଷ ଅଧିକ
ତଥାପି ତମାମରାତି ତମତମ ବୃନ୍ତ ଉଜାଗର
ଛିଁ'କରି କୁହୁଡ଼ି କାକର କଢ଼ ପାଲଟୁଛି ଫୁଲ
ପାଖୁଡ଼ା ଉପରେ ଗାଢ଼ ହେଉଛି ଭ୍ରମର ଗୀତ
ଟିକେ ଅଟକି ଯାଉଛି
ସୁଗନ୍ଧପାଖରେ ଦୂରଦେଶୀ ଉତ୍ତରାପବନ
ଢେର୍ ଦିନପରେ କପୋତର କପୋତୀ ସହ
ସାକ୍ଷାତବୋଲି ହସୁଛି ଗଛ ।

ତେଣେ କୁହୁଡ଼ିର ଅରମାବଣରେ କେଉଁଠିକେଜାଣି
ଗତକାଲି ହଜେଇ ଦେଇଛି ନଣନ୍ଦଟୋକି
ପାଦରୁ ପାଉଁଜ
ନଈ ତୁଠରେ ଘସିମାଜି ଛଡଉଛି ସାବନାମୁହଁରୁ
ଗଲା ରାତିଅଧର ଲାଜ ଚତୁରୀ ଚିତ୍ରା-ଭାଉଜ
ଦେଖୁନ, ଏତକ ଦୂରୁଦେଖି ଆଖିଠାରିଲେଣି
ଡେଣାଝାଡ଼ି ଚକୋରୀ-ଚକୋର, ଫେରିଯାଉଛି ବାଟଛାଡ଼ି
ଦେଢ଼ଶୁରପରି ଗହିରବିଲରୁ ଧାନ ଅମଳର
ପଦେଅଧେ ଅନୁକୂଳ ଗୀତ
ଛୁଇଁଛୁଇଁ ବି ଯାଏ ମାଟି-ମରମ, ଭୋର୍ ବେଳର
ଆରକ୍ତ ଆକାଶ ।

ଏବେଜାଣି ବେଶିବେଶି ସୁନ୍ଦର ଦିଶୁଛି ଆମ ଗାଁ
ପୂର୍ବରେ ସଖା-ସମୁଦ୍ର, ପଶ୍ଚିମରେ ସବୁଦିନେ ପ୍ରିୟ

ଦୂରକୁ ସୁନ୍ଦର ପ୍ରେମଭର୍ତ୍ତି ସବୁଜ ପାହାଡ଼
ଶୀତ ଆସିଛିତ ସଭିଏଁ ଉଛନ୍ନ, ଏମିତିକି-
ବେଶି ଆନମନା କିଶୋରୀ ଆଖିର ଦରପାକଲ ନିଦ
ଝର୍କାଖୋଲି ଡାକେ ଆ' ଦିଗ୍‌ବଳୟ, ଛାତି ଛୁଅଁ ।

ଗଲାବର୍ଷ ଜ୍ୟେଷ୍ଠମାସ ନିଆଁର ଦାମୁରି କ୍ଷଣୁକ୍ଷଣ
ଉଜାଡ଼ି ଥିଲେ ବି ମାମୁଘର
ସେଦିନ ଶ୍ରାବଣରାତିରେ ହଜିଥିଲେ ବି ଦାଦନ ଦୁଃଖ
ନଈବଢ଼ି ଖାଇଥିଲେ ବି ଧୀବରପଲ୍ଲୀର ପୂର୍ବପାଖ
ଇଟାଭାଟି ଜୁଲମ ପାଖରେ ହଜିଥିଲେ ବି କମ୍ବଳ
ଏବେ ଆଉ ମନେପଡ଼େନି ମ ! ଶଙ୍ଖୋଳିଛି ବୋଲି
ଗୋଧୂଳି ଓ ଗାଈଆଳ ଛାତିଟାଣ ଡିସେମ୍ବର ଶୀତ ।

ଶୀତ ଅଛିତ, ଆଗପରି ଆଉ ମନେପଡୁନାହିଁ
ଚଉଷଠି ଯୋଗିନୀଙ୍କ ନିଶ୍ୱାସର ନଈରେ କେମିତି
ଏପାରୀରୁ ସେପାରୀ ଉଡ଼ିଯାଏ ଗଛ
ଏତେବଡ଼ ଦରିଆରେ ଥଳ ଅଥଳ ଭେଦି
ଗଢ଼ାହେଲା ସେତୁବନ୍ଧ, କାହାର ଏ ସୂତ୍ର !
ଦୁନିଆରେ ରହିଗଲା କେଉଁଠି କେଜାଣି କାଳନ୍ଦୀହ୍ରଦ
ଗତବର୍ଷ କାର୍ତ୍ତିକରେ ମହାନଦୀ ମୁହାଣରେ
କାହାର ଭାସୁଥିଲା ଶବ, ଦସ୍ୟୁ ନା ଦେବତାର ।

ଛାଡ଼ ହୋ ! ଯାହାଯାହା ମନେ ପଡ଼ିବାର ଥିବ
ପୁଣି କେବେ ଛୁଇଁଲାବେଳକୁ ମନପ୍ରାଣ ଅଗଣାଅରାକ
ତ ଭୋଗିସାରିଥିବି ମନଭରି ଏ' ବର୍ଷ ଶୀତରଆସର
ତେଣିକି ଦେଖାଯିବ।

ଗୃହିଣୀ

ଚୁମ୍ବନ ଓ ଦଂଶନର ଦିକିସିକିହୀନ ଦୋସମାଳୀ ନଈ ସିଏ
ଫୁଲ ପତ୍ର କି ଶବ
ମନା କରେନାହିଁ ତା'ର ପାଣିର ପଣତ
ତେଣିକି ବିଷ ହେଉ କି ଅମୃତ କୋଳେଇ ନିଏ ।

ଘର ବି ଅରଣ୍ୟ, ଭିତରେ ଭୋଗିବାକୁ ପଡ଼େ ବନବାସ
ସାରା ଅଗଣାରେ ଡେଉଁଥାଏ ସୁନାର ହରିଣ
ପଛେପଛେ ପତ୍ନୀପଣ, କେବେ ମାତୃମନ
ଦଉଡୁଥାଏ ଆଜୀବନ ।

କେବେ କୃପା କେବେ କୃପାଣ ମେଳରେ
ଭୟଭୀତ ବିଶ୍ୱାସ, ଖଣ୍ଡ ଖଣ୍ଡ ନାରୀପ୍ରାଣ
କେବେ ପୁତ୍ର କେବେ ପତିର ପତର ଉପରେ
କେବେ ଲାଗିଥାଏ ଭୋଗ, କେବେକେବେ ଭାଗ ।

ସେତିକି ସାର୍ଥକର ସର ଲବଣୀ ସାଗର ଭିତରେ
ଭସେଇ ଆଶାର ବୋଇତ
ଅପେକ୍ଷାରେ ଥାଏ ସବୁଦିନ, କେଉଁ ସରେ କି
ପ୍ରାପ୍ତି ଅପ୍ରାପ୍ତିର ଦୀର୍ଘ ବାଲିପଥ ନା ଘୁଞ୍ଚିଆସେ
ଦ୍ୱାଦଶ ତିଥିର ଦୂର ଦିଗ୍‌ବଳୟ
କେବଳ ଜାଳୁଥାଏ ଅନିଶାର ଆକାଶଦୀପ ।

ତ’ ନଈରେ ନଅରତୋଳି କୁମ୍ଭୀରକୁ ଏତେ ଡର କ’ଣ !
ଜ୍ୱଳନର ଜଳ ଭଉଁରୀ ଭିତରେ ଉଝେଇଁ ସିଏ
ସକାଳ ଜୀବନର ଉଜୁଡ଼ା ଅସରା ଦିନ
ସଂଜ ପହରକୁ ପୁଣି ଅଶେଷ ଆଶାରେ ନିଜେ ଭରପୂର
ମାୟା ମାୟା ଲାଗୁଥିବା ଘର ହୋଇଯାଏ ପୁଣି
ସ୍ୱପ୍ନ ଭୂମିରେ ସତର ସିରିଶ ଗଛ
ଛୁଇଁଥାଏ ମାଟିରୁ ଆକାଶ ।

ଯୋଉ ତୁଠରେ ଗଲାକାଲି ଖସିଗଲା ଗୋଡ଼
ପୁଣି ସେହିଠାରେ ପାତିଦିଏ କାନି
ପାଇବାକୁ ସୁନାମାଛ, ଯୋଉ ଡାଳରେ ସାପ
ସେହିଠାରୁ ଆଣିବାକୁ ଫଳଫୁଲ ଲମ୍ବେଇଦିଏ ମନମନ୍ତ୍ର ।

ନିଜପାଇଁ କ’ଣ ମାଗିଲା କି, କହୁନ ସୁବ୍ରତ !
ମାଗିଛି ପତି ପାଇଁ ନିରାପଦ ନିରୁପଦ୍ରବ ଅଞ୍ଚଳ
ସୁଖର ସାମ୍ରାଜ୍ୟ
ମାଗିଛି ପୁତ୍ର ପାଇଁ ଐରାବତ, ପକ୍ଷୀରାଜ, ମୁକୁଟ ।

ଏତେ ପରେ ବି ନିଜ ଛାତି ମରୁବାଲି ପାଇଁ ମାଗିନାହିଁ
ପାଣିଝର, ଶୋଷ ଆତୁର ପ୍ରାଣ ପାଇଁ ମେଘ
ମାଗିନାହିଁ ମନ ଅନ୍ଧାର ପାଇଁ ଜହ୍ନ, ମାଗି ନାହିଁ
ପାଦ ପାଇଁ ଫୁଲପଥ, କାଳେ ଆଖିରୁ ସରିଯିବ ଲୁହ
କେବେ ଆଡ଼େଇ ଦେଇନାହିଁ ଦୁଃଖର
କିଆରୀ ଭିତରୁ କୋହ ଓ କରୁଣ
ବୁଝିଲ ସୁବ୍ରତ, କେଉଁଥିରେ ଗଢ଼ା ସିଏ ଜାଣିପାରୁନି ମ !

■

ଆଜି ରାତିରେ ସୁହାସିନୀ

ଏ ଓଳି ଶୁଖି ଯାଉଥିବା ସମୁଦ୍ର ସଂଲଗ୍ନ ନଈ ଆର ଓଳିକି
ସୁନ୍ଦରୀ ସ୍ରୋତସ୍ୱିନୀ, ଏହିପରି ଏକ ନାରୀର ନାଁ ସୁହାସିନୀ
ଦହଗଞ୍ଜି ଗଞ୍ଜଣାର ଗାରଦରେ ଥାଇ ତଥାପି କହୁଥିବ
ସଂସାର ସରଗ ସମାନ ପତି ପରମଦେବ
ଘୋଷି ହେଉଥିବ ।

ବିଶ୍ୱାସର ବାସଭୂମିରେ କେବେ ଧୂସର, କେବେ ଶ୍ୟାମଳ
କେବେ ଜଳର କେବେ ଜ୍ୱଳନର
ପ୍ରଭୁତ୍ୱର ହିସାବ ଖାତାରେ ଆଉ କି ପରିଚୟ !
କୃପା ଓ କୋପର ଦୁଇକୂଳ ନଈର ଏପାରି ସେପାରୀ ସିଏ
ନଉକା ପରି ନାରୀଟିଏ ମାତ୍ର ।

ଦିନେ ମଥା ଉପରେ ଭାସିଯାଇଥିଲା ଯେଉଁ ଉତ୍ତରମେଘ
ଫାଲ୍‌ଗୁନର ଗୀତଗାଇ ପିକପକ୍ଷୀ କହିଯାଇଥିଲା
ରହିଲା ଏ ଆମ୍ବଗଛ, ମଧୁର ମଧ୍ୟାହ୍ନରେ ମିତ ବସି
ହଳଦୀବସନ୍ତ ସହ ମାଟିରେ ଠାରିଥିଲା ପ୍ରଥମ ଲାଜ
ଫ୍ରକ୍ ତଳେ ହଜିଗଲା ଯେଉଁ ବାଳିକା ବୟସ
ଆଉ କ'ଣ ମନେଥିବ ସୁହାସିନୀର
ଆଶା ଆଉ ଅସହାୟତାର ମଝିରେ କେବଳ
ସ୍ତ୍ରୀଲୋକ ଛଡ଼ା ଏବେ ଆଉ କି ପରିଚୟ ତା'ର !

ସମୟର ସାଗର ବେଳାରେ କେତେକେତେ ପାଦଚିହ୍ନ
ଲିଭିଗଲା ପରି ଭୁଲିଯାଇ ପଛଦିନ ପୁଣି ଫୁଟିଥିବ

ମାୟା ମମତାର ମାପଚୁପ ମାଟି ମୁଲକରେ
ନୂଆ ଏକ ଘାସଫୁଲ, ଅବଗୁଣ୍ଠିତ ଆକାଶରୁ
ସଜଳ ସ୍ୱପ୍ନ ତା'ର ଖସୁଥିବ ଶିଶିର ସମ
ଭିଜଉଥିବ ପତ୍ନୀ ହେବାର ଦୀର୍ଘମିଆଦି ଭାଗ୍ୟର ଭୂଗୋଳ
ପତି ପରମ ତ ! ଭୁଲିଯାଇ ଅପମାନ ଅପବାଦ ଅପଦସ୍ଥର
ଅନେକ ତାରିଖ, ପୁଣି ଲଟେଇ ଯାଉଥିବ ଲୋଡ଼ି ଲୋଡ଼ି
ସ୍ୱାମୀର ଦୟା ଓ ଦରଦ ।

ଆଜି ଅଳଙ୍କାର ପାଟପିତାମ୍ବରୀ ସୁନାର ପଞ୍ଜୁରୀ ଭିତରେ ଏବେ
ପାଳିତଶାରୀ ପରି ସୁହାସିନୀ
ଆଜି ରାଜି ଭଲରେ ବିତେଇବ ବୋଲି ଆଶ୍ୱାସନାର
ପାପୁଲିରେ ପୋଛିଥିବ ନୟନରୁ ଲୁହର ଓହଳ
ପତି ପ୍ରଭୁ ବୋଲି ତ ! ଗାଲ ଉପରୁ ଉଭେଇଥିବ ଗଲାକାଲି
ଆଘାତର ଦାରୁଣ ଦରଜ ।

ଜଗତ ଉହାଡ଼କରି କେଉଁଠି ରଖିଥାଏ ଏତେ ମହମହ ହସ
ଦୁର୍ଦ୍ଦଶାର ଦୁଆରେ ତଥାପି ସୁହାସିନୀ ଜଣାପଡ଼େନାହିଁ
ଶୋକ ଆଉ ସନ୍ତାପର ଶେଷ ସ୍ତ୍ରୀଲୋକ ।

ଆଜି ହିଁ ଆଜି, ଆଜି କ'ଣ ଆନମନା କରିଥିବ ସଂଜବେଳ
ପଛକଥା ଭୁଲି ଯା' କହିଥିବ ଚନ୍ଦ୍ରାୟନ
ମରଣର ମହକୁମାରେ ନାରୀ ଜନମକୁ ନରକ ନିଅଣ୍ଟ
କହିଥିବ ଚୈତ୍ର ପବନ, ମୁଖରିତ କରିଥିବ ସ୍ତନ ସ୍ତବକ
ସୁହାସିନୀ ଛଡ଼ା ଏତେ ଗୋପନକଥା କିଏ କାହିଁକି ଜାଣିବ !

ଆଜି କ'ଣ ସୁହାସିନୀ ନିର୍ଯ୍ୟାତନାର ନିଦାଘ ଉପରେ
ନିର୍ମାଣ କରିବ ଶହଶହ ପ୍ରଶ୍ନର ପ୍ରାଣବନ୍ତ ଘର
ଓଠର ଉପକୂଳେ ଖେଳିଯିବ ଅଦିନ ଉଦ୍‌ବେଳନ
ହଜାରେ ବର୍ଷର ଖରାପରି ଭେଦିଯିବ ପାପର ପାତାଳ

ପ୍ରତାରଣାର ପଙ୍କପୁରାଣ, ସିଏ କ'ଣ-
ଆଖି ଅକ୍ଷରରେ ଗଢ଼ିପାରିବ ଏକ ଅଗ୍ନିର ତ୍ରିଶୂଳ
ଛାତିରେ ଟାଙ୍ଗିଦେବ ବଦଳାଇ ନିଜର ଭୟହୀନ
ଭୈରବୀର ତତଲା ତୈଳଚିତ୍ର ।

ଆଜିରାତି ଶେଷ ପରେ ନଈବାଲି କାହିଁକି ଏତେ ଉଦାସ
ପଡ଼ିଛି କାହାର କାନଫୁଲ, ପାଦର ପାଉଁଜ
ରକ୍ତର ସାକ୍ଷୀ ଆଉ ମୃତ୍ୟୁର ସ୍ୱାକ୍ଷରଉପରେ କାହାର ମୁର୍ଦ୍ଧାର
ସୁହାସିନୀର ନୁହେଁ ତ !

■

(ବି.ଦ୍ର: ମହାକାଳପଡ଼ା ବ୍ଲକ୍ ଅନ୍ତର୍ଗତ ଏକ ଗ୍ରାମରେ ସ୍ୱାମୀର ଫାର୍ସା ଚୋଟରେ ସୁହାସିନୀର ମୃତ୍ୟୁରେ ଏହି କବିତା)

ଅହଲ୍ୟା

ତମେତ ଅରଣ୍ୟର ଅଜଗର ପ୍ରାୟ ତପମଗ୍ନ
ପ୍ରେମର ପୀଠରେ ମୁଁ ବିରହୀ ହରିଣୀ ଏକ
ଚାରିପାଖେ ଘେରେଇଛି ଜ୍ୱଳନର ଜାଲ
କାମନାର ବ୍ୟାଧ, ତମେତ ନିଷ୍କାମର ନିଗୃହୀତ
ରତିଠୁ ଉହାଡ-ପୁରୁଷ ।

ତମ ସହ ଭାବନାବ ପଡ଼ିବା ଆଗରୁ ମୁଁ କ'ଣ
ଜାଣିଥିଲି ଏମିତି ପାଣିଚ୍ୟା ହେବ ପ୍ରେମର ଆଶ୍ରମ
ଆମ ଦୂରତାର କଷ୍ଟ ଓ କରୁଣ ସମୟ
ଭୋଗ କରୁଥିବ ଶୁଭ ପରିଣୟ ।

ତମେ ମୁନୀ ହେଲ ହେଲନି ମରଦ, ଗଢ଼ିଲ-
ଜହ୍ନର ଘର ଅଥଚ ଜୋଛନାରେ କଲନି ଛପର
ତମ ଅସଂସାରୀ ମନ
ଦୂରେଇଛି କ୍ରୌଞ୍ଚପକ୍ଷୀର ପ୍ରେମ-ପୁରାଣ
ମୋର ତ ନାରୀମନ ନଦୀ ଓ ନକ୍ଷତ୍ରସମ
କେବେ ଭେଦି ପାରିଛି କି ଚାରିଯୁଗ, ଚାରିକ୍ଷେତ୍ର
ଚାରିଦିଗ, ଯକ୍ଷ, କିନ୍ନର, ଦେବ ଓ ଦାନବ ।

କାହିଁକି କହିବି ରେ' ପିକ, ରେ' ବନସ୍ତ, ସୂର୍ଯ୍ୟ ଚନ୍ଦ୍ର
ମୋ ସ୍ୱାମୀ ବେରସିକ, ଅତି ଅପାଳକ ବୋଲି
ଘେନିଲେ ସନ୍ୟାସ । ମୋତେ ଆଡ଼କରି ଲୋଡ଼ିଗଲେ
ପୂଣ୍ୟରପଥରେ ସିଦ୍ଧରସରଗପୁର, ତାଙ୍କବିନା ମୋ ଦେହର

ବୟସୀ ଫୁଲର ରଙ୍ଗ ଧୂଳି ଧୂସରିତ
ରେ' ଦକ୍ଷିଣାପବନ ତତଲାତପରୁ ତାଙ୍କୁ ଫେରାଇଆଣ ।

କାଳେ ତୁମେ ଲେଉଟି ଆସିବ ଗଡ଼ିଗଲେ ସଂଜବୁଡ଼
ଅଧାରଖି ତପସ୍ୟା ତମର
ସଜେଇଥାଏ ମୁଁ ପତ୍ରକୁଡ଼ିଆରେ ଫଗୁଣ-ପଲଙ୍କ
ଖୋଲାଥାଏ ଚବିଶିପହର ସୁଗନ୍ଧିତ ତନୁତୀର୍ଥ ମୋର
ନା' ଫେରିଲ ! ଯଦିଓ ନୀଡ଼ ଭିତରେ ଶୁଭୁଥିଲା
ପକ୍ଷୀ ଦମ୍ପତିର ମାନ ଅଭିମାନ ସ୍ୱର, ଫୁଲ ଭିତରେ
ରହି ଯାଇଥିଲା ରାତିକ ପାଇଁ ପ୍ରେମିକ ଭ୍ରମର
ଅଥଚ ସୁହାଗର ସୈକତରେ ପଡ଼ିଲାନି ତମପାଦ
ତଥାପି କହିବି ନାହିଁ ତମେ ବେଦରଦୀ ପ୍ରିୟତମ
ବରଂ କହିବି ଭାଗ୍ୟ ମୋର ବିଡ଼ମ୍ବିତ ।

ମୁଁ ଜଳୁଛି ଯଜ୍ଞକୁଣ୍ଡ ଠାରୁ ଏତେ ଯେ ଅଧିକ
ତଟସ୍ଥ ହୋଇଛି ମଧୁମାସ, ବୃକ୍ଷଦେବ, ଦସ୍ୟୁ ଓ ପିଶାଚ
ମୋ ଲୁହକୁ ସହିପାରି ନାହିଁ ସାରା ଝରଣାର ଜଳ
ସାକ୍ଷୀ ଶ୍ରାବଣ, ପକ୍ଷୀପ୍ରାଣ, ବାଘର ନୟନ
କହିବତ ଋଷିପୁତ୍ର, ପ୍ରେମ ଠାରୁ ମୋକ୍ଷ ଓ ନିର୍ବାଣ
ଏତେ କ'ଣ ମୂଲ୍ୟବାନ !

ମୋ ନିଷିଦ୍ଧ ଶୋଷଘର କରି ମୁଖରିତ ଯିଏ କାଲି
ବିରହର ଦ୍ୱାରବନ୍ଧ କରି ଅତିକ୍ରମ କରିଲେ ପ୍ରବେଶ
ସିଏ ତ ଘେନିଥିଲେ ତମ ବେଶ, ଓଠରେ ଥିଲା ତମ ମୁର୍କିହସ
ଅବିକଳ ତମପରି ଛୁଇଁଲେ ପାଦ, କଟିଦେଶ, କ୍ରମେ-
ଖେଦିଗଲେ ଅଙ୍ଗ ଉପାଙ୍ଗ
ତ ଏତେବେଳେ କେମିତି ଜାଣିବି କିଏ ପ୍ରିୟ
କିଏ ପର ପୁରୁଷ, ଥିଲି ଅଣାୟତ୍ତ ।

ତମ ବେଶ ଘେନି ଯିଏ ମୋ ସହ ହେଲେ ଏକାକାର
ମୋର କି ଜାଣିବା ସିଏ ତମେ ନୁହଁ
ଯଦିଓ ଭାବୁଥିଲି ଆଲିଙ୍ଗନ କିଆଁ ଏତେ
ସବୁଠୁ ନିବିଡ଼, ଏ ଚୁମ୍ବନ ଲାଗୁଛି କାହିଁକି ବେଶୀ ସୁଖପ୍ରଦ
ଏତେ ତରତର କାହିଁକି ରମଣ, ଜାଣିଲା ବେଳକୁ
ପାପ ମଧୁର ହୋଇ ତୃପ୍ତ ପ୍ରାଣରୁ ନେଲାଣି ବିଦାୟ ।

ମୁଁ ତ ବର୍ଷାଧିକ କାଳ ଜଳିଜଳି ତୀବ୍ରଜ୍ୱଳନରୁ ଜନ୍ମନେଇଥିଲା
ମୋ ଭିତରୁ ଦୀର୍ଘ ଏକ କାମନାର ସାପ, ଏବେ ଜାଣ-
ତମପରି ଯିଏ ଲାଗୁଥିଲେ ସିଏ କାହା ସହ ରଚିଲେ ରମଣ
ତାଙ୍କୁ ହିଁ ପଚାର !
ତମ ଅଭିଶାପ ଆଗରୁ ମୁଁ ପରା ପାଲଟିଛି ମୁଗୁନି ପଥର ।

ହୋ' ଦିଲୀପ ! ଆମର ନାହିଁ ଧାନଫୁଲ କାନଫୁଲ

ଶୁଣାନାରେ ଦିଲ୍ଲୀପ, ବିଲ ବାଡ଼ି ବଗିଚାର ବର୍ଣ୍ଣବୋଧ
ଶସ୍ୟର ସଂଗୀତ, ବରଂ ବହୁଛି ଶୋକର ସ୍ରୋତ
କହୁନ, ଭୋକର ଭୂଲୋକରେ କେଉଁ ଅଛିକି ଆମର
ମୁଠେ ମାଟିର ମହୁ ଓ ମହକ, କ୍ଷେତ ପରେ କ୍ଷେତ
ଫସଲର ସୁବର୍ଣ୍ଣ ଅକ୍ଷର, ତମେତ ଜାଣ-
ଆମେ କାଳକ ଭୂମିହୀନ, ଅରକ୍ଷ୍ୟ ଅଭାଜନ ।

ଗାଁ ବାହାରେ ଛିଡ଼ାହୋଇଛି ଯୁଗ ପରେ ଯୁଗ
ଯେଉଁ ନିଉନ ସେଉନଘର, ତାହା ଆମର
ପେଟ ପାଟଣା ପୁରଷ୍ଟ ପାଇଁ ମଳ ମୂତ ମଢ଼ ଓ ମୁର୍ଦ୍ଦାର
ଉଠାଉଛି ଯେଉଁ ହାତ, ତାହା ଆମର
ଏମିତି ଏକ ଅର୍ଦ୍ଧ୍ୱିତ ଅଗଣାରେ କେବେ ପଡ଼ିଛି କି
ନା ପଡ଼ିବ ପେନ୍ଥିଏ ଧାନଫୁଲ, ହଳିଏ କାନଫୁଲ !

ନାଇଁରେ ଦିଲୀପ, ବିଷ-ବିଷାଦ-ଅବସାଦ, ବର୍ବାଦ
ବାସନ୍ଦ ଭିତରେ ଥରହର ଏହି ଘରଖଣ୍ଡିକ
ଥାଏ ଚାରିପାଖ ଶ୍ଳୋକର ସାପ, ସରୀସୃପ, ଥାଏ-
ଶାସ୍ତ୍ରର ସିଂହଗର୍ଜନ, ମୁନି ମହର୍ଷିଙ୍କ ବିରାମ ବିହୀନ
ମନ୍ତ୍ର ଉଚ୍ଚାରଣର ଅତି ଅତ୍ୟାଚାର ।

ଏଇଥିପାଇଁ ତ ଘର ମଉଡ଼ କି ମଥା ଉପରେ କେଉଁଦିନ
ଡଙ୍କେଇ ପାରିନି ଖୁସିବାସିର ନାଉ କଖାରୁ ଲଟାର ଅଗ
ଛିଡ଼ାକରେଇ ପାରିନି ମଜା ମଉଜର ଗୋଟେ ତାଳଗଛ
କାଳେ ଗାଁ ଭିତରକୁ ଉଚ୍ଚା ଦିଶିବ
ଡରିହରି ବଂଚିବା କେତେ କଲବଲର କାରଣ, ତମେ ଜାଣ ।

ଅରିଏ ମାଟିର ମୁଲକ ଥିଲେତ କହିପାରନ୍ତି ଧାନବିଲ ଏତକ
ଦେଶରେ ଥାପିଛି ଅବଶ୍ୟ ଅଧିକାର
ନାହିଁ ବୋଲି ତ ଜାଣିପାରେ ନାହିଁ କେମିତି ଅଶିଣ ପବନରେ
ଭାସିବୁଲେ ଶସ୍ୟ-ସଉକ, କେମିତି ମଲ୍ଲୀ ଟଗର ପୋଷାକରେ
ଦୁଶେ ଧୋବଫରଫର ଭୋକର ଭୂଗୋଳରେ ଭାତଗଣ୍ଡାକ
କେତେ ଦୂର ଗଗନରେ ଉଡୁଥାଏ ଭୋଗ ବିଳାସର ନେତ
କେମିତି ଜାଣିବି ହୋ ଦିଲୀପ, ଥିଲେ ସିନା ବିଲ ପାଞ୍ଚମାଣ !

ଜାଣିଥାନ୍ତି ଚାରିପାଖ ଯେଉଁ ବ୍ୟବସ୍ଥାର ହିଡ଼, ତାହା ଆମର
ବାପାଙ୍କ ମାନ ମହତର ମେରୁହାଡ଼
ଭିତରେ ମାଟି ମମତା ଯେତିକି ସୀମିତ, ସେତିକି ବୋଉର
ସୁଖ ଶିରୀର ସରଗ, ତେଣିକି ବନ୍ଧାପକାଇ ଭାଉଜର କାନଫୁଲ
ଦେହସାରା ଭିଜେଇ ଆଷାଢ଼ ଶ୍ରାବଣ, ଝାଳ ରକତ ବଦଳରେ
ବଢ଼େଇ କୁଢ଼େଇ ଶାରଦ ଗଛ ଚାହିଁଥାନ୍ତି ଚାତକ ସମ
କେଉଁ ରାତିକି ଫୁଟିଯିବ କାହାଣ କାହାଣ ଧାନଫୁଲ !

ଅମାର ଭିତରେ କିଏ ଥାଏକି, ଲକ୍ଷ୍ମୀ ମା' ତ !
ଆମ ବୋଉପରି ତାଙ୍କର ଥାଏ କି ଦୁର୍ଗନ୍ଧର ଅସହ୍ୟ ପଣତ
ଥାଏ କି ଅଣ ନୁଖୁରା କେଶ, ଉଦାସ ମୁହଁ
ଦୁଃଖି ନୟନ, ଛାଇ ନେଉଟାଣି ବେଳପରି ଦେହର ବେଶ
ଅଳତା ବିହୀନ ପାଦ ଥାଏ କି ତାଙ୍କର
କେମିତି ଜାଣିହେବ କହୁନ, ନଈବନ୍ଧଠାରୁ ଲଣ୍ଡାପାହାଡ଼ ପର୍ଯ୍ୟନ୍ତ
ଶୁଭୁଥିଲେ ତ' ଫସଲ କଟାର ଗୀତ !

ହୋ ଦିଲୀପ ! ନଥାଉ ବିଲ ଓ ବିହନ, ଗାଁ ଭିତରେ ଖଣ୍ଡିଏ ଘର
ତଥାପି ବୋଉର କପାଳ ଲିଖନ କେନାରେ
କି ଆନନ୍ଦ ଦୃଶ୍ୟ, ଝୁଲୁଛି ଆଗାମୀ କାଲିର କାନଫୁଲ
ବାପାଙ୍କ ବିଶ୍ୱାସର ବସୁଧା ଉପରେ ଫୁଟୁଛି ଅସଂଖ୍ୟ ଧାନଫୁଲ
ଏତକରୁ ଏଇ ହାତ ବି ଅନ୍ତର ଆତ୍ମାର ଅମାର ଭିତରେ
ଭରେଇବ ସଂଘର୍ଷର ଅନ୍ତିମ ଅମଳ, ଅବଶ୍ୟ ଜାଣିବ !

■

ବନ୍ଧକ ମଣିଷ

ନଈଦାଢ଼ ପଶ୍ଚିମରେ ସରି ଗଲାଣି ଗୋଧୂଳିର ଗୀତ ଆସର
କୂଳ ଛାଡ଼ି ଉଡ଼ିଗଲେଣି ତର୍ତରେ ପିଲାଙ୍କ ସହିତ
କାପ୍ତାପକ୍ଷୀ ବଣିଯୋଡ଼ିକ, ନାଆଛାଡ଼ି ଘର ଧରିବଣି ନାଉରୀ
ଦେହଧୋଇ ଫେରିଗଲେଣି ରଜବତୀ ଭାଉଜ ସୁନ୍ଦରୀ
ଅଥଚ ଧାନବିଲରୁ ଫେରିନି ଗୋଧି ଓରାମ, ଦାଦନରୁ ରାମ କିସାନ
ହୋ ସୁବ୍ରତ, ଏହା ନୂଆ ନୁହେଁ ମ !

ଏମାନଙ୍କ ପରି ଫେରିନାହାନ୍ତି ଅନେକ, କେବେ ବିଲ ଉପରେ
ପଡ଼ିଥାଏ ଶବ, ବିଷ ବୋତଲ । ସାକ୍ଷୀ ଦରମୃତ ଧାନଗଛ
ସାପପରି ସାହୁକାର ସୁଧର ଧମକ, ରାଜପଥରେ ପଡ଼ିଥାଏ ବହୁବେଳ
ସ୍ୱପ୍ନ ସଲବଲ ନିହତ ଶରୀର, ସାକ୍ଷୀ ଭୟାର୍ତ୍ତ ନୟନର ଲୁହ ଟୋପାକ
ଇଟାଭାଟି ମାଲିକର ଅତିରିକ୍ତ ଗୋପନ ଆଦେଶ
ଏତେ ପରେ ବି ଆଲୁଅର ଫର୍ଦ୍ଦ ଉପରେ ମିଛ ହୋଇଯାଏ ମରଣ
ବେପ୍ରମାଣ ।

ପ୍ରତିଶ୍ରୁତି ପ୍ରତାରଣାର କୂଳ ଛୁଇଁ ବହିଯାଉଥାଏ ଅପ୍ରେମର ନଈ
ପାପର ପାଣି ଭିତରେ ଉବୁଟୁବୁ ସେମାନଙ୍କ ଉଜୁଡ଼ା ଭାଗ୍ୟ
କେବେ କବିତା ହୋଇଯାଏ କେବେ ତତଲାସଂଗୀତ, ଜାଣେ ଦେଶ ।

ଜାଣେ ବୋଲି ତ ଟଙ୍କାକରେ କିଲେ ଚାଉଳ, ମାଗଣାରେ ଘର
ଅଥଚ ବିଲ ପାଇଁ ଏସନ ମିଳିବନାହିଁ ବୁନ୍ଦେଜଳ କାର୍ଖାନା ନେବ
କହୁଛି ସର୍ପଞ୍ଚ । ଛତା, ଯୋତା, କମଳ, ପାଞ୍ଚଟଙ୍କାର ଭୋଜନ
ପାଦ ପାଖରେ ପହଞ୍ଚାଇଛି ଆମ ସର୍କାର କହୁଛି ଏମେଲେ ପୁତ୍ର

ଅଥଚ ମନାକରୁଛି ଅଟକେଇପାରିବ ନାହିଁ ଟ୍ରକ୍‌ଡାଲାରେ
ଉଠାଇ ନିଏ ଗାଁ କମ୍ପାନୀ ଲୋକ, ମାଫ୍‌କର ।

ଯଦି କଥାପଡୁଛି ଏଣିକି କେମିତି ବଂଚୁଛ ବଂଚ, ନିଜକୁ ସମ୍ଭାଳ
ଆଉ କି ଅଟକେ, ଉପରକୁ ଉଠିଯାଏ ଅସହାୟ ହାତ
ତ୍ରାହି ଅଚ୍ୟୁତ, ରଖ ଶ୍ରୀଜଗନ୍ନାଥ ।

ଏମାନେ ପଚାରି ପାରନ୍ତିନାହିଁ ପାଣି, ପାତାଳ, ପତର ତଳେ
ଲୁଚିଛପି ଛତର ଭୁଞ୍ଜିଲ, ନିଜକୁ ରକ୍ଷାକରି ନପାରି
ବାରଘର ତେରଦୁଆର ହେଲ, କୁଆଡ଼େଗଲା କରିସ୍ମା ତମର
କହିବ ତ, ଶୂନ୍ୟରୁ କେମିତି ଦାସିଆଠୁ ନଡ଼ିଆ ଘେନିଲ !
ମୁଣ୍ଡ ନୁଆଁଇଲେ ବୋଲି ଶ୍ରୀଛାମୁ ରାଉତ ରହିଗଲା ଜାଣି
ଶ୍ରୀମନ୍ଦିର ନେତ, ରାଣୀଙ୍କ ପଣତ, ଆଙ୍କାଙ୍କ ମହତ
ତେବେ କଳାଧଳା ଘୋଡ଼ାଚଢ଼ି ରଣ ଜିତିଯିବା କେତେସତ
କହ ଜଗନ୍ନାଥ !

ଏମାନେ ମାଗି ଜାଣନ୍ତିନି କୁହୁକବଂଶୀ, କାଉଁରୀହାଡ଼, ଶଠପଣ
ଏପାରି ସେପାରି ହେଉଥିବା ବୃକ୍ଷମନ୍ତ୍ର, ମୁକୁଟ-ଆୟଉ
ଆୟ-ଅଳଙ୍କାର, ସୁଖ-ସରଞ୍ଜାମ, ମନପବନ ରଥ, ହଂସ-ମିଥୁନ
ତ ଏମାନେ ନୁହନ୍ତି ଅବତାର ବାମନବଂଶର, କେମିତି ଜାଣିବେ
ମାଗିବାର ତତ୍ତ୍ୱ ଓ ଦର୍ଶନ, କଳା କଉଶଳ । ଏମାନେ ତ -
ଭୟ ଆଉ ଭୋକର ଭୂଖଣ୍ଡରେ ଅନାମଧେୟ, ବନ୍ଧକ ମଣିଷ ।

ଏମାନେ ଜାଣିପାରିଲେନାହିଁ ସ୍ୱପ୍ନରଚେର ଫଟେଇପାରେ ରାଜପଥ
ମହାମାନ୍ୟଙ୍କ ମଗଜ, ସଇତାନର ସ୍ଥାପତ୍ୟ
ଜାଣିପାରିଲେନାହିଁ ରକ୍ତ ବି ରଚନା କରିପାରେ ମୁକ୍ତିର ମେଘମଣ୍ଡଳ
ଜଗତ ଉପରେ କରିପାରେ ଜୀବନର ଜୟଗାନ
ସକାଳର ସୂର୍ଯ୍ୟ ପରି ଜୁଇର ବି ଥାଏ ସ୍ୱତନ୍ତ୍ର ରଙ୍ଗ ଓ ସୌନ୍ଦର୍ଯ୍ୟ
ଯେଉଁଠାଏ ଜଳୁଥାଏ ବିଦ୍ରୋହୀର ହାଡ଼, ମାଂସ, ରକ୍ତ
ହୋ ସୁବ୍ରତ, ବୁଝେଇ ଦିଅ !

■

ଦେହ

ସାରା ସମୁଦ୍ର-ତରଙ୍ଗ ମୋର ଆଭୂଷଣ, ସମସ୍ତ ବୃକ୍ଷର
ପତ୍ର ଗହଳ ମୋର ବସ୍ତ୍ର, ତଥାପି ଭେଦିଯାଏ
ଭଅଁର-ନୟନ, ବାଘ-ଭୋକ, ପଶୁ ଓ ପିଶାଚର
ପାଶବିକପଣ, କୁକୁରଙ୍କ ରତିକାଳ ପରି ଅଶ୍ଳୀଳ ଉଦ୍ଦେଶ୍ୟର
ତ ବେଢ଼ିଛି ଅଜଗରପ୍ରାୟ ଚରମ ଚତୁର ଚାରିଯୁଗ
ମୋ ଅଜପା ଭାଗ୍ୟର ଚଉପାଖ ।

କହ ମୋ କରୁଣ କରମର ଚାଳଘର ଚକାଜହ୍ନ
କହ ମୋ କାକୁସ୍ଥ କଲିଜା ତଳୁ ଦୁଃଖ ଦୁଇପଦ
କହ ମୋ କପାଳର ଅସ୍ତବ୍ୟସ୍ତ ଅଶ୍ଳୀଳ ସମୟ
କହ ସପନର ନିରାଶ୍ରୟ ନିରୀହ ମାଛ
ମୁଁ କେମିତି ଅଗମ୍ୟ ନଈରେ ନଅର ତୋଳି
କୁମ୍ଭୀର ସହିତ ବସିବି ମିତ, କେମିତି ସତ୍ୟପାଳି
ବଉଳାଗାଈ ସମ ବାଘସହିତ ପାରିହେବି ବନ୍ୟ-ପଥ !

ଚମଡ଼ାର ସୁସଜ୍ଜିତ ବାଜାପରି କେତେ ରମ୍ୟ ଏହି ଦେହ
ପିଟିପିଟି ବାହାର କରାଯାଏ ଯେଉଁ ଶାସ୍ତ୍ରୀୟ ସ୍ୱର
ତାହାବି ନିଜର ନୁହଁ, ତ ଗଢ଼ିଥାଏ କାମନାର
କମନୀୟ ମଞ୍ଚ, ଚାଲିଥାଏ ସେଥିରେ ନିତ୍ୟ ନୃଶଂସ ନାଚ
କେବଳ ପୀଡ଼ାତକ ମୋର ।

ଦେହ ଉପରକୁ କେବେକେବେ ଓହ୍ଲାଇଆସେ
ଘର ଭିତରୁ ରାତିଅଧ ପାପର ପ୍ରହରୀପଣ

ଖୋଜା ବି ପଡ଼େ ପୁରଠାରୁ ପଦ୍ମବନଯାଏ ଚର୍ମ-ଚମତ୍କାର
କେବେକେବେ ଗହଳଚହଳ ଭିତରୁ ଲୋଲୁପତାର
ଅସଂଖ୍ୟ ଆଙ୍ଗୁଠି ଝିଟିପିଟି ପରି ଛାତିର ଲଳିତ ସ୍ତବକରେ
ତ ଜଂଘରେ ଗୁଡ଼େଇ ହୋଇଥାଏ ଅପରିଚିତ ନିଃଶ୍ୱାସର
ଉତ୍ତେଜିତ ସାପ, ଏତେବେଳେ ମୁକ୍ତି ଆଉ ମରଣର
ମଝିରେ ଥାଏ ମୁଁ ଦଂଶିତ ।

ମାଗିଥିଲି କି ଏତେ କୁଟକମ, ନାନାରକମ ମାଂସର ସୌନ୍ଦର୍ଯ୍ୟ
ଲୁହ ହୋଇ ଫେରିଆସେ ଅପଦସ୍ତ ଅସହାୟ ପ୍ରଶ୍ନ
କାନିରେ ଗଣ୍ଠି ହୋଇ ପଡ଼ିଥାଏ କାଳ ପରେ କାଳ
ଅନ୍ଧାରର ଶାଢ଼ୀ ପିନ୍ଧି ଅରାତି ଭିତରେ ଥିଲେ ବି
ଦିନେଦିନେ ପଡ଼ିଥାଏ ନିଷିଦ୍ଧ ପାଠ, ପୀଠ, ପରିତ୍ୟକ୍ତ ପଠାରେ
ମୋର ରକ୍ତ ଜୁଡ୍ଡୁବୁଡ୍ଡୁ ଚନ୍ଦ୍ରବେଶ
ଉପରେ ପଡ଼ିଥାଏ ସମବେଦନାର ଖବର କାଗଜ
ଅକ୍ଷରର ଓଦାଓଦା ଆହାପଦ ।

■

ଗାଁ ବାହାରେ ମଣିଷ

ହଜାର ହଜାର ବର୍ଷ ଧରି ହୋ' ଗାଁ ବାହାରେ ଅମୋକ୍ଷ ମଣିଷ
ଓଳିତଳ ବର୍ଷାପାଣି ପରି ବିଲୀନ ହୋଇଯାଉଛି
ଠିକଣା ବିହୀନ ତମ ଜୀବନ-ଦିବସ, ତମେ ପଢ଼ି ପାରିଲନି
ଭାତ-ଇତିହାସ, ସ୍ଥଳ-ପୁରାଣ, ସୁଖ କିଣିବାର ଗଣିତ
ମୁକ୍ତ ମଣିଷର ସତ୍‌ସାହିତ୍ୟ, କେବଳ ଜଳିଯିବାପାଇଁ ହେଲ ଦୀପ
ଦଳେ ଲୁଟ୍ କଲେ ତମ ଜ୍ୱଳନରୁ ନିର୍ମିତ ଆଲୋକର ଭେକ ।

ଯେଉଁଦିନ କଟାହେଲା ଜିଭ, କାନରେ ଅତର୍କିତ ଢଳାହେଲା
ତତଲାତେଲ, କାନ୍ଧରୁ ଖସେଇ ଦିଆଗଲା ଦୁଇହାତ
ଉପାଡ଼ି ନିଆଗଲା ଯୁବତୀ ଝିଅର ସ୍ତନ, ବାପର ନୟନ
କେହି କହିଛି କି ଆହାପଦ, ବିଶ୍ୱାମିତ୍ର ନା ଚତୁର ଚାଣକ୍ୟ
ଫେରିଛି କି ଦୁଃଖ ଜାଣି ସମୁଦ୍ରସଭାରୁ ସାଧବବୋଇତ, ନଦୀସ୍ରୋତ
କୁଞ୍ଜବନ କୁଜଙ୍ଗରୁ ବଂଶୀସ୍ୱନ, ପକ୍ଷୀର ଗୁଞ୍ଜନ

ଖସି ପଡ଼ିଛିକି ମଣିମାଙ୍କ ମଥାର ମୁକୁଟ, ରାଣୀଙ୍କ କାନଫୁଲ
ଦଧିନଉତିରୁ ନେତ, ରତ୍ନବେଦୀରୁ ଶ୍ରୀଜଗନ୍ନାଥ, ଓଦା ହେଲାକି-
ହସର ହଂସପୁର, କୋଇଲିବୈକୁଣ୍ଠ, ବେଦପାଠ
ତମ ଲୁହର କାନିରେ ଗଣ୍ଠିକଲା କି ସେଦିନ ସମବେଦନାର ସମତାନ
ଅଙ୍ଗୀକୃତ ଅନୁରାଗ, ମାଗିନେଲା କି ତମଠୁ ଦୁଃଖ ଓ ଦରଜ
ନାହିଁ ହୋ, ପାଦରୁ ଜାତ ବୋଲି ଏତେ ଦହଗଞ୍ଜ କାଳକ ବାସନ୍ଦ
ଅପସନ୍ଦ ।

ହୋଏ ସନାତନ, ଟ୍ରକ୍ ଡାଲାରୁ ଓହ୍ଲାଇପଡ଼ । ହୋ ଚଣ୍ଡାଳ-

ଗଳାରୁ କାଢ଼ିଦିଅ ହାଡ଼ର ମାଳ ଶ୍ମଶାନରୁ ଫେରିଆସ
ଦେବି ମଥାପାଇଁ ଛାଇଚିତ୍ର, ସିଂହ-ସାହସ, ସଂହାର ସୂତ୍ର
ଦେବି ଗଳାପାଇଁ ସମତାର ଶଙ୍ଖହାର
ମନଭରି ଦେବି ଦ୍ରୋହକାଳ ଗୋଟେ ଗୀତ-ଗାୟନର ।

ତମେ ଖାଲି ସିଧାକର ନୋଇଁଥିବା ମୁଣ୍ଡ, ଖୋଲିଦିଅ ଯୋଡ଼ିଥିବା ହାତ
ମାଟି ଉପରେ ପୋତିଦିଅ ବିଶ୍ୱାସର ବୀଜ, ଦେଖିବ ତାହି ଡାଳ ମେଲି
ବୁକୁର ବିଦ୍ରୋହ ବୃନ୍ତରେ ଫୁଟିଯିବ ଅଗ୍ନିଫୁଲ, ପ୍ରାଣପକ୍ଷୀ ଭୁଞ୍ଜୁଥିବ
ବାସ୍ତବ ବୃକ୍ଷର ଫଳ । ବାସ୍, ତେଣିକି ଜୀବନ କ'ଣ ଜାଣିବ ।

ଏ ନଈ ତୁମର, ନେଇପାରିବ ଶୋଷଭର୍ତ୍ତି ଜଳ, ଆଞ୍ଜୁଳାରେ ସାଇତି ପାରିବ
ଉର୍ମି-ଅଧିର । ଏ ଆକାଶ ତୁମର, ନିଦ ଅମାରରେ ଭରିପାରିବ
ସ୍ୱପ୍ନର ଅମୃତାୟନ, ତାରାଫୁଲ ସହସ୍ର ସହସ୍ର । ଆଖିରେ ଆଣିପାରିବ
ଦୂର ଦିଗନ୍ତର ଘନନୀଳ, ଭେଦିପାରିବ ଜହ୍ନ-ଜଗତ, ସୂର୍ଯ୍ୟ ଉଦୟରାଗ
ଭୋଗିପାରିବ ଶ୍ରାବଣର ମେଘମହ୍ଲାର, ଫଗୁଣର ରଙ୍ଗ ଅବିର ।

ଏ ଭୂମି ତୁମର, ତୁମେ ବି ରକ୍ତ ବଦଳରେ ପ୍ରତିଦିନ ଅମଳ କରିପାରିବ
ଜୀବନ ସୁଖ, ମାଟି ମହକ । ଏ ଦେଶ ତୁମର
ହାଡ଼ ମାଂସ ହୃଦୟ ଅଜାଡ଼ି ପୋତି ପାରିବ ସ୍ୱରାଜ୍ୟର ଗାତଗାଡ଼
ସିଂହାସନ ଉପରେ ଚଢ଼େଇ ପାରିବ କ୍ଷମତାର ଫୁଲ ଚନ୍ଦନ, ଦକ୍ଷପଣ ।

ଏଣିକି ଗାଁ ଭିତରେ ନିର୍ମାଣ କର କଷ୍ଟ ଓ କଠିନର କାଠିକୁଟାର ଘର
ନଡ଼ିଆଗଛ ପରି ଅଗଣାରୁ ନଭ ଓ ନକ୍ଷତ୍ର ଛୁଆଁଇଦିଅ ପରିଚୟ
ତମେ ବି ମଣିଷ ।

■

ଜଣେ ନାରୀର କଥା

ପକ୍ଷୀ ଗର୍ଭବତୀ ହେଲାବେଳକୁ ଛାଡ଼ି ଚାଲିଗଲଣି ଆମ ମିଳିତ
ଉପାୟର ଉପବନ, ଆକାଂକ୍ଷାର ହସହସର ଆୟୋଜନ
ଏବେ ଅନେକ ଦୂର, କେଉଁ ଶୁଭିବ କି ଡାକ !

ଗଲା ପରଦିନ ବୃନ୍ତରେ ଧରିଛି କଢ଼, ପାଣିର ଦର୍ପଣରେ
ଶୋଭା ଦିଶିଲାଣି ନଈର ମୁହଁ, ଚନ୍ଦ୍ରାବତୀ ନୟନରେ
ଦରପାକଳ ସ୍ୱପ୍ନ ସହିତ କଅଁଳିଲାଣି ତା'ର କକ୍ଷିସ୍ତନ
ଏବେ ସେଠି ଗୁଣୁଗୁଣୁ କାମନାର ଅସଂଖ୍ୟ ଭ୍ରମର, କୁହ-
କିଏ ସମ୍ଭାଳିବ !

ଭାବିଥିଲି ତମ ହାତେ ସମର୍ପି ସୁଖର ସୈରାତ, ଶୋଇପଡ଼ିବି
ଲୋଡ଼ି ଲୋଡ଼ି ପତ୍ର ପଲଙ୍କ, କେଉଁ ବୁଝିଲ କି
ଏମିତି ଢଙ୍ଗରେ ଉଜୁଡ଼ାଇ ଦୟା ଦରଦର ଦ୍ୱାରବନ୍ଧ
କେଉଁଜନ ହୋଇଛି କି ସିଦ୍ଧି ପ୍ରାପ୍ତ ମହର୍ଷି ମହୀପାଳ
ବୈକୁଣ୍ଠ ସମାନ ଘର ଭାଙ୍ଗିଦେଇ କେହି ଗଢ଼ିପାରେ କି ଦେଶ
ବୃକ୍ଷ ଛେଦି କେହି ଆପଣା ହାତରେ ସୃଷ୍ଟି କରେ କି ଅରଣ୍ୟ ।

ତମେ ମୋକ୍ଷର ମହର୍ଗ ଭିତରେ ହେଉଥିବ ହତସନ୍ତ
ଭାବର ଅଭାବରେ ପୀଡ଼ା ଭୋଗୁଥିବ, ଝୁରି ହେଉଥିବ-
ଧୂଳିର ଧରଣୀ ଉପରେ ଆଶା ଅଙ୍କିତ ଗୋଟେ ଧୂସରଘର
ଏମିତି କେହି କ'ଣ ଖୋଜିବୁଲେ ଜୀବନର ଅର୍ଥ
କେତେ କରୁଣ ତୁମର ପଳାୟନ, କେତେ ଅକାରଣ ତୁମର ସେ

ଅଭିମନ୍ତ୍ରିତ ଅନୁରାଗ, କେତେ ବ୍ୟଥିତ ତମର ସେ ଅପର୍ଯ୍ୟାପ୍ତ
ହଂସଗୀତିର ଅଭିଳାଷ, ତଥାପି ତମେ ଦଉଡୁଥିବ
ମଥା ଉପରେ ଥିବ ମଧ୍ୟାହ୍ନର ତେଜ, ଆଗେଆଗେ ଥିବ ସୁନାମୃଗ
ଝାଳ ହୋଇ ବହିଯାଉଥିବ ସର୍ବାଙ୍ଗରୁ ଅବଶ ଭାଗ୍ୟ ।

କହିଥିଲି ରହିଯାଅ ପ୍ରିୟତମ, ଜନ୍ମ କରିସାରୁ ପକ୍ଷୀ ତା'ର ସନ୍ତାନ
ସାଗର ସରାଗରେ ନଈ ସୁନ୍ଦରୀ ସମ ମିଶିଯାଉ ଆଗ
ଫୁଟନ୍ତା ଫୁଲ ଦେଖି ଖୁସି ହୋଇସାରୁ ବୃନ୍ତ, ଚନ୍ଦ୍ରାବତୀ ଇହକାଳ ପାଇଁ
ସାଇତି ସାରୁ ପ୍ରେମ, କେଉଁ ଅଟକିଲ !

କ୍ଷମାକର ଛାଡ଼ିଯିବି ନାହିଁ ମର୍ମ ମୂଳକରୁ ଶୋକର ମୁହୂର୍ତ୍ତ
ଆଡ଼େଇବି ନାହିଁ ଆଖି ଅଗଣାରୁ ବେଦନା ଅନେକ
ସାମ୍ନା କରିବାପାଇଁ ପଥର ଉପରେ ପିଟୁଥିବି ହାଡ଼ର ନିହାଣ
ବରଫ ଉପରେ ଆରମ୍ଭ କରିବି ହୃଦୟର ଆଦ୍ୟ ଅଭିଯାନ
ସୂର୍ଯ୍ୟର ଉତ୍ତାପ ଉପରେ ଥାପୁଥିବି ହାତର ସାହସ
ଜାଣି ବି, ଛୁଇଁ ପାରୁଛି କି ନାହିଁ ପାଣିର ଲଟା ହୋଇ
ଆକାଶର ମେଘ, ବଜ୍ର ବିଜୁଳୀ କେନାରେ
ଫୁଟି ପାରୁଛି କି ନାହିଁ ବିଦ୍ୟୁତ୍‌ର ଫୁଲ, ଦେଖିବି -
ପାରୁଛି କି ନାହିଁ ପାରିହେବାପାଇଁ ସହସ୍ର ମାଇଲି କଣ୍ଟାର ପଥ
ଜାଣିବି ଜୀବନ ପାଇଁ ନାରୀ କ'ଣ ସତରେ ନିଅଣ୍ଟ ।

■

(ସାବିତ୍ରୀ କବିଙ୍କୁ ଉତ୍ସର୍ଗୀକୃତ)

କନ୍ଧମାଳର ମରଣଗୀତ

ଆମେ ଏମିତି ମରୁ, ଯେମିତି ଶୀତସଞ୍ଜ ନିର୍ଜନରେ ବୃକ୍ଷଶାଖାରୁ
ଖସି ପଡୁଥାଏ ଶୁଖିଲାପତ୍ର ଶବ୍ଦ ବିହୀନ
ଏହାର ମର୍ଯ୍ୟାଦା କେବେବି ଖୋଜନ୍ତି ନାହିଁ ସମଗୋତ୍ରୀ, ସାହିଭାଇ
ଜ୍ଞାତିକୁଟୁମ୍ବଗଣ ତମ ଛଳନାର ଛକ ଉପରେ କେବେ କେଉଁଦିନ
ତମେ ନିରାପଦରେ ରାତି ପରେ ରାତି ବିତାଇ ପାର, ଅଧିକ ସୁଖ ସନ୍ଧାନରେ
ଦୁଷ୍ଟ ଆଖିରେ ନୂଆନୂଆ ଦାନବୀୟ ସ୍ୱପ୍ନ ରଚିପାର
ହେ ମାଲିକ, ମହାଜନ, ସର୍କାର, ସାହୁକାର ।

ଆମେ ଏମିତି ମରୁ, କେବେ ପାପ ପଇତାର ପାହାରରେ ତ
କେବେ ପ୍ରାୟୋଜିତ ଶାସ୍ତ୍ରର ଶର ନିକ୍ଷେପରେ ଅଦିନରେ ଝରିପଡ଼େ
ଆମର ଏ ଶାନ୍ତ ସଂସାର ଲଟାରୁ ପ୍ରତିବାଦ ନକରି ପ୍ରାଣର ଫୁଲ
ତଥାପି ତମ ପ୍ରାଚୀନ ମନ୍ତ୍ରର ନିର୍ମମ ପ୍ରୟୋଗ
ତମ ଶାସ୍ତ୍ରୀୟ କୌଶଳର ପ୍ରବାହ ପାଖରେ ଆମ ଭକ୍ତିଗୀତ
ସଂଯତ ଅବିଚଳିତ, କେବେ କେବେ ତମ ସାପ ମୁହଁରେ
ଆମେ ବେଙ୍ଗ, ହୁତୁହୁତୁ ଯଜ୍ଞକୁଣ୍ଡରେ ପତଙ୍ଗ
ଆମ ମରିବା ସବୁକାଳେ ପ୍ରକୃତରେ ପ୍ରସଙ୍ଗ ବିହୀନ, ନାମ ମାତ୍ର ।

ତମ ହାତରେ ଦା’ ନାହିଁ, ନାହିଁ କୋଡ଼ି କୋଦାଳ, ନାହିଁ ହଳଲଙ୍ଗଳ
ତଥାପି ତମ ଅମାରରେ ଥାଏ ଭରଣ ଭରଣ ଧାନ
ତମ ଘର ଭିତରୁ ଆମ ଭୋକ ଛୁଇଁ ଭାସିଯାଉଥାଏ ଭାତର ବାସ
କେବେ ନଇଁପଡ଼ିନାହିଁ ତମର କାନ୍ଧ, ମାଟି ଛୁଇଁନାହିଁ ହାତ
ତଥାପି ତମ ସ୍ୱପ୍ନ ସାରା ଆନନ୍ଦ ଇ ଆନନ୍ଦ
କେବଳ ଲୁଟି ଜାଣିଛ ବୋଲି ଆମ ବଂଚିବାର ସକଳ ବିଶ୍ୱାସ
ଜୀବନ ଜଞ୍ଜାଳର ଅସତର୍କ ଦରଲଙ୍ଗଳା ଦୃଶ୍ୟ ।

ଏବେ ବି ତମ ପୁରାଣରେ ଆମେ ଅନାତ୍ମୀୟ ମାଦଳ ମଣିଷ, ପୁଡ଼ାଏ-
ସୁଖର ସଉଦା ପାଇଁ ଆମେ ଅଯୋଗ୍ୟ ତମ ପରିକଳ୍ପିତ କାହାଣୀର
ଆଜିବି ବଳବତ୍ତର ଅଛି ଶୀକାର କରିବାର ପୁରୁଣା ଅଭ୍ୟାସ
ଯେଉଁ ବାଗରେ ମାରିବମାର ସଜାଗ ଅଛି ବକ୍ଷତଳେ ନିରୀହ କର୍ମକଷଣ
ଶୋଷିବ ଶୋଷ, ଉଜାଗର ଅଛି ଝାଳ ସର୍ସର ଶ୍ରମ-ଶରଣ
ଭାଗ୍ୟ ଭୋଗ ଭାଗରେ ଆମେ ତ ଚିରକାଳ ତମ ସୁଖର କାରଣ
ତମ ଆୟତ୍ତ ଭୟର ଭୂମିରେ ଆମ ଜୀବନଯାପନ ଅଚଳ ପ୍ରାୟ
ଆମେ କାଳକ ଥରହର ଅଥୟ ନିରୁପାୟ, ଶରଣାପନ୍ନ
ଆମ ପ୍ରାଣପିଣ୍ଡ ଉପରେ ଥାଏ ସଦାକାଳ ତମ ଅହଂକାରୀ ପାଦଯୋଡ଼ିକ ।

ଆମେ ଜାଣୁ, ହଜାର ହଜାର ବର୍ଷ ଧରି ଆଡ଼େଇ ଚାଲିଛୁ ଘନଅନ୍ଧାର
ବଦଳରେ ମିଳୁଥିବା ଦଶଦିଗ ଆକାଶୀ ଆଲୋକ ଛଡ଼େଇ ନେଉଛ
ଯେତିକି ଦୂରେଇ ଚାଲିଛୁ ଦୁଃଖ ଦାରିଦ୍ର୍ୟର ହିଡ଼ବାଡ଼, ବୁକୁର ବିଳାପ
ସେତିକି ବଂଚିବାର ମିଳିବାକୁ ଥିବା ଲୁଟିନେଉଛ ସୁଖ ସଂପଦ
ଏଥିପାଇଁ ନାନାବାଗରେ ମାର, କେବେ ପାରିଧିରେ ଆସି ମାର ତ
କେବେ ପରିଧିରେ ଥାଇ ପାଚେରୀ ସେପାଖ ଆମର ପୀଡ଼ା ଓ ପରାଜୟର
ଦିନ ମାନଙ୍କରେ ଦୁଃଖ ଦୈନ୍ୟ ଦ୍ୱିଗୁଣିତ କର
ତମ ଗୁଳି, ଗାଳିରୁ ବି ତ୍ରାହି ପାଏନାହିଁ କେବେ ବୃଦ୍ଧ କେବେ ଶିଶୁପୁତ୍ର ।

ତଥାପି ନିର୍ଭୟରେ ଆମେ ଗାଇଚାଲିଛୁ ଜୀବନ ଜୀଇଁବାର ସରଳଗୀତ
ହାଟ ପରେ ହାଟ, ବାଟ ପରେ ବାଟ ସଜେଇ ଚାଲିଛୁ
ସପନର ଶେଷତମ ହଳଦୀରଙ୍ଗର ସତ୍ୟଗଣ୍ଠାକ ନିରୀହ ପଣର
ଆମେ ଜାଣୁନା ଅସ୍ତ୍ର, ଶାସ୍ତ୍ର, ସନ୍ତ୍ରାସର ରଙ୍ଗ କେତେ ପରକାର
ପାହାଚ ପରେ ପାହାଚ ଚଢ଼ିବାପଛରେ
ଦରକାର କେତେ ନୃଶଂସ ଗୋଡ଼
କେବଳ ଜାଣିଛୁ ତମପାଇଁ ଆମେ ବାରବାର ବରିନେଉଛୁ ଅରଣ୍ୟ
କେବେ ନା କେବେ ଫେରିଆସିବୁ ତମ ନଗର ଭିତରେ ଖୋଜିଖୋଜି
ଆମ ମାଟିର ମହକ, ମେହେନତ, ପହିଲି ସ୍ପର୍ଶର ଅତୀତ ।

■

(ବି.ଦ୍ର: ୮.୭.୨୦୧୬ ତରିଖରେ କନ୍ଧମାଳ ଜିଲ୍ଲାର ଗୁମୁଡୁମାହା ଅଞ୍ଚଳରେ ଶିଶୁପୁତ୍ର ସମେତ ପାଞ୍ଚଜଣ ଗୁଳିବିଦ୍ଧ ଆଦୀବାସୀଙ୍କ ଅକାଳ ମୃତ୍ୟୁରେ ଏହି କବିତା)

ନାରୀ

ମୋତେ କିଛି ଶିଖାଅନି, ମାପିସାରିଛି ତମ ପାଦ ଚିପିଦେବାର
ମୋ ହାତର ଧୈର୍ଯ୍ୟ, ଜାଣିଛି -
କେତେବେଳେ ସମର୍ପି ଦେବାକୁ ହେବ ତମ ଇଚ୍ଛା ମୁତାବକ
ଅନାବୃତ୍ତ ଦେହ କେବେ ମାଡ଼ଗାଳି ପାଇଁ ଦେଖେଇବାକୁ ହେବ
ପେଟ, ପିଠି, ଗାଲ । ଜାଣିଛି କେଉଁ ସମୟରେ
ପ୍ରମାଣ ଦେବାକୁ ହେବ ସତୀପଣ, ଆଜୀବନ ଦେହ ଉପରେ
ତମର ଅଧିକାର ଆଉ କାହାର ନୁହେଁ ବୋଲି
ଜାଣିଛି, ଲେଖି ଦେବାକୁ ହେବ ଭୟଭର୍ତ୍ତି ଚୁକ୍ତିପତ୍ର ।

ମୁଁ ମା' ପାଖରୁ ଶିଖି ସାରିଛି ଦୈନନ୍ଦିନ ଜୀବନର ମନମାନି
ମାନସାଙ୍କର ଅନ୍ତିମ ଲକ୍ଷଣ, ଆଉକିଛି ବାକିଅଛି ବୋଲି
ଭାବିନାହିଁ ଗତକାଲି ପର୍ଯ୍ୟନ୍ତ, ଯେବେଠାରୁ ତମ ସହିତ
ସଂସାର କରିବି ବୋଲି ଟେକିଦେଇଛି ହାତ ।

ପଞ୍ଜୁରୀ ଭିତରେ ଶାରୀର ଗୀତ ଶୁଣି ନଶୁଣିଲା ପରି
ଯେମିତି ବହିଯାଉଥାଏ ପବନ, ଜଲବନ୍ଦୀରେ ପଡ଼ିଥିବା
ମୃଗୁଣୀର କାନ୍ଦ ଜାଣି ନଜାଣିଲାପରି ଚାଲିଯାଉଥାଏ
ଯେମିତି ଶ୍ରାବଣ, ସେମିତି ନାରୀ ମନ ପ୍ରାଣ ଭିତରୁ କରୁଣର
କୁହୁଡ଼ି କାକର ଭିଜଉଥିଲେ ବି ବର୍ତ୍ତମାନର ବିବେକ
ତଥାପି ସମୟ ଡେଣାରେ ଉଡ଼ିଯାଉଥାଏ ଉଦାର ହୃଦୟର
ଉଦୟ ବେଳ, ଦୟା ଦରଦର ସକାଳ ସଞ୍ଜ, ରାତି ଦ୍ୱିପହର
ଜାଣେ, ତାହା ଯେ ନାରୀର କପାଳ ପାଇଁ ନୁହଁଇ ନିଜର ।

ଜାଣିଛି, ତମେ ଯୁଆଡ଼େ ଯିବ ଯେ ଯିବ ନଫେର, ହେଲେ ମୋତେ
ଜଗିବାକୁ ହେବ ବୈକୁଣ୍ଠ ସମାନ ଘର, ମଥାନ ଉପରେ
ତମ ପରିଚୟର ପତାକା ଉଡ଼ାଇ ଫରଫର
ତମ ଆଧିପତ୍ୟ, ସ୍ୱାମୀପଣ କାନିରେ ଗଣ୍ଠିକରି ଦିନ କ'ଣ ରାତି କ'ଣ
ଭଜୁଥିବି ଇହକାଳ ପରକାଳ ପାଇଁ ତମ ନାମ
ତମ ଉଚ୍ଛିଷ୍ଟ ଅପେକ୍ଷାରେ ପାଳୁଥିବି ଉପବାସ, ଫେରିବା ପର୍ଯ୍ୟନ୍ତ ।

ତମ ପ୍ରଭୁତ୍ୱ ପାଖରେ ସବୁ ପୀଡ଼ା ଓ କଷଣ ମୋ ପୂଣ୍ୟର ପୁରଣ
ତମ ଯୌନ ଇଚ୍ଛାର ଭୋକ ପାଖରେ ମୁଁ ନିମିତ୍ତ ମାତ୍ର
ଯେଭଳି ଚାହିଁବ ସେଭଳି ଲୋଟି ଯାଉଥିବ ମୋ ଯୌବନର ଦାସୀପଣ
ତମ କର୍ତ୍ତୃତ୍ୱ ପାଖରେ ମୁଁ ଅହର୍ନିଶି ଅସହାୟ, ଅସମର୍ଥ
ତେଣିକି ମନହେଲେ ଭୋଗ ନହେଲେ ଭୋଗେଇ ଦିଅ
ଦାନ ଦକ୍ଷିଣାରେ ଲଗେଇ ତମେ ମୋକ୍ଷପ୍ରାପ୍ତ ହୁଅ
ଶେଷରେ ଘୋଷଣା କର ମୁଁ ନରକର ଦ୍ୱାର ।

ଦର୍ପଣ ଆଗରେ ବେଳେବେଳେ ମିଛ ହୋଇଯାଏ ପ୍ରତିବିମ୍ବ
ମିଛ ହୋଇଯାଏ ଆଜି ଅଳଙ୍କାର, ବେଶ, ବୟସ, ହସ
ଗଲାରାତି ମିଥୁନଲଗ୍ନର ସମର୍ପଣ ଓ ସହବାସର ମିଠାଫର୍ଦ୍ଦ
କେବଳ ସତ ହୋଇ ଲୁହ ଉପରେ ହସୁଥାଏ ପରାର୍ଦ୍ଧ ପରାର୍ଦ୍ଧ ବର୍ଷର
ମୋ ଦେହର ଛାଇ, ଯାହାର ଗୋଡ଼ ଅଛି ମୁଣ୍ଡ ନାହିଁ ।

■

ଏଥର ବି ଜିତା ପଟ ମୋର

ମାଲିକେ, ଆଉ କେତେ ଦୂର ଚାହାଁନ୍ତି ଆପଣ !

ଜାଣେ, ଜମା ଛୁଇଁ ପାରିବନାହିଁ ମୋର ଦୀର୍ଘତମ
ଶୋଷ ଅବସୋସ ଯନ୍ତ୍ରଣାର ସ୍ୱର
ତମ ମହୁରମୁଲକ, ଯେମିତି ଛୁଇଁ ପାରିନାହିଁ
ଅନନ୍ତକାଳର ତାଳଗଛ ଛାଇ ସମୁଦ୍ର ସେପାଖ ।

ମୁଁ ଶୁଣିପାରେ ତମ ସ୍ୱପ୍ନର ଅସନା ସଂଗୀତ
ଦେଖିପାରେ ଅୟସର ନାନାପରକାର
ଉଲଗ୍ନ ଦୃଶ୍ୟ, ସ୍ୱର୍ଗପାଇଁ ଶିଡି ଗଢ଼ିବାର
ରଂଗୀନ ଉଦ୍ଦେଶ୍ୟ
ମୁଁ ପଢ଼ିପାରେ ତମ କର ଓ କପାଳର
ଲିଖିତ କର୍ମର ପାପାକ୍ଷର
ତଥାପି ଦୂର ହୋଇଯାଏ ତମ ଉପସ୍ଥିତ
ଚତୁରପଣ, ସବୁ ନିକଟତମ ସତର
କାଗଜ ଉପରେ ତମ ମିଛ ସାଧୁତାର ଦସ୍ତଖତ
ଘେରିଥାଏ ଘାରୁଥାଏ ଅହରହ
ଚାରିପାଖ ନିଆଁ ଭିତରେ ଯେମିତି ଅସହାୟ
ହରିଣ ଏକ, ସେମିତି ମୁଁ ନିରୂପାୟ ।

ମୁହୂର୍ତ୍ତ ମୁହୂର୍ତ୍ତଧରି ଆବୋରିଛ ଅଜଗର ପ୍ରାୟ
ଅଧମ ମୁଣ୍ଡ ଭିତରେ ନିର୍ମମ କଣ୍ଟକ ବୃକ୍ଷପରି
ଛିଡା ହୋଇଛି ତମ ପ୍ରଭୁତ୍ୱର ପ୍ରତିରୂପ
ଶୋଷଣର ଶାଖାରେ ଝୁଲୁଛି ମୁଁ ଅନାମଧେୟ
ଏମିତି ଏକ ଆଶ୍ଚର୍ଯ୍ୟର ଆଶ୍ରିତ ଜନ, ଯାହାର
ଆଖି, କାନ, ପାଟି, ହାତ, ଗୋଡ, ମୁଣ୍ଡ ଥାଇ
ତମ ଗର୍ବ ଗହଳରେ ମୁଁ ତୁଚ୍ଛ, ଅଛପ, ହୀନ
ସାବ୍ୟସ୍ତ କରିପାରିନାହିଁ ତମପରି ମୁଁ ମଣିଷ।

ତମଠୁ ଯୋଜନ ଯୋଜନ ଦୂର ମୋ ଭାବନାର
ଭୂମିଅରାକ, ନା ଏଥିରେ
ଚେର ଧରିପାରେ ଆଶା ଭରପୂର ବୀଜବପନ
ନା ପକ୍ଷମେଲି ଉଡିପାରେ ସ୍ୱପ୍ନ-ସାରସ
ନା ଉଧେଇପାରେ କଷିମେଘପରି ସରଳ ବିଶ୍ୱାସ
କାଳକତ ମରୁପ୍ରାନ୍ତର ସେତକ, ମୁଁ ତାହାର
ଉହଳ ବିକଳ ଏକାନ୍ତ ଜୀବନୀକାର।

କହିଛ ସୂର୍ଯ୍ୟ, ଚନ୍ଦ୍ର, ତାରା, ପକ୍ଷୀଉଡାଣ, ମେଘଖେଳ
ଭରିପାରିବି ଆଖି ଭିତର,
କହିବି ନାହିଁ ସାରା ଆକାଶ ମୋର
କହିଛ ମାଟିଚଷି ପୁରୋଷ୍ଟ କରୁଥିଲେ ଶସ୍ୟ
କହିବିନାହିଁ ବସୁଧା ମୋର
କହିଛ ହେଉବି ବକଟେ ତୋଳିଲେ ତୁଚ୍ଛାଘର
ମାଗିବିନାହିଁ ଅଧିକାର କହିବିନାହିଁ ଦେଶମୋର
ମାନିଛି, ଦିନରାତି ଏକକରି ମାନିଛି ଅବିରତ
ତମ ଅକାଟ୍ୟ ବଚନ।

ଏଇ ପ୍ରଥମଥର ହୁଡ଼ିଗଲି ଜାଣି ତମ କଥାପଦକର ଦମ୍ଭ
ବଜାଇ ପାରିଲିନାହିଁ ହୃଦୟର ଥାଳି, ପ୍ରେମର ତାଳି
ଜଳାଇ ପାରିଲିନାହିଁ ମନର ମହମବତୀ, ପ୍ରାଣ ପ୍ରଦୀପ
ସହମତ ହୋଇପାରିନାହିଁ ଏକାନ୍ତବାସ ସହିତ
କହି ପାରିନାହିଁ ତମ ଭୟ ଓ ଚିତ୍କାର ମୋ ଛାତିରେ ଭରିଦିଅ।

ମାଲିକେ, ତମେବି ଗଜଦନ୍ତ ପଲଙ୍କରେ ଥାଇ ଡରିଜାଣ
ଧଳା କୁର୍ତ୍ତା କାମିଜ ଭିତରେ ଥରିଉଠ
ନିଜ ଭିତରେ ଲୁଚିପଡ, ହାତଯୋଡ, ଲୁହପୋଛ
ଜାଣିଲି ପ୍ରଥମଥର।

ଜାଣିଲି, ଯେତେବେଳେ ବଢ଼ିଚାଲିଛି ତମର ପ୍ରାଣସଙ୍କଟ
ଶେଷ ହେଉନାହିଁ ସଙ୍ଗରୋଧ
ସେତେବେଳେ ଦୁନିଆର ଅନଳ ଅଙ୍କିତ ସମସ୍ତ ପଥର
ପଥିକ ମୁଁ, ମୋ ସାହସର ପୋଷପୋଷ ରକ୍ତଗୀତ
ତୁଚ୍ଛକରି ବିବିଧ ବାଧାର ସହସ୍ରକୋଷ
ଶାଣିତ କରିଛି ବଞ୍ଚିବାର ଟାଣପଣ
ବେଶିବେଶି ପ୍ରିୟ ହୋଇଛି ପ୍ରବାସୀ ଜୀବନ।

ତମେ ଯେତେବେଳେ ନିଜଭିତରେ ଖୁବ୍ ଦୌଡୁଥିଲ
ମୁଁ ଅଧିକ ଉତ୍ସାହରେ ଛୁଇଁ ଯାଉଥିଲି
ଜୀବନର ଚରମ ରହସ୍ୟ
ତମେ ଯେତେବେଳେ ଅଦୃଶ୍ୟ ଆତଙ୍କର ସନ୍ନିକଟ
ମୁଁ ରଚୁଥିଲି ସଂଘର୍ଷର ମହାକାବ୍ୟ
ତମେ ଯେତେବେଳେ ମନାକରୁଥିଲ ଦେଖିବନାହିଁ
ମରଣର ମହାନୃତ୍ୟ
ମୁଁ ମେଲିଥିଲି ଯୋଡିଏ ନିଦହୀନ ବିଦ୍ରୋହୀ ନୟନ
ମାଲିକେ ! ସୁଅ ମୁହଁରେ ପତରପରି ଏଥରବି
ଜିତାପଟ ମୋର, କେବଳ ମୋର। ■

ଜଣେ ନାସ୍ତିକର ଦିନଲିପି

ମିଛର ଜାମାଯୋଡ଼ ପିନ୍ଧି କାଲିର ବିଫଳସ୍ୱପ୍ନ ଗଳାରେ ପକାଇ
କର୍ପୁର ହାର, ବେଗାବେଗି ବାହାରି ଗଲାଣି ହାର୍‌ଜିତ୍ ହାଟ
ପୁଣି କିଣି ଆଣିବ ହତାଶ, ହାହାକାର, ଉଜୁଡ଼ା ଉପବନ
ଅବିଜାଫଳ, ଉତ୍ତର ନଥିବା ଗଣିତପାଠ, କାନିଏ ସ୍ୱରବିହୀନ
ଅକାଳ ଗୀତ, ଗୋଟେ ପାପର ଫାଡୁପଣ।

ଏଣେ ମାଡ଼ି ଆସିଲାଣି ନୃତ୍ୟରତ ଡରଭୟ, ଯାଏ-
ବନ୍ଦ କରିଦିଏ ତ ଆଜିଦିନର ଆଦିମ କବାଟ
ହାରାମୀ ମନର ।

ମୋ ପରାସ୍ତ ଦିନମାନଙ୍କର ପୀଡ଼ିତ ପଗଡ଼ି ଗୋଟିକ
ଖୋଲି ଆଣିବାପାଇଁ ଯାଇଛି ଯେ ଯାଇଛି
ଅପବିତ୍ର ଆଶା ଗୁଡ଼ିକ
ଅପେକ୍ଷାରେ କ୍ୟାଲେଣ୍ଡରରୁ ସରିଗଲାଣି
ତିଥି ଓ ତାରିଖ, ଏବେ ମଉଳିବାକୁ ବସିଲାଣି
ଅପାରଗ ଜୀବନଫୁଲ, ବାକି ଅଛି ଝଡ଼ିବା ଦିନ ।

ମୁଁ ମନାକରିଛି ହେ ବର୍ତ୍ତମାନ, ଜମା ଖୋଜନାହିଁ
କଟିଯାଇଥିବା ପରାଜିତ କାହାଣୀର ହାତଗୋଡ଼
ଖୋଜନି, ସମୁଦ୍ର ଭିତରେ ହଜିଯାଇଛି କେତେସଂଖ୍ୟାର
ଉଦାସୀନତାର ବାଲିଘର, ମୁଁ ମୋ ଭୋକ ମାନଙ୍କର
ଅଧୀଶ୍ୱର, ଏତିକି ଯଥେଷ୍ଟ ଆଜି ଓ କାଲିର ।

କେତେ ପାଣି ହେଲେ ବହିଯିବି ନଈପରି ଜାଣିପାରିଲିନାହିଁ
ଭାଗମାପ, ସରିଗଲା କାଳବେଳ ସେମିତି ରହିଗଲା
ରଫ୍‌ଖାତାରେ ଆଙ୍କିଥିବା ଠିଆଲଙ୍ଗଳା ଶୋଷ
କେଉଁ ଜିଦ୍‌ରେ ନଇଁପାରିଲାନାହିଁ ମୁଣ୍ଡ
ଆଜିଯାଏ ପକେଟ୍‌ ଭିତରେ ଅଛି ଅବସୋସ ଅରାକ ।

କୋଉ ଅମଳରୁ ଛାତି ଭିତରେ ରହିଯାଇଛି ରୁଗୁରୁଗୁ କ୍ଷେତ
ଯେତେ ଲିପୁଛି ସେଥିରେ ଚନ୍ଦ୍ରାଲୋକ, ଭରୁଛି-
ଭୁଲିଯିବାପାଇଁ ମେଘ ଛାଇ
ଯେତେ ଯାହା କୁହ, ସବୁ ଓଶାସ ଜମା କ୍ଷଣିକ
ପୁଣି ସେହି ଜଳାପୋଡ଼ା, ପୁଣି ବଢ଼ିଯାଉଛି ପଚପଚ ଆକାର
ଭଣଭଣ ଦରଜ, ପୂଜ ପାଣିର ପ୍ରାବଲ୍ୟ ।

ନାଇଁରେ ଭାଇ, କପାଳରେ କ'ଣ ଅଛି କେଉଁଦିନ
ଆହ୍ଲାଦର ଅକ୍ଷର ନା ବିଷାଦର ସ୍ୱାକ୍ଷର
ଛାତି ପାଇଁ ମଳୟର ମହକ ନା ପ୍ରଳୟର ପ୍ରଳାପ
ସେମିତି କିଛି ଭାବିଚିନ୍ତି ବଂଚି ଶିଖି ପାରିଲିନି ତ
ଆୟ କରିପାରିନାହିଁ ପାଦ ପାଇଁ ଭଲବାଟ
ନିଦ ପାଇଁ ସୁଖର ଖଟ, ଜହ୍ନରାତିର ନିର୍ମିତ ଏକ
ଲଳିତ ଭବନ ।

କେହି ପଚାରିଲେ କ'ଣ ଜୀବନ ଯୁଦ୍ଧରେ ହାରିଗଲ !
ଦେଖେଇଦିଏ ମିଥ୍ୟାର ମହକମୟ ଭାଗ୍ୟର ପଛପଟ
ଫିଙ୍ଗିଦିଏ ହଜାରେ ଅନେତ୍ରର ପ୍ରାଚୀନ ଈଶ୍ୱରଙ୍କ ମୁଣ୍ଡ ।

ଠକି ପାରିଲିନି ବୋଲି ବେଳାଭୂଇଁ ଉପରେ ଗୋଟେବି ଦିନ
ରହିପାରିଲାନି ଚକଚକ ଯଶର ପଦଚିହ୍ନ
ମୋର ସାମର୍ଥ୍ୟ କହିଲେ ଅତିବେଶୀରେ ହେବ
ଦି' ଚାରିଟୋପା ଲୁହ, ନୋହିଲେ ନିର୍ଜନରେ

ଛାଡ଼ିପାରେ ଛାତି ଫଟେଇ ଦୀର୍ଘତମ କୋହ
ଏତିକି ପୁଞ୍ଜିରେ ଜିତିଯିବା କ'ଣ ଏତେ ସହଜ !

ନାଇଁରେ ଭାଇ, ମୁଖା ମଣିଷର ଲାଭ ଓ ଲୋଭର ପାଦ ଭଳି
ଯୋଗାଡ଼ କରିନାହିଁ ଛଳନା ଛକ, ଏମିତିକି ଇଚ୍ଛାର କାନ୍ଥ ଉପରେ
ରଂଗୀନ ବିଜ୍ଞାପନ କେବେବି ନଥିଲା ମୋର
ମୁଁ ମୋ ବାଗରେ ଯେତିକି ଦିନ ବଂଚି ଆସିଲି ସେତିକି ଦିନ
ମୋ ପାଇଁ ଖୁବ୍ ଗୋଟେ ଗଡ଼ ଜିତିଲା ପରି ନିହାତି ବଡ଼
ସେତିକି ଦିନ ପକ୍ଷୀର ଗୀତ ପରି ପାଳି ପୋଷି ଆସିଲି
ଯେଉଁ ନିସର୍ତ୍ତ ଜୀବନ, ତାହାବି କମ୍ ଛୋଟକଥା ନୁହଁ ।

■

ଜଣେ ଅଶଉଚ ଲୋକ

ମୁଣ୍ଡ ଅଛି : ମସ୍ତିଷ୍କ ବିହୀନ, ହାତ ଅଛି : ଜାଣେନାହିଁ
ଅସ୍ତ୍ର ଉଠାଇବାର ସୂତ୍ର, ପାଦ ଅଛି : ନୁହଁଇ ବିମୁକ୍ତ
ପାଟି ଅଛି : ଜିଭ ସୀମାବଦ୍ଧ, କାନ ଅଛି : କାଳକ ଅବରୁଦ୍ଧ
ଆଖି ଅଛି : ସ୍ୱପ୍ନ ଓ ସଂକଳ୍ପ ପାଇଁ ଅସମର୍ଥ
ଅସ୍ୱାଭାବିକ ମୋର ଚଳପ୍ରଚଳ, ମୁଁ ଅସିଦ୍ଧ ଅକିଞ୍ଚନ
ରେ ତ୍ରିକାଳ ! କାହାର ଏ ଷଡ଼ଯନ୍ତ୍ର
କଳା କୁହୁଡ଼ିର ଭୟ ଓ ଭ୍ରମରେ ନିର୍ମିତ ପ୍ରଭେଦର
ପ୍ରାଚୀନ ପ୍ରାଚୀର, ଭେଦି ପାରୁନାହିଁ ମୂଢ଼ମନ ।

ତ ଚଉପାଖ ମୋର ଅପ୍ରମେୟ ଅପମାନର କଣ୍ଟାବାଡ଼,
କାହିଁକି ମାଗୁଛ ମାଟି ଉର୍ବରତାର ଆଷାଢ଼ି ଚିତ୍ରାୟନ
ବୀଜ ବପନର ଆଦ୍ୟ ଉଚ୍ଚାରଣ
ସୁଗନ୍ଧ, ଶିହରଣ, ମୁଗ୍ଧ ଭାବନାର ଦୂରନ୍ତ ଭାଷ୍ୟ
ମୁଁ ସ୍ଥିତି ଆଉ ଶବ୍ଦହୀନ, କାଳକାଳ ଅଶଉଚ ଉତ୍କଟଗନ୍ଧର
ଶରୀର ମୋର, ରେ ତ୍ରିକାଳ !
ଅସାଧର ପ୍ରତିଫଳକ ଓ ମୂର୍ତ୍ତମୂର୍ତ୍ତ ଅସ୍ଥିରତାର ପତନରୁ
ଆଶା କରନାହିଁ ପରିପୂର୍ଣ୍ଣ ମଣିଷ ଆକାର
ମେଳା ମେଳଣରେ ହଜେଇ ଦେଇଥିବା ମା'ର ବ୍ୟର୍ଥ ପଣତ
ଶୂନ୍ୟକୋଳ ପରି ମୋର ନିର୍ଦ୍ଧାରିତ ଭାଗ୍ୟ, ଜୀବନାର୍ଥ ।

କହ ତ୍ରିକାଳ, କେବେଠୁ ସ୍ଥାପିତ ଏହି ମହକିତ ମାୟାମଞ୍ଚ
ଅପହଞ୍ଚ ବୋଲି ବାହାରେ ମୁଁ ଏତେକାଳ
କହ, କେଉଁ ଭୂମି ଆମର କେଉଁ ବୃକ୍ଷଗୋଟି ଆପଣାର

ଯାହାର ଫୁଲ, ଫଳ, ପତ୍ର ସକଳ ଆମର ପ୍ରାପ୍ୟ
କେଉଁ ତିଥିବାର, ମାସ, ବର୍ଷ, ଯୁଗର ଉଲ୍ଲାସ ଲୁହ ଲହୁର ମିତ
କହ, କାହିଁକି ସୁଖ ଶୂନ୍ୟ ଆହାର ବିହାର ବଂଚିବାର ପ୍ରତିବେଳ
ଏତେଯୁଗ ଧରି ଅମୀମାଂସିତ
କହ, ନିଜ ଛାତି ତଳେ ପସନ୍ଦ ଅପସନ୍ଦର ଅସ୍ତ ଓ ଉଦୟ
ବିଶ୍ୱାସ ଓ ଅବିଶ୍ୱାସର ଚାଲିଛି ସାପ ଶିଡ଼ି ଖେଳ, କହ -
ରେ ତ୍ରିକାଳ, କେବେ ଅନ୍ତ ହେବ ।

ପ୍ରବାହିତ ରକ୍ତକଣିକାରେ ଗଡ଼ିଚାଲିଛି ଅନବରତ ଅସହାୟ କ୍ରୋଧ
ନିରବ କ୍ରନ୍ଦନ, ପ୍ରାଣପିଣ୍ଡ ଆଶଙ୍କାର ନଦୀରେ ଛୁଟି ଚାଲିଛି
ମୁକ୍ତି ନିବେଦନର ଆଦିମ ମହାସ୍ରୋତ
ଚାଲିଛି ଲୁହର ମେଘଖଣ୍ଡ ଉପରେ ଦର୍ଜମୟ ହାଡ଼ର ଉଦ୍‌ବେଗ
ମୁଁ ବୋହିଚାଲିଛି ଅବିରତ, ମୋ ପରେ ବି କେହି ତ !

କହ, ମୁଁ କି ସେହି ଆର୍ତ୍ତ ଅତୀତ ବେଦର୍ଦ୍ଦୀ ବର୍ତ୍ତମାନ ବଂଚିତଙ୍କ
ଶୋକ ଓ ସନ୍ତାପର ନିସିଦ୍ଧ ମହାକାବ୍ୟ ମର୍ତ୍ତ୍ୟରେ ଅପାଠ୍ୟ
ମୁଁ କି ସେହି ନିଗିଡ଼ା ରକ୍ତର ଅନୁଜ, ତତଲା ବାଲି ଉପରେ ଜଗିଛି
ଠେକାକରି ମଥାରେ ବୈଶାଖ, ବାରଣ ଅଛି ଜଗତର ଛାଇଘର
ରେ ତ୍ରିକାଳ ! ଅରଣ୍ୟବାସ ଭଳି ଇଏକି ହୀନବେଶ
ଅସହ୍ୟ ମୁହୂର୍ତ୍ତଭୋଗ ଆଉ କେତେ ଆଲୋକବର୍ଷ, କହ ତ୍ରିକାଳ ।

ଯା' ଭେଦି ଭେଦି ଯା' ପୀଡ଼ିତ ପ୍ରାଣର ଉଜୁଡ଼ା ଇଚ୍ଛାର ପ୍ରଦେଶ
ଦରମୃତ ସ୍ୱପ୍ନ ମାନଙ୍କ ଲୁହର ଲୋରି ଓ ଲହର
ଅପହରଣ ହୋଇଥିବା ଶବ୍ଦ ଓ ସାମର୍ଥ୍ୟର ଫେରନ୍ତା ପଥ
ଯା' ଭେଦି ଯା' ଇହ ଆଉ ପରକାଳର ପରସ୍ତ ପରସ୍ତ
ପ୍ରଭୁ ପରିଚାଳିତ ଭୀରୁପଣ, ଅନିଶ୍ଚିତ ବନ୍ଧକ ଜୀବନ
ତୋତେଇ ମାନୁଛିରେ ତ୍ରିକାଳ, ଦେ ଶିଖେଇ ଦିଏ ମୋତେ
ନିର୍ଭୟର ମହାମୃତ୍ୟୁ ପାଠ, ମୁଁ ପ୍ରଥମ ଶିଷ୍ୟ ।

■

ସେହି ସ୍ତ୍ରୀଲୋକ

ସ୍ୱାମୀର ପଛେ ପଛେ ସେହି ସ୍ତ୍ରୀଲୋକ, ଯିଏ
ଆଗକୁ ଦି'ପାଦ ଚାହିଁ କହି ଚାଲିଥାଏ
ଆଗରେ ମାଟି ଭିତରୁ ବାହାରିଛି ଏଡ଼େଟିକେ ପଥର
ଦେଖିକି ଚାଲ, ଝୁଣ୍ଟିବ ।

ସଭିଏଁ ଶୋଇଯିବା ପରେ ଲିଭେଇଥାଏ
ଜଳୁଥିବା ଡିବିର ନିଃସଙ୍ଗ ଆଲୋକ
ଘଟିବାକୁ ଥିବା ଅଘଟଣରୁ ଏଇ ଛୋଟକାମ
ତ୍ରାହି କରିଛି ବହୁଥର, ନହେଲେ ତ
ମଝିରେମଝିରେ ପୋଡ଼ିଯିବା କଥା ସାଜ ସରଞ୍ଜାମ
ଅଙ୍ଗର ଅଳଙ୍କାର, ମହୁ ମହକ ତିଆରି ଘର ।

କାଳେ ମାରକଦଶା ନେଇ ତତଲାପାଣିରେ ଫୁଟିଥିବ
ଚାଉଳ, କାଳେ ଗରଳରେ ଗୁଣ୍ଡି ହୋଇଯାଇଥିବ
ଫୁଟନ୍ତା ଭାତଫୁଲ, କାଳେ ସରୀସୃପଙ୍କ ରମଣର
ଅନ୍ତିମ ଲାଳରେ ତିନ୍ତିଯାଇଥିବ ତିଅଣ, ସଭିଙ୍କ ଆଗରୁ
ସେହି ସ୍ତ୍ରୀଲୋକ ଯୋଡ଼ହସ୍ତେ ପାଳଟେ ଜଣାଣ ।

ଗଛ ତଳେଥାଇ କହୁଥାଏ ଡାଳ ହାଣୁଛ ନା ଗୋଡ଼
ଚୋଟ ଉପରେ କି ବିଶ୍ୱାସ, ଓହ୍ଲେଇ ଆସ
କୂଳରେ ଥାଇ କହୁଥାଏ ମାଛ ମାରୁଛ ନା ମିଛ ପାଳୁଛ
ନଈରେ ନଅର ନା ନରକର ଛାଇ ଅରାକ
କାହିଁକି ଝାଳ ନାଳ ହୋଇ ଲିଭଉଛ, ଥାଉ

ଗଡ଼ିବାକୁ ବସିଲାଣି ମାଈସଂଜ, ତେଣେ-
ମାଡ଼ିପଡ଼ୁଥିବ ଆଶା ସଂଚୟର ଘର, ପାଣିରୁ ଆସ ।

କାୟା ସାଥିରେ ଛାୟା ହୋଇ କହିଛି ବହୁଥର
ଭଅଁର ଧରୁଛ ନା ଭ୍ରମରେ ପଡ଼ିଛ
ସାପ ଖେଳଉଛ ନା ପାପ କମଉଛ
ନାହିଁ ଗୋ, ଆମର ଯେତିକି ଅର୍ଜନ ସେତିକି ଭୋଜନ
ଆସ, ମାୟା ମନ୍ଥନରୁ ମୁକୁଳି ଆସ ।

ସେହି ସ୍ତ୍ରୀଲୋକ, ଯିଏ ପଙ୍କ ହେଉ କି ପଲଙ୍କ
ଅସନା ହେଉ କି ବାସନା, ଅଗଣାରୁ ଅମାର ଯାଏ
ଥାଏ ଭରପୂର, କହୁଥାଏ ରହିଯାଅ ପ୍ରିୟେ
ଆଗରେ କୁମ୍ଭୀର ନା କାଠଗଡ଼, ସାପ ନା ଦଉଡ଼ି
ଛୁଇଁସାରେ ଆଗ, ପରେ ପାଦ ଦେବ ପାରିହବ ପଥ ।

ବିପନ୍ନ ଗୋଟେ ନଷ୍ଟ ଗୋଧୂଳିର ମ୍ଳାନମୁହୂର୍ତ୍ତ ପରି
ସେହି ସ୍ତ୍ରୀଲୋକର ନଥାଏ ନିଜସ୍ୱ ଦୁଃଖ, ନଥାଏ ବି
ସୋରିଷ କିଆରୀ ରଙ୍ଗ ପରି ବ୍ୟକ୍ତିଗତ ସୁଖର ସପନ
ଯେମିତି ବିପଦ ଆପଦ ଛି'କରି କ୍ଷେତ ଉପରେ ଗାଏ
ଶସ୍ୟର ଗୀତ ଧାନଗଛ, ଯେମିତି ଥାଳି ଉପରେ ଭାତ
ଭୁଲିଯାଏ ତତଲା ପାଣିର ପୀଡ଼ା ପାଳନ
ସେମିତି ସେହି ସ୍ତ୍ରୀଲୋକର ଦୈନନ୍ଦିନ ଜୀବନଯାପନ ।

ମରିଯିବା ଆଗରୁ ମରଣର ଅଭ୍ୟାସ କରିଥିଲା ସିଏ
ହଜାରେ ଥର, ଏବେ ପରିତ୍ୟକ୍ତ ଫୁଲକୁଣ୍ଡ ପରି
ପଡ଼ିରହିଛି ସେହି ସ୍ତ୍ରୀଲୋକର ନିର୍ବିକାର ଶବ
ଦେଖୁଛି, ଦେହରେ ତା'ର ବେଢ଼ିଅଛି ବିରଳତମ ଶୋଷ
ଅବସୋସ, ଅବସନ୍ନର ଧଳାକଳା ଚିତ୍ର ।

■

ଶୋକର ସୁନୟନା

ଯାଏ ତ, ଖୋଲିଦିଏ ଆଗ ବିଶ୍ୱସ୍ତ ଗାଧୁଆଘର, ପରେ ଅନ୍ୟାନ୍ୟ ।

ଧୋଇପକାଏ ଶାଢ଼ୀ ଭେଦି ପସିଯାଇଥିବା ଲୋଲୁପ ଦୃଷ୍ଟିର
ଅବର୍ଯ୍ୟା ଦାଗ, କାମ ବିକୃତ ଇଚ୍ଛାମାନଙ୍କର ଭଣଭଣ ଗନ୍ଧ
ପାଦ ଉପରକୁ ଉଠି ଆସିଥିବା ଦେହରଙ୍କ ନାଗରମାନଙ୍କ
ଅର୍ଦ୍ଧ ଉଲଗ୍ନ ଅଜରାପାପ, ବାଇଜାପଣର ପ୍ରଲୋଭନୀୟ ଠାର ।

ଏହାପରେ ବି କେମିତି କହୁଛ ନାରୀ ନଦୀ ଓ ନକ୍ଷତ୍ର !

କୁହ, କେତେ ଆଡଉ ଥିବି ପାମର ମାନଙ୍କ ଗୃହ ପାଳିତ
ଅସତ୍ୟ ଶୃତି ଓ ଶବ୍ଦର ସର୍ତ୍ତ ଆଉ ସତର୍କର ଡର ଭୟ
ଆତଯାତ ଭିଡ଼ ଭିତରେ ଛି' କରୁଥିବି ଅଭକ୍ଷ ଉଦ୍ଦେଶ୍ୟ
ଝାଳଭଳି ପୋଛି ଦେଉଥିବି ଅବିଜାଇଙ୍ଗିତ, ଅସଭ୍ୟ ଦାଗ-ଦସ୍ତଖତ ।

ଏହାପରେ ବି କହୁଛ ନାୟିକା ନଉକା ହେବ, ଭାରି ଡର !

କେଉଁ ବାଟ ନିରାପଦ ! ସବୁଠି ତ ବେତାଳ ମାନଙ୍କ ମାୟାଶୃଙ୍ଗାର
ବିକଟ ହସ୍ତାକ୍ଷର, ସବୁ ବାଟ କଳାମଚମଚ ଆଦିମ ଅନ୍ଧାର ହାତ
ସବୁ ଅଙ୍ଗୁଳି ଦୀର୍ଘତମ ଅଶ୍ଳୀଳ ସାପ, କେଉଁଠି ରଖିବି ପାଦ !
ନିଜ ଛୁରୀ ବେକକାଟେ ପରି ପଛେପଛେ ଗୋଡ଼ାଉଛି ଭୟଭର୍ତ୍ତି ଘର
ଯେତେ ଟାଙ୍ଗିଲେ ବି ଦାମ୍ପତ୍ୟ କାନ୍ଥରେ ଚିରାଚରିତ

ପତିବ୍ରତାର ଘୋଷଣାପତ୍ର, ଅକ୍ଷତ ଯୋନିର ସତ୍ୟପାଠ
ତଥାପି କୋରି ଖାଉଥାଏ ବିଶ୍ୱାସର ହାଡ଼, ମାଂସ, ଆୟୁଷ
ସନ୍ଦେହର କଣ୍ଟକିତ ଜିଭ ।

ଏହାପରେ ବି କେମିତି କହୁଛ ନାରୀ ନରକର ଦ୍ୱାର !

କେହି ପଚାରିଲା କି ଭୋଗର ଭୂଗୋଳ କରେ ବିମୋହିତ
କାହାର ସୁଗନ୍ଧ ! ଅଥଚ ଜଳିଯାଉଥାଏ ନୀଳ ନିର୍ଜନରେ
ହୃଦୟର ଟନ୍ ଟନ୍ ଚନ୍ଦନକାଠ, ଜାଣେ ଗୋ ଜାଣେ -
ଏତେକାଳ ଶାସ୍ତ୍ର ଆଉ ସର୍ତ୍ତ ବାହାରେ ନାହିଁ ନାରୀର ଜୀବନ
ରାତିକର ଚନ୍ଦ୍ରାଲୋକ ପରି ବଂଚିଯିବା ଖୁବ୍ ବଡ଼ ବୋଲି ତ
ସବୁ ଆସନ୍ତା କାଲିର ଥୟ ପାଇଁ ରାତିସାରା ପଢ଼େ ଥାକ ଥାକ
ନାରୀଧର୍ମ ପାଳନର ପ୍ରାଚୀନ ପୁସ୍ତକ ।

ବେଳେବେଳେ ବିଗଳିତ ମନ ନଇଁ ନଇଁ ନେହୁରା ହୁଏ
ରେ କ୍ରମାଗତ ଶୋକର ଲୁହଟୋପା ମାନ, ନିରୁତା ନୈରାଶ୍ୟର
ବାଲିପଡ଼ିଆରେ ଆଙ୍କନାହିଁ ଧୂସର ମେଘମଣ୍ଡଳ, ମହର୍ଗ ନଈର ଚିତ୍ର
ରୁହ, ଥରୁଟିଏ ଭରିଦିଏ ସୁଦିନ ସପନର ଯାତନା ବିହୀନ
ଅନୁରାଗୀୟ ନୀଡ଼ର ଦୃଶ୍ୟ, ଯୋଡ଼ିଏ ପକ୍ଷୀର ଶାନ୍ତ ସହବାସ ।

କାହିଁ, କେହି ପଚାରିଲ କି ମର୍ମାହତ ମୁଲକରେ ବୁଣିଥିଲି ଯେଉଁ
ଭାବର ବିହନ, କେତେ ବଡ଼ ହେଲାଣି କଳ୍ପନାର ମଧୁର ଗଛ
ଡାହି ଡାଳ ଭରି ଫୁଟିଛି କି ଆଶାର ଫୁଲ, କେହି ପଚାରିଲ କି
ନିପତ୍ର ବୃକ୍ଷ ପରି କାହିଁକି ଏତେ ଦୟନୀୟ, ବିବେକର ବଂଶୀଆଳ
ଭରିଦେଲା କି ଜନ୍ମ ଆଉ ମରଣର ମଧ୍ୟଭାଗ ମରୁ ବୁକୁପରେ
ବର୍ଷାବିଳାସ, ଇନ୍ଦ୍ରଧନୁ ଭିତରେ ଏଇ ରଙ୍ଗଟି ତୋର, କହିଲା କି
ସୁଖର ଶାସ୍ତ୍ରକାର ।

ଏହାପରେ ବି କହୁଛ ନାରୀ ରକ୍ତନଦୀ ସୃଷ୍ଟିର କାରଣ, ଧନ୍ୟ ଆପଣ !

ମୁଁ କାଳକ ଅଚଳାଚଳ ବ୍ୟଥା ଆଉ ବ୍ୟର୍ଥତାର ବରଫ ପାହାଡ଼
ତରଳି ପାରୁଛି ନା ନିଜ ଭିତରେ ନିର୍ମାଣ କରିପାରୁଛି ନିଆଁଘର
ମୁଁ ଚାହୁଁନିରେ ସମୟ, ଦେବୀ ହୋଇଯାଉ ମୋର ଉଲଗ୍ନ ଦେହ
ଢ଼ୋଲ ପରି ତାଡ଼ନ ସହିଯିବା ପାଇଁ ନହେଉ ହର୍ଦମ ଯୋଗ୍ୟ
ମୋତେ କିଛି ଭାବିବାକୁ ଦିଅ ।

■

ଅପଯଶ

ସିଏ ସହଳ ସହଳ ଚାଲିଗଲାଣି ମଣିଷହାଟ ।

ନଥିଲାବେଳେ କେହି ଖୋଲିପାରନ୍ତି ନାହିଁ
ବନ୍ଦଥିବା ବଦ୍‌ନାମର ଯାଉଁଳିକବାଟ
ପୋଡ଼ି ଦେବାପାଇଁ ନାନା ଘଟଣାର ଘର
କେହି ପାଆନ୍ତିନାହିଁ ନିର୍ଭୟର ନିଆଁଖଣ୍ଡ ।

ସେମିତି ଥାଏ ରୁକ୍ଷ ରଙ୍କପଣର ବାଡ଼ି ବଗିଚାରେ
ଅତୃପ୍ତ ଗଛ, ବେତାଳର ହାତ ପରି
କୋଉ ଡାଳରୁ ପାପଫଳ, ଦୁର୍ଗନ୍ଧ ଫୁଲ
ଛୁଇଁ ପାରନ୍ତି ନାହିଁ ପକ୍ଷୀ କି ପଥିକ
ଦେଖୁନ, ଏବେ ସେମିତି ଶୁଖୁଅଛି କଣ୍ଟାବାଡ଼ରେ
ଗତକାଲିର ରକ୍ତଓଦା ରୁମାଲ
ଏଠି କିଛି ବି ବାରିପାରିବେ ନାହିଁ ଆପଣ
ବର୍ଷା ବୈଶାଖ ଭିତରେ ଫରକ ।

ପଢ଼ିଥାଏ ବର୍ଷକ ବାରମାସ ସ୍ୱର୍ଗ ପାଇଁ
ସିଡ଼ି ଗଢ଼ିବାର ଇସ୍ତାହାର, ଥାଏ ବି ସମୁଦ୍ର
ପୋତିବାର ହସ, ମରଣ ଜୟର ଯୋଜନାଜାଲ
ସବୁ ମିଶେଇଦେଲେ ଦେଖିବେ
ମିଛର ବି ଥାଏ ଗୋଟେ ସୁନ୍ଦର ଗଢ଼ଣ ।

କ'ଣ ନାହିଁ ସେଥିରେ ପରସ୍ତ ପରସ୍ତ, ଅଛି-
ଶିକାରୀ ପକ୍ଷୀର ଉଡ଼ାଣସୂତ୍ର
ମୃଗୟାର ମାୟାମନ୍ତ୍ର, ଅଛି ସାହିପଡ଼ୋଶୀର
ଅପହୃତ ସ୍ୱପ୍ନର ରକ୍ତଦୃଶ୍ୟ, ଅଛି ଦିଗ୍‌ବିଜୟ ପାଇଁ
ଉଶୃଙ୍ଖଳ ବୀର୍ଯ୍ୟଗୀତ, ପାପକରି ତରିଯିବାର
ତର୍ତର ଗୋଟେ ହରି ପାର୍ଥନାର ବିରଳ ପାଠ ।

ତଥାପି ମଂଚରେ ଉଚ୍ଚରେ ସିଏ ଧୋବ ଫରଫର
ପୟର ପାଇଁ ଥିବ ସାତତାଳ ପାଣିର ପ୍ରସ୍ତାବ
ମୁହଁ ପାଇଁ ଥିବ ଇନ୍ଦ୍ରଧନୁର ରଙ୍ଗ ରହସ୍ୟ
ଛାତିକି ଉଚ୍ଛୁଳାନଦୀର ଭର୍ପୁର ସୁଖ ତରଙ୍ଗ
ବେକ ପାଇଁ ନକ୍ଷତ୍ର ମାଳ, ନିଶ୍ୱାସ ପାଇଁ ବାୟୁ ପୁରାଣ
ଆପଣଙ୍କ ଭିତରୁ କେହି ନା କେହି କରଯୋଡ଼ି
ଯୋଗାଉଥିବେ ବେଳ ଅବେଳରେ ସେତକ ।

କେତେ ବାଗରେ ଆତଯାତ ଜାଣିଲେ ବି
ପାଟି ଖୋଲି ପାରୁନଥିବେ ଆପଣ
ପ୍ରଶ୍ନ ସରି ଆସୁଥିବା ବେଳେ ଭଦ୍ରଲୋକ ପରି
ବଢ଼ାଇ ଦେଉଥିବ ପାଣି ଗ୍ଲାସ୍
ମାପି ସାରିଛି ବୋଲି ଆପଣଙ୍କ ଶୋଷ ତଳ
ଗୋଧୁଳିର କାନ୍‌ଭାସ୍ ଉପରେ ଦୁଃଖର ଚିତ୍ର
ଦେଖଉଥିବ ଜଣକ ପରେ ଜଣକର
ସେ ଜାଣି ସାରିଥାଏ କେଉଁଠି ରହିଛି ମନର ଦୁର୍ବଳ ।

ମନା କରିବାପାଇଁ ମନ· ବଳଉଥିବା ବେଳେ
ସିଏତ ଆପଣଙ୍କ ବନ୍ୟାଞ୍ଚଳ, ବାତ୍ୟା ବିପନ୍ନ ଗାଁ ପାଇଁ
ଠେଲୁଥିବ ରିଲିଫ୍ ଶଗଡ଼, ବୋହି ଯାଉଥିବା ଲୁହ
ସଂଗ୍ରହ କରି ଦଉଥିବ ସମ୍ଭାଷଣ

ସମୁଦ୍ର ଉପରେ ସଜେଇ ଜହ୍ନରାତିର ଧବଳଶେଯ
ବିଶ୍ୱାସର ପଲଙ୍କ ଉପରେ ବାନ୍ଧି ସାରିଥିବ ସଂପର୍କ
ସତ କ'ଣ ଖୋଲିଲା ବେଳକୁ ଗୋପ୍ୟ-କୋଳପ
ପୋଡ଼ି ଯାଇଥିବ ଆପଣଙ୍କ ବାଞ୍ଛିତ କଳ୍ପବଟ ।

ଅଗୋଚରରେ ସତ୍ୟର ଅକ୍ଷର ଉପରେ
ଢ଼ାଳୁଥିବ ପେଟ୍ରୋଲ, ସବୁ ସାମାଜିକ ପ୍ରଶ୍ନର
ଥାକଥାକର ଉତ୍ତର ପୋଡ଼ି ପାଉଁଶ ଉପରେ
ନିର୍ମାଣ କରୁଥିବ ନିର୍ବୋଧଙ୍କ ସ୍ୱର୍ଗ
ସଇତାନି ଶୋଷଣର ପୁରୋଭାଗରେ
ବଳି ଚଢ଼ଉଥିବ ନିଜ ହାତରେ ନିଜର ବିବେକ
ପ୍ରତାରଣାର ପଢ଼ାମାନଙ୍କରେ ବୁଲଉଥିବ ଟଙ୍କାମେଢ଼
ପାପୀ ମାନଙ୍କ ଦ୍ୱାରା ସାରି ଦେଇଥିବ
ଶେଷଥର ପାଇଁ ଈଶ୍ୱରଙ୍କ ଶବ ସଂସ୍କାର ।

ସାପବିଷ, ବାଘଭୋକ, ଭାଲୁଭୟ, ଅରଣା ପଣ
ମିଶେଇ ମହାତ୍ମା ମାନଙ୍କ ମୁଲକରେ
ତୋଳି ସାରିଥିବ ରାତାରାତି ତେରତାଲା ଘର
ଛାତ ଉପରେ ଛିଡ଼ା କରେଇଥିବ ବେଇମାନି ଗୁଣ
କହୁଥିବ ରେ ମଦମତ୍ତ ବାଇମନ, ଖୋଜୁ ଥା-
ଦିବାନିଶି ସୁଖର କାରଣ ।

ତଥାପି ଶେଷଯାଏ ପାଦ ବନ୍ଦନାରେ ଆପଣ
ଥିବେ ନିର୍ଲିପ୍ତ ନିର୍ବିକାର
ସରୁଥିଲେ ବି ବଳ ବୟସ ତଥାପି ଶେଷ ହେଉନଥିବ
ଲୁହର ଜଳ ଭଣ୍ଡାର, ଧନ୍ୟ ଆପଣଙ୍କ ଧର୍ଯ୍ୟ ।

ଥାଏ ତମ ସହ

ପକ୍ଷେ ଆଲୁଅର ଲାଳିତ୍ୟ, ପକ୍ଷେ ଗଳିତ ଅନ୍ଧାର ପରି ଜୀବନ
ଥାଏ ବିନା ସର୍ତ୍ତରେ ତମ ସ୍ୱପ୍ନ, ସମ୍ଭୋଗ, ସମ୍ଭାବନା ସହ
ବିନା ଅପରାଧରେ ତମ ନର୍କଭୋଗ ଯୋଡି ହୋଇଯାଏ
ନିରୀହ କପାଳରେ ତାର।

ସିଏ କିଏ ପଚାରନାହିଁ, ଜୀବନସାରା ଏତେ କ୍ଷତି ଆଉ କ୍ଷତ
ଏତେ ହୀନିମାନ ଜନ୍ମଲଗ୍ନ, ଅଥୟ ମୁହୂର୍ତ୍ତ ଜାଣୁଥିଲେ ବି
ପଛକୁ ଫେରାଇନାହିଁ ପାଦ ଓ ନୟନ
ରମଣ ଆଉ ମରଣର ପାର୍ଥକ୍ୟ ନଖୋଜି ରହିଛି ତମସହ
ଯଦିଓ ତମ ପାପର ସୁଶୋଭିତ ସଉଧର ସିଏ ଏକ
ସାକ୍ଷୀର ସଂଗ୍ରହାଳୟ ।

ନିତି ତନ୍ମୟ ହସ, ଆତ୍ମୀୟ ଲୁହର ସରଳାର୍ଥ ଭେଦୁଥିଲେ ବି
ଥାଏ ଶେଷପତ୍ର ପରି ତମ ନୈରାଶ୍ୟର ବୃକ୍ଷ ସହିତ
ତମ ଅପ୍ରାପ୍ତିର ବିକଳ ଦୃଶ୍ୟ ଉପରେ ବୁଲଉଥାଏ ଅହରହ
ସାନ୍ତ୍ୱନାର ହାତ, ଯଦିଓ ତମ ବୈଶାଖୀ ତାତିରେ ଆକ୍ରାନ୍ତ ସିଏ
ସତେ କି ଭାଗ୍ୟଲିଖିତ !

ସିଏ କିଏ ପଚାରନାହିଁ, ଯିଏ ତମ ନିର୍ମ୍ମମ ପ୍ରଶ୍ନପାଖରେ ନିର୍ଜନ
ବର୍ଷାଧିକ କାଳ ଅସମାପ୍ତ ଧାଡିଏ ଉତ୍ତର
ତମ ସନ୍ଦେହର ସମୁଦ୍ରଉପରେ ବାନ୍ଧିଚାଲିଛି ବିଶ୍ୱାସର ବାଲିବନ୍ଧ
ଯଦିଓ ଆଦ୍ୟ ସହବାସ ପାଇଁ ଖୋଲିଦେଇ ବସ୍ତ୍ର ଭୂଷଣ
କହିସାରିଛି ତମେ ହିଁ ପ୍ରଥମ।

ସେବେଠୁ ତମ ନିର୍ଜନତାରେ କୁହୁତାନ, ମରୁବୁକୁରେ ମେଘ ମହ୍ଲାର
ଶୋଷର ସୁରେଇରେ ପାଣି ପଲ୍ଲବ
ଉଜୁଡା ଉପବନରେ ଆଶାର ବଂଶୀସ୍ୱନ
ଏବେ ପଚାର ନାହିଁ ଜନ୍ମ ବୃତ୍ତାନ୍ତ, ପଚାର ନାହିଁ କାହିଁକି ସିଏ
ଦାମ୍ପତ୍ୟର ଦ୍ୱାର ବନ୍ଧରେ ବଶମ୍ବଦ।

ଥାଏ ତମ ସହ, ଥାଇ ବି ଲୋଡ଼େନାହିଁ ସୁଖ ଅଧିକ
କି ଅଧିକାର, ଶେଷ ଯାଏ ଜାଣିପାରେ ନାହିଁ
କେଉଁଠି ଅଛି ତା'ର ବ୍ୟକ୍ତିଗତ ବୈକୁଣ୍ଠପୁର
ତେଣୁ ବିଜ୍ଞପିତକର ବର୍ଣ୍ଣାଢ୍ୟ ଦେହ, ବିକ୍ରୟକର ହସ
ନିଲାମକର ବେଶ, ବାଜି ଲଗାଅ ବୟସ
ଯଦିଓ ଜାଣେ ତମେ ଆଦିମ ସରୀସୃପ ପରି ଅବିକଳ
ଥାଏ ବି ତମ ବନବାସ, ଅଜ୍ଞାତବାସ ସହିତ ଯୁଗଯୁଗ
ଯୋଗକରି କରୁଣ କରମ ।

ତଥାପି ମନ୍ତ୍ରପଢ଼ି, ଟନ୍‌ଟନ୍ ଘୃତଢ଼ାଳି, ଶହଶହ ଅଶ୍ୱପୋଡ଼ି
ତମର ଯଜ୍ଞ ଘୋଷଣା କରିଛି ସିଏ ନରକର ଦ୍ୱାର।

ଆମ ଭିତରୁ କେହି ତ

ଦେଖିଲ ତ, କାଲି ଠିକ୍‌ଠାକ୍ ଥିବା ଶସ୍ୟଳ ଗଛର
ଆଜି ନାହିଁ ଡାହିଡାଳ ପତ୍ର ଗହଳ
ମିଥୁନମଗ୍ନ କପୋତର କଟି ଯାଇଛି ବି ଡେଣା ହଳକ
ଏବେ ପଚରା ଯାଉ, ହେ ଭଗତେ !
କାହାର ଯେ' କୁକର୍ମ, ଆମ ଭିତରୁ କେହିତ।

କେହିନା କେହି ନୃଶଂସତାର କଂଟା ବାଡରେ ଶୁଖେଇ
ରକ୍ତଭିଜା ପୋଷାକ ହାତଗୋଡ ଧୋଇ ପ୍ରତିଥର
ସତ୍ୟପଥେ ଘେନିଚାଲ ଶୀର୍ଷକରେ ଗାଏ
ପ୍ରାର୍ଥନା ସଙ୍ଗୀତ, ଆମ ଭିତରୁ କେହିତ।

ପ୍ରତିଥର କେହି ନା କେହି ଅଟକାଇ ଥାଏ
ନିଦାଘର ପାଇଁ ବାଟଚଲା ମେଘ
ଛାତି ତଳେ ଦୁଃଖର ନଈ ବୁହାଇ ଶୁଣାଏ
ନାନାବାୟା ଗୀତ, ସତ୍ୟ ରକ୍ଷାକରି
ଥରେ ଅଧେ ବନସ୍ତରେ ବଉଳାଗାଈ ସମ
ସଂକଟର ବାଘ ମୁହଁରେ ଦେଖେଇଥିବ ବେକ
ଆମ ଭିତରୁ କେହିତ।

ଏତେ କଥା କିଏ ଉଠଉଛି, ପକ୍ଷୀ ପୁରାଣ
ନା ମୃଗ ଜଣାଣ

କହିଛି କି, କାହାର ଉଦାହରଣ ଉପରେ
ଗଢି ନେ' ଆତ୍ମବାସ, କାହାର କାରଣ ହୋଇ
ହୋଇ ଯା' ସମର୍ପିତ ।

କହୁ ନ କହୁ , ଲିଭେଇବାର ଅଛି ଧର୍ମ କାନ୍ଥରୁ
ଘୃଣାକ୍ଷର, ପିଚ୍‌ପିଚ୍ ରକ୍ତ
କାଢି ଫିଙ୍ଗିବାର ଅଛି ଓଠ ମାନଙ୍କରୁ ମିଛହସ
ଜନପଦରୁ ବାସି ମରଣ, ଆଘାତରୁ ଦରଜ
ଶୁଖି ଯାଇଥିବା ନଈ ମଝିରେ ଗଢିବାର ଅଛି
ଅଷାଢ ଶ୍ରାବଣର ଛପରଗୋଟେ ପ୍ରତ୍ୟାଶାର
ବର୍ଷା ବିଳାସ ଘର
ଜହ୍ନ ରାତିର ଫର୍ଦ୍ଦେ କାଗଜ ଉପରେ ଆଙ୍କିବାର ଅଛି
ସବୁଠାରୁ ସୁନ୍ଦର ଦେଶ, ଯାହା ଆମର ।

ଜାଣେ, ଆମ ଭିତରୁ କେହିତ ପଦା କରୁଥିଲେ ଅରଣ୍ୟ
ଗମଗମ ମଧ୍ୟାହ୍ନରେ ଲଗଉଥିବି ଗଛ
ମଳ, ମୁର୍ଦ୍ଦାର,ଅସ୍ଥି,ହାଡ, ଦୁର୍ଗୁଣ କୁଢେଇ
ପ୍ରତି ଇଂଚ କରୁଥିଲେ ବି ଶ୍ମଶାନ
ଫୁଲ, ଫଗୁଣ, ମଳୟ, ମହକର ସଦଭାବ ସହିତ
ସେତକ ସଜଉଥିବି ଉପବନ ।

ଜାଣ , ସାଧୁ ହୁଅ କି ସଇତାନ ଆମ ଭିତରୁ କେହିତ
ଯେତେବେଳେ ଭାଙ୍ଗି ପଡୁଥିବ ହୃଦୟ
କ୍ଷଣିକ ଥୟ ପାଇଁ ବଢେଇ ଦଉଥିବି କାନ୍ଧ
ବିଶ୍ୱାସ କର ।

■

ମାଟିଗୀତ

ହଁ, କେହି ଜଣେ କହୁଥିଲେ ଏହାର ସ୍ୱରାୟନ
କେବେ କପୋତ ଉଡ଼ାଣର କେବେ କମାଣର
ରଖିପାରେ ଶାଣିତ ସାମର୍ଥ୍ୟ
ମାଗିଜାଣେ ପ୍ରେମର ବୀଜ, ଯାଚିପାରେ
ସହସ୍ର ଯୁଦ୍ଧର ମହାକାବ୍ୟ ।

ଏଠି ସତାବନ ଇଞ୍ଚର ଛାତି ଯେତିକି ନାଚାର
ସେତିକି ନଗ୍ନ ଓ ଅସାର ତମର ଜୟ ଜୟକାର
ଏମିତି ଛୁଇଁ ହୁଏନି ମାଟିର ମହାତ୍ମ୍ୟ
ଆଙ୍କି ଦେଖୁନ, ଅଧା ରହିବ ସମ୍ଭାବ୍ୟ ଚିତ୍ର
ଅଧା ବି ଗାୟନ
ଭାଇନା, ହାରି ଯିବଇ ହାରିଯିବ ।

ଜଣାଥିବ, ସେତକ ଭଣିତା ପାଇଁ ବିତିଛି କୁଢ଼କୁଢ଼
ଆତ୍ମ ଦହନର ଦ୍ରୋହକାଳ, ଝରିଛି ରକ୍ତଝର
ଲୋଡ଼ା ପଡ଼ିଛି ମହା ମୃତ୍ୟୁରୁ ଉଦ୍ଭବ ହାଡ଼ର କଲମ
ଏତକ ଜାଣିଜାଣି ଭୁଲିସାରିଛ ନା ଭୁଲିଯିବାର
ବାହାନା କରି ମାଟି-ମଙ୍ଗଳ ଲୁଟି ଚାଲିଛ ।

କହିଲିଣି ବହୁଥର, ଆକାଶ ପାଇଁ ସିଡ଼ି ଗଢ଼ିବାର
ବିକୃତ ଉଦ୍ୟମ ଫିଙ୍ଗି କେବେ ଆସୁନ
ମନେପକାଇବା ଅପଦସ୍ତ ଦିନ ମାନଙ୍କର ବିଗତ ଦୃଶ୍ୟ
ଠାବ କରିବା ପରାଜିତ ଇଚ୍ଛାମାନଙ୍କର

କଟିଯାଇଥିବା ହାତଗୋଡ଼, ସବାଶେଷରେ
ଶୋଭା ବଢ଼େଇବା ଛାତିକି ଛାତି ମିଳେଇବାର
ଯେମିତି ନଈ ଓ ସମୁଦ୍ର ।

କେଉଁ ଶୁଣୁଛ, ନିତିନିତି ନିଜକୁ ଅଦଳବଦଳ କର
କେବେ ପୂତନା କେବେ ମୁନିଶ୍ରେଷ୍ଠ
ଧୋଇଲଣି ନିଭୃତରେ କୂଟ କପଟର କଟୁରୀବେଣ୍ଟ
ହଜାରେ ଭୁଲ୍ ଭିତରୁ ଖସିଯିବାର ଉପାୟ ଗଢ଼
କେବେ ହାଣ୍ଡିରୁ ଆମର ଭୁଞ୍ଜିନିଅ ଅଦିନପଖାଳ
କେବେ ମିତ୍ରତାର ନଈ ମଝିରେ କଲିଜା ମାଗ ।

ତଥାପି ଲୁହ ଲହୁରେ ଧୋଇ ଶୁଖେଇ ଦୋହରେଇଛି
ପ୍ରତିଥର ସେହି କଥାପଦକ
ଉପୁଡ଼ି ପଡ଼ିଛି ମନୁଷ୍ୟତ୍ୱର ଯେଉଁ ଚନ୍ଦନଗଛ
ମର୍ମମୂଳକରେ ଆଉଗୋଟେ ମଞ୍ଜି ପୋତି
ସେଇଠି କୁଢ଼େଇ ଦେଉନ ମାଟିଗୀତ, ଏଥିପାଇଁ
ନିଃସର୍ତ୍ତ ହାତ ଓ ହୃଦୟ, ମାଗିପାର ।

ଜାଣ ନଜାଣ, କେହିତ ସଫାକରୁଛି ଅନବରତ
କୃତଘ୍ନପଣ, ଗଳିତ କାମନାର ଭୋକ ଓ ଭାଷଣ
ପାପ ପ୍ରାୟୋଜିତ ଅଦ୍ଭୁତ ନିଆଁର ନାଚ
କାଳେ ପୋତି ପକେଇବ ସେଦିନର ମୁକ୍ତି ବିଭୋର
ରକ୍ତରଚିତ ମାଟିଗୀତ ।

ତମର କି ଯାଏ, ମାଟିର ଖାଇ ଗାଇଚାଲିଛ ଆକାଶ ଗୁଣ
ଭାଇନା, ହାରି ଯିବଇ ହାରିଯିବ ।

■

ପ୍ରତିପକ୍ଷ

ଉଚ୍ଚହୋଇ ଯେଉଁଠି ଶୋଭା ଦିଶୁଥିବେ ଆପଣ
ନୀଚହୋଇ ସେଇଠି ଛିଡାହେବି
କୁଢ଼େଇ କୁଢ଼େଇ ଅଭେକର ପ୍ରତିରୂପ
ହେଉ ପଛେ ଦାରୁ ଆଉ ଦୂବ ଭିତରେ
ଆକାଶ ପାତାଳ ଫରକ, ଜାଣ-
ପଛକୁ ଫେରେଇ ନେବିନାହିଁ ପ୍ରତିବାଦର ସହସ୍ର ପାଦ।

ଯେମିତି ଅଟକେଇ ହୁଏ ନାହିଁ ସମୁଦ୍ର ସ୍ୱର
ସୂର୍ଯ୍ୟ ଉଦୟ, ଚନ୍ଦ୍ର ଚଳନ
ସେମିତି ବନ୍ଦ କରି ପାରିବନାହିଁ ତୁମ ଛଳ ଉଦ୍ୟମ
ମୋର ଅଦ୍ଭୁତ ଆତ୍ମପ୍ରକାଶ।

ମନେଥିବ, ମୁଁ ସେହି ଶ୍ରମର ସହିଷ୍ଣୁ ପକ୍ଷୀ
ଯାହାର କାଟି ଦେଇଥିଲ
ନିରହଂକାର ଡେଣା ଯୋଡିକ, ବୋଧେ ଜାଣିନ
କଅଁଳି କଅଁଳି ହେଲାଣି ଉଡାଣଖୋର୍
ଏବେ ତ ହୃଦୟର ନିକଟତର ଆଶାର ଆକାଶ
ଉଡିବି, ଆହୁରି ଉଡିବି ଦୂର ଦୂରାନ୍ତର
କାହୁଁ ଜାଣିବ, ଏତକ ପଛରେ ଅଛି ବର୍ଷବର୍ଷ ଧରି
ବେଦନାର ବିଦ୍ରୋହ, ଅଛି ବି ବଂଚିବାପାଇଁ
ଝଡ ସହିତ ବାଲ୍ୟକାଳର ଲଢ଼େଇ ଅଭ୍ୟାସ।

ମନେଥିବ, ତୁମ କରାମତି ଚୋଟର ମୁଁ ସେହି
ପାପୁଲି ବିହୀନ ମାମୁଲି ମଣିଷ, ଏବେ ଜାଣ
କୁଆଁ ମେଲେଇ ଯୋଡି ହୋଇଗଲାଣି
ଜନ ଗଣ ମନ ସହିତ ହାତ ହଲକ
ଏହା ପଛରେ ବି ଅଛି ଅନବରତ ଦୁଃଖ ପାଳନର
ଉଦାରମନ, ଅଛି ଭୋକ ଶୋଷର ମହାସ୍ରୋତ ଆଡକରି
ପହଁରେଇଥିବା ଶୈଶବର ସଂଚିତ ସାଧ।

ତୁମ ଘୃଣ୍ୟ ଘଟଣାର ମୁଁ ସେହି ଆହାତ ଅତୀତ
ଅପଖ୍ୟାତିର କ୍ଷେତ ଉପରେ ପଡିଥିବା ରକ୍ତ
ପରିଚୟ ଦେବ ମୋର, ମୁଁ ସେହି ବଂଚିତ ଜନ
ଯାହାର ଜନମ ଅପେକ୍ଷା ମରଣର ମୂଲ୍ୟ ବହୁତ,

ଯେଉଁଥିରୁ ଆଦୟକର ଧନ ଜନ ମାନ ଅସରନ୍ତି ଯଶ
ମଣିମା ! ଯେତେଯେତେ ନଷ୍ଟଭ୍ରଷ୍ଟ କରମୋତେ
ମୁଁ କେମିତି ବଂଚିପାରେ ଛୋଟକରି
ତମ ପାପର ଉତ୍ପାଦିତ ନୂଆନୂଆ କୋପ ଓ କୃପାଣ
ପଢ଼ିପାର ମୋ ସଂଘର୍ଷର ଶାସ୍ତ୍ର, ଦେଖିପାର
ବିଶ୍ୱାସର ବସାଘର।

■

ଶକୁନ୍ତଳା

ଭାଗ୍ୟଜୋର୍ ବୋଲିତ ମିଳିଗଲା ମୁଦି ଗୋଟିକ।

ଏତିକି ପ୍ରମାଣପାଇଁ ଜାଣିଲିନାହିଁ କେଉଁଋତୁ
ବସନ୍ତ ବୈଶାଖ, ଜାଣିଲିନାହିଁ
କଣ ଘୋଟିଛି ସାରାଆକାଶ ମେଘ ନା ମାଘମାସ
ସେଇ କେତେଦିନ ପ୍ରାଣ ଛଟପଟ
ପ୍ରେମରେ ସଂକଟ, କେମିତି ବଞ୍ଚିଛି କାହୁଁ ଜାଣିବ।

ମୁଦି ହଜିବ, ମରଣଠାରୁ ବଡ କାରଣ ହେବ
ଜାଣିଥିଲେତ କହିଥାନ୍ତି ପାଣିନାହିଁ
ଫେରିଯାଅ ଅପରିଚିତ ତୃଷାର୍ତ୍ତ ପୁରୁଷ
ପାରିଲିନାହିଁ, ଖଣ୍ଡାଦାଢ଼ରେ ରଖିଲି ପାଦ
ପାଳିଲି ପ୍ରେମ, କେତେ କଠିନ କାହୁଁ ଜାଣିବ
ତମେତ ହୃଦୟହୀନ।

ମୁଦି ହଜିବା କଣ ଏତେବଡ ଅପରାଧ!
ଭାବିଲନିତ, ଯୋଉ ମୁହଁରେ ଯାଇଥିଲି
ସେଇ ମୁହଁ କେମିତି ମିଛ ହେବ ଫେରେଇଦେଲ
ମୁଦି କଣ ଏତେବଡ, ଯେଉଁଠି ନିଅଣ୍ଟ ପଡେ
ମନ-ମିଳନ, ଦେହଦାନ, ହୃଦୟ ଆବେଗ
ଏଥିରେ କଣ ଗଢ଼ିହୁଏ ପ୍ରେମର ସ୍ଥାପତ୍ୟ
ପ୍ରଗାଢ଼ ହୁଏ ଇହକାଳ ପରକାଳ ଇଚ୍ଛାର ଦାମ୍ପତ୍ୟ।

ଏମିତି କଣ ହଜିନାହିଁ କାହାର ପାଉଁଜ କି କାନଫୁଲ
ଆଳକରି ପ୍ରେମରେ ଖେଳିଲ କପଟଖେଳ
ଏକାଜିଦ୍ ମୁଦିଆଣ।

ସାକ୍ଷୀପାଇଁ କାନିରେ ଗଣ୍ଠିକରି ନେଇଥିଲି ସେଦିନର
ଚୈତ୍ର-ସଙ୍ଗୀତ, ପଲ୍ଲବିତ ପତ୍ରମେଳ ସୁଖ
ଶୀତଳ ମଳୟ, ନେଇଥିଲି ପ୍ରଣୟୀ ପକ୍ଷୀ
ଯକ୍ଷ ପ୍ରେମିକ, ମେଘଦୂତର ଚିତ୍ର ଅଙ୍କନ
କହିଲ ଯଥେଷ୍ଟ ନୁହଁ ।

ଦିନ ରାତି କେତେ କ'ଣ ନହୋଇଛି ହନ୍ତସନ୍ତ
ଖୋଜିଛି ସାପପେଟ, ବାଘପାଟି, ହାତୀଖୋଜ
ସାରା ଅରଣ୍ୟ, କେମିତି ଜାଣିବ
ମୋ ଲୁହ ପାଖରେ କମ୍ ପଡିଛି ଝରଣା ଜଳ
ମୋ କୋହ ପାଖରେ ହାରିଛି ପବନ ବେଗ।

ସେଇ କେତେଦିନ ମୁଣ୍ଡ ଉପରେ ମାଡିପଡିଛି
ନୀରବତାର ନକ୍ଷତ୍ର ମଣ୍ଡଳ, ଘାତବାର
ପାଖ ମାଡିନାହିଁ ପାଳିତ ମୃଗ, ପୁଚ୍ଛ ଟେକିନାହିଁ
ବନ ମୟୂର, ନା ରାବିଛି କାକ ପିକ
ନା ପାଖୁଡା ମେଲେଇ କଢ଼ ହୋଇଛି ଫୁଲ
ବାଟଭାଙ୍ଗି ଫେରିଯାଇଛି ମେଘଭର୍ତ୍ତି ବଉଦ
ପତ୍ରଝଡି ବିବର୍ଣ୍ଣ ମାଳମାଳ ବୃକ୍ଷ
ସେଇ କେତେଦିନ ଧୂଳି ଧୂସର ମୁନି ଆଶ୍ରମ।

ସେଇ କେତେଦିନ କେମିତି ବଞ୍ଚିଛି, କାହୁଁ ଜାଣିବ
ତମେତ ସହସ୍ର ମୁଦିର ମାଲିକ
ଗୋଟେରାତି ଆଉ ରତିପାଇଁ ଖୋଜ କୁଆଁରୀହାତ
ଏମିତି ଲୋକ, ଆଜି ଭୋଗକରି କାଲିକି ମାଗ
ପ୍ରେମର ପ୍ରମାଣ।

■

ଭୂଇଁଖଣ୍ଡେ

ହାତପଇଠ ହେବାକୁ ଲାଗିଲା ଢ଼େର ବର୍ଷ ।

କେତେ ନ' ହୋଇଛି ନାରଖାର
ଏମିତି ଦିନ ନାହିଁ ଯେଉଁଦିନ ନ'ଧୋଇଚି
କୁହୁଡ଼ି କାକର ଖରା ଦି'ପହର
ମୋ ନପାରିବା ପଣ, ମୂଢ଼ ମନ ।

ଭାଇ ଯାହା କୁହ, ଦୁଃଖ ସବୁ ତାଳଗଛ
ନିଉନ ନିଃଶ୍ୱାସ
ନିଜ ଭିତରେ ଗୋଟେ ଅକୁହା କୋହର
କିଆବଣ, ଜାଣିଲି କେତେ ପ୍ରିୟ
ଜାଣିଲି ନଈ ସହ ଶୋଷର ସଂପର୍କ
କେବେଠୁ ଆରମ୍ଭ
ପାଣିଫୋଟକା ପରି କାହିଁକି ଲାଗେ ଜୀବନ
ଜାଣିଲି ଏଇଥିପାଇଁ
ଖୋଜୁଥିଲି ବୋଲି ଖଣ୍ଡେ ଭୂଇଁ ।

ଗଲେ ଗଲା ପଛେ ବଳଦର ସମ ଯେତିକି
ଆର୍ଦ୍ର ଆୟୁଷ, ଯାଉ -
ଯାହା କରିପାରି ନଥିଲେ ପିତୃପୁରୁଷ
କଷ୍ଟେମଷ୍ଟେ ଯୋଗାଡ଼ ତ କଲି
ଖଣ୍ଡେ ଭୂଇଁ ଗୁଣ୍ଠ ଚାରିଶ' ।

ଏଣିକି କାନ୍ଥ ଉଠିବ, ଗଢ଼ା ହେବ ଘର
ଜମା ଗୋଟେ ବୋଲି ଘର ।

ତେଣିକି ଛାଏଁ ଛାଏଁ ନଡ଼ାଛପର ପରି
ଛାପି ହୋଇ ଯାଇଥିବ
ସ୍ୱର୍ଗତ ବାପାଙ୍କ ନାଁ, ମୋର ଗୋତ୍ର, ଗାଁ
ଡଙ୍କେଇ ଯାଇଥିବ ଆଶା ଅନିଶାର
ଲବେଁ କଖାରୁଡଙ୍କ
ସବୁ ଜହ୍ନରାତି ଜହ୍ନି'ଲ ଚମକଉ ଥିବ
ଚାଳ, ମୋର କର କପାଳ ।

ଗୋଟେ ବଖରା ଭିତରେ ସହବାସ
ସିଂହାସନ ଭୋଗ ପାଇଁ
ଶୋଇ ପାରୁନଥିବ ସ୍ୱପ୍ନ ବାଉଳା ପୁଅ
ପ୍ରେମଚିଠି ଲେଖୁଥିବ ସାରାରାତି ଝିଅ
ମୋ କଥା ଛାଡ଼, ମୋର ତ ଫେରିବାକୁ
ବେଳ ହୋଇ ଯାଇଥିବ
ଥିଲେ ଥିବି ବୁଢ଼ାଲୋକ ଚଉକିରେ ଚହଲୁଥିବା
ଗୋଟେ ଦରମଲା ଅଲୋଡ଼ା କଙ୍କାଳ ।

ଭୂଇଁଖଣ୍ଡେ ମିଳିଗଲେ ଏତେ କଥା ଭାବିବାକୁ ହୁଏ
ଜାଣି ନଥିଲି, ଏବେ ଜାଣୁଛି
ଗୋଟେ ଘର ପାଇଁ କାହିଁ କେତେ ଯୁଗ ଯାଏ
ନିଜକୁ ନଦହିଛି ଆମପରି ମଣିଷ
ଏହା ବି ଜାଣୁଛି ଭୂଇଁଖଣ୍ଡେ କାହିଁକି
ଯୋଗାଡ଼ କରିନଥିଲେ ପିତୃପୁରୁଷ ।

■

ଜାଣିଥା' ଭାଇ

ଏଣିକି ଯାହା କହିବ, ବୁଝି ବିଚାରି ଅଡୁଆ ସୂତାର ଖିଅ ପରି
ତୁଣ୍ଡରୁ କଥା ଛାଡ଼।

ଜାଣିଥା' ଭାଇ ! ଆଜି ଖାଲି ବାଟଘାଟ
ହାଟ ବଜାର, ଛକ ଜାଗା
ସଭାଘର ଯାଏ ଯେତେ ଯାହା କୁହ
ମୋ ଛୋଟ ମତରେ ଜମା ନିରାପଦ ନୁହଁ।

ଜଗିରଖି କଥା ପଦେ କହିଛ ତ ଭଲ
ନହେଲେ ଭୂମିହୀନଙ୍କୁ ପଟ୍ଟା
ଖାଦ୍ୟ ପାଇଁ କାମ, ରିଲି', ଚାଉଳ
ପିଲାଙ୍କୁ ମଧ୍ୟାହ୍ନ ଭୋଜନ, ଉପରୁ ଜିଲ୍ଲାପାଳଙ୍କ ନିର୍ଦ୍ଦେଶ
ହାତ ପଇଠ ହେବାକୁ ସାତ ସପନ
ଝାଇଁ ମରିଯିବ କପାଳ।

ମୋରି କଥାରୁ ଜାଣ, ଗରିବ ଦେଶରେ ଥାଇ
ଗରିବ ତାଲିକାରେ ନାଁ ଚଢ଼ିବ
ତଳିହାତ କରି ଦେଲି ଦି'ଶ
ଦେବା ପରଠାରୁ ଦିନ ଗଣୁଛି, ସୁନା ସରିସରି
ସପନର ଲଟେରୀ ଉଠିବ, ପକ୍କାଘର ଇନ୍ଦିରାଆବାସ
ପିତୃ ଅର୍ଜିତ ଗୁଣ୍ଠେ ବୋଲି ଡିହ ଉଜ୍ଜ୍ୱଳ ଦିଶିବ।

ଏଇ ଆଶା ତ ମୋ ତୁଣ୍ଡରେ ପଘା
ଗୋଟେ ଖୁଣ୍ଟରେ ଯେମିତି ମୁଁ ବନ୍ଧା ହୋଇଛି ବଳଦ
ଛୋଟ ମୁହଁରେ କେଉଁ କହି ପାରୁଛି ଯେ
ଗୋ-ଖାଦ୍ୟ, ଧାନମଞ୍ଜି, ଜମି ହଡ଼ପ କଥା
ହଁରେ ଭାଇ, ଏସବୁ ଉଚ୍ଚକୁଳର କଥା।

ପୁରୁଷ ପୁରୁଷ ଧରି ମାଟି ଭିତରେ ଗଛର
ଶେଷ ଅଂଶ ଚେର ପରି ଉଚ୍ଚକୁଳ
ସେଠି ତମ ଆମ ପରି ଲୋକବାକର
ସିଧା ସଳଖ କୋଦାଳ ଚୋଟ
କଡ଼ାକଥାର କୁହାଟ, ରକ୍ତର ତାକତ
କେବେ ପହଞ୍ଚିଲାଣି ନା ପହଞ୍ଚିବ !

ବୁଝିଲ ଭାଇ ! ଚେର, ମୂଳ, ଡାଳ, ଡେଙ୍ଗ
କାଳେକାଳେ ଗୋଟେ ପାଖ ଆଉ ଗୋଟେ ପାଖ
ତୁଚ୍ଛ ପତର ପରି ଛତରଖିଆ
ଏଇ ଆମ ଶାଗ ପେଜର ଜୀବନ
କିବା ଦିନ କିବା ରାତି ଗାଉଥାଏ ଭୋକର ଜଣାଣ
ଏହାଛଡ଼ା ଜାଣିଛେ କଅଣ !

ଇଏ ତ ଆଜିକାଲିର କଥା ନୁହଁ, ବାପା, ଅଜା, ଅଣଅଜା
ଅମଳରୁ ତମ ଆମ କପାଳରେ
ଗୋଟେ ବୋଲି ଭାଗ୍ୟ
ଅର୍ଜିଲେ ଆଠଅଣା ଶୁଝିବାକୁ ଥାଏ ବାରଅଣା
ଜାଣି ପାରୁନା କି ଭାଇ ! ଏଥର ଜାଣ
ଏନ୍ତୁଡ଼ିଶାଳ, ଶ୍ମଶାନରେ ପାଦେ ଭୂଇଁ ପାଇଁ
ବନ୍ଧା ପଡ଼ିଛି ଭ୍ରୁଣ ରୋପଣର
ଦିନ, ବାର, ତିଥି, ଆଗତ ବଂଶର ଲୋଡ଼ିବା ପଣ
ଇହକାଳ, ପରକାଳର ଆୟୁଷ, ମୁହଁ ଟାଣ।

ଇଏ ନିଶା ପାଣିର କଥା ନୁହଁ
ହାଡ଼ ମଂଜର, ମଥା ଶିକର, ରକତ ପାଣି ହେବାର
ଜାଣ ହେ ଭାଇ! ବୁଝି ବିଚାରି ଜଗିରଖି ତୁଣ୍ଡରୁ କଥା ଛାଡ଼
କର, କପାଳ, ବୁଦ୍ଧି, ବିବେକର ବେଘର ସଜାଡ଼ ।

■

ଧର୍ମ

ମୋ ଆରତବନ ସାରା ତୁମ କଳହର ସରିସରି ପଦଚିହ୍ନ
ମନର ବିଗଳିତ ଉପବନ ଅନ୍ଧାର ଭିତରେ
ଫୁଟିଛି ଜୀବନର ଯେଉଁ ଦୁଃଖଫୁଲ
ବୃନ୍ତରେ ତୁମେଇ କଣ୍ଟାର କାରଣ, କହିବତ
କାହିଁକି ମୋ ପଛରେ ପଡ଼ିଛ !

ଥିବଥିବ ମାଗୁଥିବ ରଙ୍କହୋଇ ରଣ ଆଉ ଅକାଳମରଣ
ଖୋଜୁଥିବ ଖୋଜବାରି ପ୍ରେମର କାରଣ
ରମଣ ସହିତ ଯୋଡ଼ିଦିଅ ଉଲଗ୍ନ ଉଦ୍ଦେଶ୍ୟ
ଜାଣିଲାବେଳକୁ ତମ ଦ୍ୱାରା ପରିଚାଳିତ ମୋ ଭାବଭୁବନ
ମୁଁ ପରାଧୀନ ।

ଯୋଡ଼ି ହୋଇଯାଇଛି ଅଠାପରି ନିରୂପାୟ ନିରୀହ ହାତ
ତମମୟ ଅପଲକ ନୟନ ତମଠି କେନ୍ଦ୍ରିଭୁତ
କେଉଁ ମୁକୁଳି ପାରୁଛି କି, ତମେ ତ ଘେରି ରହିଛ
ମୋର ଇନ୍ଦ୍ରିୟ, ଇହକାଳ ।

ଶିରା ପ୍ରଶିରାରେ ଚାଲିଛି ତମ ଅନାୟସର ଆତଯାତ
ଏମିତି କ'ଣ ଖେଳି ଚାଲିଥିବ ମିଛ ସତ ଖେଳ
ମୋ ବିଶ୍ୱାସ ସହିତ, ଯଦିଓ ଜାଣିଗଲିଣି
ତମ ଦ୍ୱାରା ମୋର ମତ ଓ ମହତ ଦୃଢ଼ କଥା ପଦକ
ହୋଇସାରିଛି ଅପହୃତ ।

କାଲି ରାତିସାରା ଖୋଜିହେଲି ହାତଗୋଡ, ହୃଦୟର କପୋତ
ଛାତି ତଳେ ପଡିଛି ଧାରେ କ୍ରନ୍ଦନ
କେହି ଯେମିତି ରକ୍ତାକ୍ତ କରିଛି ପ୍ରେମ ମନସ୍କତାର ଭୂମି ଅରାକ
ଜାଣେ, ଏସବୁର ତୁମେ ଖଳନାୟକ।

ଡେଣା ଅଛି ଅଥଚ ଉଡ଼ାଣ ତମ ଆୟତ୍ତ, କଣ୍ଠସାରା ଶୋଭିତ
ଯେତେ ବିଭୋର ଗୀତ ତମ ଦ୍ୱାରା ପ୍ରସ୍ତୁତ
ଯେମିତି ବତେଇଛ, ସେମିତି ବିତି ଚାଲିଛି ଇଚ୍ଛା ବାହାରେ
ତମ ଆଜ୍ଞାଧୀନ ମୋ ଜୀବନ,
ଲୁହରେ ରଖିଛ ସର୍ତ୍ତ, ହସରେ କର ହସ୍ତକ୍ଷେପ
ସହବାସରେ ଟାଣି ଦେଇଛ ଭେଦଭାବର ଲାଲ୍ ଗାର
ଯଦିଓ ଜାଣୁଛି ତୁମେ ଈର୍ଷାର ସଉଦାଗର
କହିବତ, ଉଜୁଡା ସଂପର୍କର କେତେ ରକ୍ତ ନେଲେ ତୃପ୍ତ ହେବ।

ରେ ହିଂସ୍ର ଖେଳୁଆଡ, ମୋ ବଂଚିବାର ନଦୀ ଉପକୂଳ
ନିତିନିତି ବିପଦର କର୍ଦ୍ଦମାକ୍ତ କର
କହି ପାରୁନାହିଁ ଏହା ମୋର ନିର୍ଜନର ବିପୁଳ ବିଳାପ
ଦେଖେଇ ପାରୁନାହିଁ ତମ ସ୍ନି ଆଉ ସାନ୍ନିର
ଏହା ମୋର ବିଷ ବିପନ୍ନ ଛାରଖାର ପ୍ରାଣ।

ଜାଣୁଛି, ମୋ ଇଚ୍ଛାର ଏକତ୍ର ସ୍ୱର ହୋଇପାରିବନି ଅଶ୍ୱ
ଗଧ ହୋଇ ବୋହିଚାଲିଛି ତମ ପାପର ପୁସ୍ତକ
କୂଟ କପଟର ନର୍ମିତ ନର୍କର ଚିତ୍ରପଟ୍ଟ, ତୁମ ପସନ୍ଦର
ଖାଦ୍ୟ, ବସ୍ତ୍ର, ବାସ, ବେଶର ବିସ୍ମୟ ବର୍ଣ୍ଣନାର
ମୁଁ ପାଳକ ମାତ୍ର।

କାହିଁକି ମୋ ପଛରେ ପଡ଼ିଛ ଏତେକାଳ, କହିବତ-
କୁଢ଼ କୁଢ଼ ମୃତ୍ୟୁର ଅସ୍ଥି ହାଡ଼ ରକ୍ତ ନିର୍ମାଣର
ମନ୍ଦିର ଭିତରେ ଦୁଷ୍ଟ ବିଗ୍ରହର ତୁମେ ଆୟ ଅଳଙ୍କାର
କାହିଁକି ତାକ ତୁରନ୍ତ ସରିଯିବାପାଇଁ ମୋ ବଂଚିବା ମୁହୂର୍ତ୍ତ
ତମ ହୀନ ଉଦ୍ଦେଶ୍ୟରୁ ଟିକେ ଦୂରେଇ ରଖୁନ।

■

ଗୋରୁ

ଗରିବ ଜଣକ ଗୋରୁ ପାଳେ, ଖଟାଏ
ବୁଢ଼ା ହେଲେ ବିକେ, ଟଙ୍କା ଗଣେ
ସଞ୍ଜକୁ ଚାଉଳ ଖର୍ଚ୍ଚ କରେ ।

ଭାତଗୁଣ୍ଡା ପାଟିକୁ ନେଲାବେଳେ
କାହିଁକି ଯେ ଲୁହ ଗଡ଼େ
ସେ ଜାଣେ ।

ଆର ଜଣକ ହାଣେ, ଟୁକୁଡ଼ା ଟୁକୁଡ଼ା ବିକେ
ମୂଳ ଛାଡ଼ି ଲାଭ ରାଶିରେ
ଗରିବ ହାତରେ କୋଠା ଗଢ଼େ
ଭଲ ଗୋରୁଟିଏ ପାଳିବାପାଇଁ
ମଜୁରୀ ଦେଉଦେଉ ପରାମର୍ଶ ଦିଅ ।

ଆରଜଣକ ଖାଏ, ମଦ ପିଏ, ମଉଜ କରେ
ନିଶା ହେଲେ ନାରୀ ଖୋଜେ
ଗରିବ ଘରର ଦରଜା ବାଡ଼ାଏ ।

ଆଉଜଣକ ଗୋରୁ ହତ୍ୟା ବନ୍ଦ କରେ
ଭାଷଣ ଦିଏ ଗିରଫ ହୁଏ
ଜେଲରୁ ଫେରି ଗରିବ ଘରକୁ ଧାଏଁ
ଭୋଟ ମାଗେ ହାତ ଧରେ ।

ଆରମ୍ଭରୁ ଶେଷ ଯାଏ ଯଦି -
କଥା ଯଦି ଏତେ ଗହନ
ହିମ୍ମତ ଅଛି ଆଲ୍ଲା କି ଈଶ୍ୱର
ଥରୁଟିଏ ଗରିବ ହୁଅ
ଗୋରୁଟିକୁ ପ୍ରଧାନମନ୍ତ୍ରୀ କର
ଦେଶର ସିଂହାସନରେ ବସାଇଦିଅ ।

■

ଦେବୀ-୧

ମଝି ନଈରେ ନାବକେଳି ପାଇଁ ମନବଳୁ କି ପଦୁଅଁ ଗଣ୍ଡର
ଅଣ୍ଟାସରି ପାଣି ପଙ୍କରେ ଫୁଲ ତୋଳ
ବେଣାପାଟରୁ ମାଛ ଧର
ଧାନ ବିଲରେ କି ରଣଭୂଇଁରେ ଥାଅ
ଅସୁର ମାରିବାକୁ ଧରିଥାଅ ପଛେ ତ୍ରିଶୂଳ
ମନା ନାହିଁ, ହେଲେ ବିବସ୍ତ୍ର ଦେହରେ କେହି କେଉଁଠି
ଛିଡ଼ା ହୋଇଛି ନା ହେବ
ହେଲେ ବା କେଉଁ ଶୋଭା ପାଇବ !

ପାଞ୍ଚ ପାଁ ଜଣରେ ବୋହୂ, ଭୁଆସୁଣୀ ବାଡୁଅ ଝିଅଙ୍କ
କଥା ପଡ଼ିଲେ
କଥା ଭିତରକୁ ପଶିଆସେ ତମର ସେ ଜନ୍ମବୃତ୍ତାନ୍ତ
ଅଙ୍ଗ ଉପାଙ୍ଗ ଉଲଗ୍ନ ବେଶ
ବୁଝାଇଲେ କେଉଁ ବୁଝିବ ଯେ ସେଦିନ କାହିଁକି କୁହାଗଲା
ଦେବୀ, ତୁରନ୍ତ ବିବସ୍ତ୍ର ହୋଇଯାଅ ।

ଅସୁର ମାରିବା ପ୍ରସଙ୍ଗ ଯେତେ ବଡ଼ ନୁହେଁ ବଡ଼ କଥା ହେଉଛି
ଲଙ୍ଗଳା ହେଲେ ଯାଇ ଅସୁର ମରିବ
ଏପରି ଜିଦ୍ ମହାକାଳର ନା ଅଜଗରୀ କୂଟ-କପଟର !

କେତେକେତେ ଗହଣାଗାଣ୍ଠି ନାଇ ନଥିବ ସେଦିନ
ଝୀନ ବସନରେ ଖୁବ୍ ମାନିଥିବ କୁଆଁରୀ ଜୀବନ ମୁଗ୍ଧବେଶ
ଶେଷରେ ମେଲା ମୁକୁଳା ଆକାଶ ତଳେ

ଉଭାଲଙ୍ଗଳା ହେଲ, ଅସୁର ବଧିଲ
ଏପରି ଅସହାୟ ଅବସ୍ଥାରେ ଗଡ଼ ଜିଣିବା କେଉଁ ବଡ଼କଥା ଯେ !

ଉଲଗ୍ନ ହେବା ପଛରେ ଏ କି ରହସ୍ୟ !

ହଁ, ଡେଙ୍ଗା ତାଳଗଛ ପରି ଗୋପନ କୃଷ୍ଣା ମାରାତ୍ମକ ମନ୍ତ୍ରଣା
ଆଡ଼ବାୟା ଦେବତାଙ୍କର
ଏଡ଼େ ଚାଲାକ ଚତୁର ହୋଇ କେମିତି ଭେଦିଲ ନାହିଁ
କହୁନା, କୋଉ ବିଶ୍ୱାସ କାମ ଜରଜର ଆଖି ପ୍ରତି
କାଳେକାଳେ ତ ଫଗୁଣ ପୋରୁହାଁ କୁଆଁରୀ ଦେହ ଦେଖିବା ପାଇଁ
ଏତେ ମାୟା, ଛନ୍ଦ ରୋପିଥାଏ ପୁରୁଷଙ୍କ ପାପପଣ ।

ଯାହାକୁହ, ଭାଗ୍ୟ ଜୋର ଥିଲାବୋଲି ତ ରକ୍ତଛିଟା ଛିଟଶାଢ଼ୀ ପରି
ବେଢ଼ିଛି ସେଦିନ ଜାନୁ, ତନୁ, ନାଭିଦେଶ, ନିମ୍ନଭାଗ
ବରଂ ଇଜତକୁ ବଞ୍ଚେଇ ଦେଇଛି ଅସୁରର ମୃତ୍ୟୁଯୋଗ
ରକ୍ତ ଦାଗ ।

■

ଦେବୀ-୨

ତୁମର ଅସହାୟ ଭାବ
କ୍ରମେ ପଡ଼ି ଆସୁଥିଲା
ଘନନୀଳ
ଝାଳ ସର୍ସର ସାରା ଦେହ
ଫିଟି ପଡ଼ିଥିଲା ବନ୍ଧାକେଶ ।

ଲାଗୁଥିଲା ତମର ସେ
ଆଖି ଯୋଡ଼ିକ
ମାଗୁଥିଲା ମୋର ମରଣ
ବୋଧହୁଏ
କାହାକୁ କଥା ଦେଇଥିଲ !

ଆପାଦ ମସ୍ତକରେ ଥାଇ
ନ'ଥିଲାପରି ଲାଗୁଥିଲ
କାହାକୁ ନା' କାଆକୁ
ଶବ୍ଦହୀନ ଗାଳି କରୁଥିଲ ।

ଏତେ ଯେ କ୍ରୋଧ ଜର୍ଜର
ଅଛି କି ନାହିଁ ବସ୍ତ୍ର
ଭୁଲି ଯାଇଥିଲ ଦେହ
ଲାଜର ଭୁଷଣ
ସ୍ମରଣ କରାଇ
ପାତିଦେଇଥିଲି ବକ୍ଷ ।

ପ୍ରତିବଦଳରେ ଇଚ୍ଛିଥିଲି
ପ୍ରେମର ଯୋଡ଼ିଏ ପାଦ
ଦେଲ କାଳ ପରେ କାଳ
ତ୍ରିଶୂଳର ଅକାଟ୍ୟ ଅପବାଦ ।

■

BLACK EAGLE BOOKS

www.blackeaglebooks.org
info@blackeaglebooks.org

Black Eagle Books, an independent publisher, was founded as a nonprofit organization in April, 2019. It is our mission to connect and engage the Indian diaspora and the world at large with the best of works of world literature published on a collaborative platform, with special emphasis on foregrounding Contemporary Classics and New Writing.

www.ingramcontent.com/pod-product-compliance
Lightning Source LLC
Chambersburg PA
CBHW031112080526
44587CB00011B/945